HERMANN HECKMANN

Matthäus Daniel Pöppelmann

und die
Barockbaukunst
in Dresden

VEB Verlag für Bauwesen

HERMANN HECKMANN

Matthäus Daniel Pöppelmann

und die
Barockbaukunst
in Dresden

ISBN 3-345-00018-0

Copyright by
VEB Verlag für Bauwesen,
Berlin 1986

Inhalt

Mit seinen ab 1887 erschienenen Werken über die Geschichte des Barockstils hatte Cornelius Gurlitt das lange über der Baukunst des Barocks lastende Vorurteil des künstlerischen Niedergangs gebrochen. Als Professor für Baukunst an der Technischen Hochschule Dresden leitete er darüber hinaus die gründliche Erforschung des Barocks in Sachsen ein und begründete damit eine bis zu Eberhard Hempel und Walter Hentschel reichende Tradition intensiver Beschäftigung mit diesem anregenden und ertragreichen Gegenstand der Baugeschichte.

Allmählich in die durchaus nicht einfachen Sachverhalte eindringend, hat diese Forschungsarbeit reiche Ergebnisse erbracht. So wurde klar, daß neben dem schon immer bekannten Matthäus Daniel Pöppelmann noch weitere Architekten die Baukunst jener Zeit geformt haben. Mit der Erforschung ihrer Werke wurden vielfältige und nicht selten unentwirrbare Verknüpfungen zwischen ihrem Wirken und dem M. D. Pöppelmanns erkennbar. Zunächst eindeutige Zuschreibungen wurden zweifelhaft. Es zeigte sich, daß an ein und demselben Werk oft viele Architekten ihren Anteil haben, der jedoch im einzelnen schwer faßbar ist. Das ist – wie die Forschungen ebenfalls verdeutlichten – nicht zuletzt auf den Bauherrn des sächsischen Staatsbauwesens, August den Starken, zurückzuführen. Voller Baulust und selbst hinreichend architektonisch gebildet, beeinflußte er nicht nur die Grundidee, sondern auch die Ausführung der Pläne und Bauwerke in den verschiedenen Stadien ihres Entstehens durch persönliches Eingreifen oder das Einschalten weiterer Architekten. Dabei muß – so stellte es sich heraus – Matthäus Daniel Pöppelmann eine besondere Rolle gespielt haben, nicht nur als entwerfender Architekt, sondern auch als leitender Baubeamter in einem in seiner Struktur recht schwer zu durchschauenden staatlichen Bauwesen mit einer ebenso vielschichtigen Beamtenhierarchie. Die Forschungen haben schließlich auch einen Einblick in das weite Beziehungsfeld gegeben, das durch diese Umstände sowie durch die weitreichenden politischen und kulturellen Ziele Augusts des Starken bestimmt worden ist und in das das Werk jedes Architekten – allem voran das von M. D. Pöppelmann – eingeordnet werden muß. So reichhaltig die bisherigen Forschungsergebnisse auch sind, zu einem abgerundeten Gesamtbild haben sie sich noch nicht zusammengefügt.

Der Autor ist mit der Tradition der Forschungen zur barocken Baukunst in Sachsen seit jener Zeit verbunden, da er, wohl durch seine eigene zeichnerische Begabung veranlaßt, eine dann auch als Buch veröffentlichte Dissertation zum Thema Pöppelmann als Zeichner geschrieben hat. Mit der nun aus gewichtigem Anlaß des 250. Todestages von Matthäus Daniel Pöppelmann vorgelegten Biographie des großen Barockbaumeisters zieht Hermann Heckmann ein summarisches Fazit aus den bisherigen Forschungen, das für einen weiten Leserkreis zugänglich ist. Sein Buch macht nicht nur mit Leben und Werk von Matthäus Daniel Pöppelmann bekannt. Es berührt darüber hinaus den gesamten Problemkreis der Barockkunst in Sachsen – vor allem durch die Abbildungen, die den ganzen Umkreis des Pöppelmannschen Werkes umfassen. Zusammen mit dem biographischen Text und den kurzen Erläuterungen bietet es einen anschaulichen Überblick über die Entwicklung und Reife, über Eigenheit und Vielfalt dieses wichtigen Bereiches deutscher Baukunst in der ersten Hälfte des achtzehnten Jahrhunderts.

Kurt Milde

In der Architekturgeschichte des 18. Jahrhunderts ist der sächsische Barock ein fester Begriff. Er hat seine regionale Eigenart entwickelt und Qualitäten erreicht, die sich mit den Leistungen aller anderen Länder auf diesem Gebiet messen können. Ausgangspunkt und Zentrum ist Dresden. Der Name des Architekten Matthäus Daniel Pöppelmann erhält schon zu Lebzeiten einen ähnlichen Klang wie die Namen der großen Zeitgenossen, die die Prachtbauten in anderen Residenzen gestalten: in Berlin Andreas Schlüter, in Wien Fischer von Erlach und Hildebrandt, in Braunschweig Hermann Korb, in Hessen-Darmstadt Remy de la Fosse, in Kurmainz Maximilian von Welsch und in München Joseph Effner. Unter den vielen begabten Baumeistern des 18. Jahrhunderts ist Pöppelmann der erste, der nicht aus dem Kriegsingenieurwesen, dem Handwerk oder von der bildenden Kunst kommt, sondern sich in einem Bauamt hochgearbeitet hat. Dafür ist die Situation zu Beginn des 18. Jahrhunderts günstig. Hatten die Wettiner im 16. Jahrhundert ihre Residenz zu einem Hort der Renaissance entwickelt, so geht August der Starke daran, sie zum glanzvollsten deutschen Hof nach der Kaiserstadt Wien und zu einer Perle des Barocks auszubauen. Dazu bedient er sich des von seinen Vorgängern eingerichteten Oberbauamtes, besetzt es mit tüchtigen Architekten, läßt diese im Wettstreit miteinander arbeiten und toleriert deren unterschiedliche Ansichten, obwohl er selbst eine Fülle von Anregungen und Ideenskizzen beisteuert. Er sieht die Begabung Pöppelmanns, läßt ihn auf zwei Reisen die Architektur der glanzvollsten Höfe Europas kennenlernen. Das schönste Ergebnis ist der Zwinger, der als einmalige Symbiose von Architektur und Bildhauerkunst in die Baugeschichte Europas eingeht. Ein neues Residenzschloß hätte nach den Plänen Pöppelmanns die gleiche Pracht erhalten, aber nicht einmal der Zwinger wird vollendet. Der gleichzeitige Ausbau der Besitzungen in der Umgebung Dresdens und in Polen überfordert die finanziellen Möglichkeiten Sachsens. Dazu kommt das unstete Wesen des Königs, das für Anregungen aus allen Richtungen offen ist. Der Blick auf den französischen Hof führt zur Bevorzugung französischer Architekten, die vorklassizistische Tendenzen mitbringen. Auf dem Umweg über Berlin erscheinen Zacharias Longuelune und Jean de Bodt. Deren Auffassung fällt bei der jungen Generation auf fruchtbaren Boden. Pöppelmanns Nachfolger Johann Christoph Knöffel entwickelt aus ihr den Stil, der, an Pöppelmanns Barock anknüpfend, als Dresdner Rokoko in die Baugeschichte eingeht. Im bürgerlichen Bauwesen hält sich Pöppelmanns Auffassung länger. Sie beeinflußt die Wohnhausfronten in den Gassen, und sie trägt genau so zum Ruf Dresdens als Barockstadt bei wie die Repräsentationsarchitektur des Hofes. Nach den Zerstörungen im Jahre 1945 können wichtige Prachtbauten wiederhergestellt werden, aber der Verlust der bürgerlichen Wohnhäuser und engen Straßenzüge läßt das barocke Fluidum für immer verloren gehen.

Die Vorbereitung der dem Gedenken an Pöppelmanns Todestag vor 250 Jahren gewidmeten Publikation fand durch das Institut für Denkmalpflege, die Deutsche Fotothek Dresden und dem VEB Verlag für Bauwesen herzliche Unterstützung. Postum sei an Eberhard Hempel und Walter Hentschel gedacht, die vor dreißig Jahren der Dresdner Barockforschung entscheidende Anstöße gaben und mit Anregungen zu Einzeluntersuchungen erst den fundierten und ausgewogenen Überblick ermöglichten.

Hermann Heckmann

Der Architekt des Zwingers stammt aus dem kleinen Herford in Westfalen am Kreuzungspunkt der alten »Hansestraße« von Lübeck nach Köln mit der alten »Königsstraße« von Holland zum Harz; seit dem 13. Jahrhundert schon Hansestadt, durch den Dreißigjährigen Krieg dann verarmt. Vom einstigen Wohlstand zeugen heute noch die Türme der Münsterkirche, der Johanniskirche, der Marienkirche und der Jakobikirche, von den Bürger- und Kaufmannshäusern mit Treppengiebeln aus der Gotik und der Renaissance steht nur noch das Haus Höckerstraße Nr. 4, angeblich das Geburtshaus von Matthäus Daniel Pöppelmann. Das stimmt zwar nicht, dient aber dem Fremdenverkehr und dem Stolz Herfords auf seinen berühmten Sohn.

Ganz aus der Luft gegriffen ist die Zuschreibung jedoch auch nicht; eine Lehnsakte aus dem 16. Jahrhundert weist den Ururgroßvater Daniel Pöppelmann (1526–1618), einen der wohlhabendsten Kaufleute der Stadt, als Besitzer aus. Er ist Ratsmann, Rentmeister und Bürgermeister der Herforder Neustadt, stiftet 1601 die Kanzel der dortigen Johanniskirche und läßt in sie Hausmarke und sein und seiner Ehefrau Porträt einschnitzen. Er ist der berühmte Ahne, auf den sich viele Generationen berufen, wenn sie auf ihre Herkunft »aus einem edlen Patricien-Stamm«[1] hinweisen.

Während des wirtschaftlichen Niedergangs der Stadt im 17. Jahrhundert zerrinnt das Vermögen. Einige Nachkommen wandern nach anderen westfälischen Städten aus, einige nach Hessen, andere nach Livland. Henrich Pöppelmann († 1681), der Vater des Architekten, wie seine Vorfahren, Kaufmann und Ratsmann, bleibt in Herford, aber er führt mit seiner Frau Kunigunde Sophie ein ziemlich ärmliches Dasein vom Ertrag eines kleinen Ladens in der Lübberstraße. Aus der Ehe entstammen die Töchter Christine Elisabeth und Margarete Elisabeth sowie der etwa am 3. Mai 1662 geborene Sohn Matthäus Daniel.

Konducteur im Oberbauamt unter Klengel und Starcke

Die Jugend bleibt im Dunkel der Vergangenheit. Hat er wie die Vorfahren Kaufmann gelernt, um das Geschäft der Eltern zu übernehmen, oder ein Bauhandwerk und ist auf der Wanderschaft nach Dresden gekommen – warum überhaupt verläßt er Herford? Am nächsten liegt die Vermutung, daß die schlechten wirtschaftlichen Verhältnissen ihn verleiten, in einer Residenz mehr Glück zu suchen. 1680 wird er zum ersten Male im sächsischen Hofbuch erwähnt. Da er im Oberbauamt arbeitet, muß er sich bereits vorher Kenntnisse im Bauwesen angeeignet haben.

Als er eintrifft, befindet sich Sachsen in einer Phase des wirtschaftlichen Aufstiegs. Landwirtschaft und Bergbau sind wieder zur Blüte gekommen, der Holzreichtum der Wälder ermöglicht den Aufbau einer Holzbearbeitungsindustrie, und im Vogtland, im Erzgebirge und in der Lausitz gedeiht wieder die Textilfabrikation. Böhmische Exulanten haben die Musikinstrumentenherstellung ins Land gebracht, und Leipzig übertrifft bereits alle anderen deutschen Messestädte.

Dresden, seit 1485 Residenz der Albertini-

1 Matthäus Daniel Pöppelmann auf dem Gipfel seiner beruflichen Laufbahn im Alter von etwa 50 Jahren. Abbildung eines nur 25 mm hohen, in Gold gefaßten Medaillons, das 1945 im Stadtmuseum Dresden verbrannte

schen Linie der Wettiner, überstand den Dreißigjährigen Krieg glimpflicher als andere Städte, profitierte von Handel und Wirtschaft und erfreut sich gegen 1680 an der höfischen Prachtentfaltung. Bildende Künste und Musik finden Förderung und steigern den Ruf als Kunststadt. Die 1560 im Schloß vom »Vater August« (1526/1553–1586) angelegte Kunstkammer gilt als zweitälteste Europas, enthält zunächst jedoch nicht Kunstwerke im heutigen Sinn, sondern naturkundliche Kuriosa und physikalische Instrumente. Erst die späteren Kurfürsten erwerben Gemälde und legen den Grund für die heute weltberühmte Sammlung. Seit 1548 bezahlen sie eine Hofkapelle mit einem Johann Walther und dann einem Heinrich Schütz als Dirigenten, und 1667 eröffnet Johann Georg II. (1613/1656–1680), früher als alle anderen deutschen Fürsten, ein Opernhaus.

Dresdens Stadtbild zeigt sich um 1680 noch so, wie es Generationen bis zum Dreißigjährigen Krieg geformt haben: eine von starken Festungsmauern und mächtigen Bastionen eingeengte Bebauung in der Ausdehnung von 700 m x 1000 m, dem heutigen »historischen Zentrum« entsprechend. In der Mitte des westlichen Teiles liegt der Altmarkt, auf dem sich die Hauptstraßen von West nach Ost und von Nord nach Süd kreuzen und zum Wilsdruffer Tor, zum Pirnaischen Tor, zum Seetor und zum Georgentor am Elbufer hinausführen. 200 Meter nordöstlich davon befindet sich der Neumarkt, von dem aus die Straßen unregelmäßig abgehen.

Wie auch andere am Fluß liegende Städte, entwickelte sich Dresden an beiden Ufern der Elbe. Seit 1550 ist das kleinere, um die gotische Dreikönigskirche gescharte Alten-Dresden eingemeindet. Die große Elbbrücke verbindet beide Teile. Gleich am Brückenkopf steht das Schloß, von Georg dem Bärtigen (1471/1500–1539) mit dem Georgenbau, von Kurfürst Moritz (1521/1541–1553) mit dem Großen Schloßhof und drei Wendelsteinen und von Christian II. (1583/1591–1611) mit dem Kleinen Schloßhof zu einem ansehnlichen Renaissancekomplex erweitert; östlich davon, ebenfalls im Renaissancestil, Stallhof, Langer Gang, Kanzleigebäude und Zeughaus. Dann die Sakralarchitektur: die goti-

2   3

sche Sophienkirche, die Annenkirche, die Frauenkirche, die Kreuzkirche; bescheidener die bürgerlichen Wohnhäuser: zwei- bis viergeschossige Giebel an engen Straßen und Gassen.

Unter Johann Georg II. bestimmen zwei Architekten die Gestaltung der höfischen Architektur: Wolf Caspar von Klengel, ein vielseitig gebildeter und begabter, weitgereister, 1655 zum Oberlandbaumeister, 1672 zum »Oberinspektor der Civil- und Militärgebäude« ernannter einheimischer Ingenieuroffizier, und seit 1663 der ebenfalls im Ingenieurkorps groß gewordene Johann Georg Starcke aus Magdeburg. Auch er kennt Europa, auch er besitzt eine umfassende Bildung. Klengels Reiseeindrücke aus den Niederlanden, England, Italien und Österreich beeinflussen die Gestaltung seiner Bauten, von denen die Moritzburger Schloßkapelle, das Opern- und Komödienhaus, das Ballhaus, die Schloßturmspitze, das Reithaus, das Grüne Tor des Schlosses und Erneuerungsarbeiten im Schloß die bedeutendsten sind. Er gilt als Begründer des sächsischen Barocks, für den zunächst, wie fast überall in Deutschland, Anregungen aus Italien maßgebend sind. Als Lehrer des Prinzen Friedrich August, des zweiten Sohnes des Kurfürsten, in »architectura civilis et militaris« bereitet er Aufgeschlossenheit und Verständnis und damit vielleicht auch die Leidenschaft für das Bauen vor.

2 Das Wappen der Familie Pöppelmann nach einer Darstellung im Jahre 1742: »Das Wapen der Patricien von Herford Nahmens Pöppelmann ist ein redendes Wapen, welches auf den Namen abzielet, nehmlich oben über dem Helm ein Mann, und unten im Schild ein mit 2 Rosen auf ihren Stengeln begleiteter Pappel- oder Poppel Baum, im Lateinischen Populus genannt, wobey oben der Mann ein Hertz mit 2 Rosen in der Hand hält.«[1]

3 Das Siegel von Matthäus Daniel Pöppelmann zeigt die Embleme des Wappens in vereinfachter graphischer Umzeichnung.

9

5

4 Die Kanzelempore in
der seit 1661 von Klengel
in die westliche Umfas-
sungsmauer des Jagdhau-
ses Moritzburg eingebau-
ten Kapelle fügt sich mit
Seitenfenstern, wie sie vor
Herrschaftslogen üblich
sind, flächig in die Wand
ein. Die strenge Aufglie-
derung und die formale
Trennung von Kanzelkor-
pus und Schalldeckel bleiben noch einem aus der
Renaissance stammenden
Gliederungsschema ver-
haftet. Die Blüten- und
Tuchgehänge gehören zu
sächsischer Dekorations-
art.

5 Der »Oberinspektor
der Zivil- und Militärge-
bäude« Wolf Caspar von
Klengel (1630–1691), Ge-
mälde von H. Chr. Fehling

4

Auf Pöppelmanns berufliche Entwicklung nimmt Starcke mehr Einfluß. Er hat bereits ein kleines Palais im Italienischen Garten im Süden vor der Stadtmauer und das Schießhaus nahe dem Schloß errichtet und leitet seit 1672 als Oberlandbaumeister das höfische Bauwesen in der Praxis. Er baut das Portal zwischen den beiden Schloßhöfen und das Redoutenhaus. An seinen Werken dominieren Anregungen aus Frankreich, die dazu beitragen, mit neuer Baukörpergliederung Dresdens Architektur endgültig aus der Renaissance herauszuführen. Die von ihm entwickelten Dekorationen erhalten Bedeutung für Pöppelmanns spätere Entwürfe.

Im Gegensatz zu anderen Residenzen, die nur einen oder zwei Hofarchitekten zu bezahlen in der Lage sind, unterhält der sächsische Hof ein Oberbauamt mit mehreren Architekten und subalternen Mitarbeitern in einer Hierarchie, die von der Hilfskraft zum Kondukteur über Unterlandbaumeister, Landbaumeister, Vizeoberlandbaumeister bis zum Oberlandbaumeister reicht und sich kaum von der heutiger Ämter unterscheidet. In diesem Oberbauamt bekommt Pöppelmann nach sechsjähriger Tätigkeit als Hilfskraft eine feste Anstellung als Kondukteur, da die vermehrte kurfürstliche Bautätigkeit Neueinstellungen erlaubt. Außerhalb der Stadtmauer befindet sich das von Starcke entworfene Palais im Großen Garten als sommerliche Vergnügungsstätte des Fürstenhauses im Bau. Hier und am Grünen Tor des Schlosses ist der gleichzeitig mit Pöppelmann ins Oberbauamt aufgenommene, sechs Jahre ältere

6

6 Der Blick von der Bühne aus in das zweitausend Menschen fassende Opern- und Komödienhaus, das Klengel mit zwei Rängen zwischen hohen Pfeilern von 1664–1667 am Taschenberg südlich vom Schloß erbaut, nach einem Kupferstich von J. O. Harms. Vorn am Proszenium gelegene Treppen erschließen die Ränge. Über dem kräftigen Gebälk spannt sich das von Harms gemalte Plafond, das Genien vor dem aus einem Strahlenbündel erscheinenden Sonnengott darstellt. Das Haus wird 1889 abgebrochen.

7 1674/76 erhöht Klengel den Schloßturm um 9 Meter und bereichert ihn mit einer offenen Laterne. Mit den Tuchdraperien am Schaft und an den Dachfensterchen an Haube und Zwiebel klingen typisch Dresdner Dekorationselemente an. Den Feuersturm vom 13./14. 2. 1945 übersteht nur der massive Schaft.

8 1677/78 baut Klengel das Reithaus mit einer Blendgiebelarchitektur, die ihre Herkunft vom Sakralbau nicht verleugnen kann. Der hochragende Mittelteil enthält über dem Reiterstandbild von Johann Georg II. das Kurwappen und trägt ein von Feuervasen flankiertes Standbild der Justitia. Obelisken betonen die Ecken des Blendgiebels. Während der Zwinger- und Schloßerweiterungsplanung wird das Reithaus im Jahre 1710 abgebrochen. Kupferstich aus der »Durchlauchtigsten Zusammenkunft« von 1678

9 Unter dem Hausmannsturm des Schlosses legt Klengel 1692/93 das Grüne Tor mit rustizierten Säulen und Pfeilervorlagen an. Der fortifikatorische Charakter gilt den militärischen Ambitionen des Kurfürsten Johann Georg III. Der reiche bildhauerische Schmuck aus Wappenkartuschen, Trophäen und Putten, von Marcus Conrad Dietze, verbindet sich harmonischer miteinander als am 15 Jahre früher entstandenen Reithausgiebel.

10 1682 baut Starcke das Portal zwischen Großem und Kleinem Schloßhof weit weniger rustikal als Klengel das Grüne Tor.

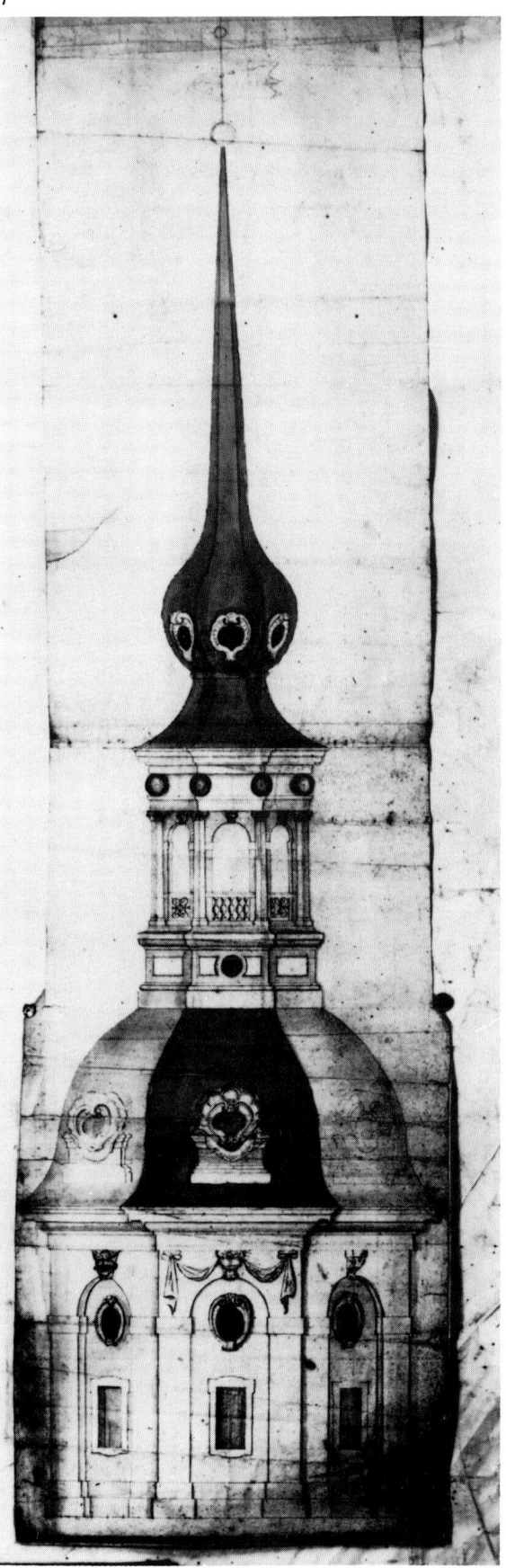

Marcus Conrad Dietze aus Ulm als Bildhauer tätig. Die anderen Bediensteten des Oberbauamtes sind Fachleute mit soliden technischen Kenntnissen ohne große künstlerische Ambitionen. Der unmittelbare Vorgesetzte Pöppelmanns, der 1682 zum Unterlandbaumeister, später noch zum Landbaumeister und Oberlandbaumeister ernannte Matthes Schumann kann nie mit einem Werk von Bedeutung glänzen. Kaum erfolgreicher ist der Landbaumeister Michael Plancke aus Leipzig – 1686 Vizeoberlandbaumeister und 1691 Oberlandbaumeister –, obwohl er ein Architekturbuch unter dem Titel »Original du Livre d'Architecture de feu le Duc Ferdinande de Courlande« mit der üblichen Stilkunde und Mustersammlung verfaßt. Es wird nie gedruckt. Vizeoberlandbaumeister ist bis 1686 Heinrich Schramm – über ihn ist nichts bekannt.

Wie zeigt sich die europäische Architektur zu Ende des 17. Jahrhunderts? 1680, das Ankunftsjahr Pöppelmanns in Dresden, zugleich das Todesjahr von Johann Georg II., ist auch das Todesjahr des bedeutenden Architekten und Bildhauers Giovanni Lorenzo Bernini.

Als drei Jahre später Guarino Guarini, der Virtuose des italienischen Spätbarocks, und 1691 auch Carlo Rainaldi stirbt, gibt Italien die führende Rolle in der Palastarchitektur an Frankreich ab, obwohl weiterhin begabte Architekten wie Alessandro Specchi Paläste, Kirchen, Treppenanlagen und Plätze in spätbarocker Auffassung von hoher Qualität bauen. Frankreich hat seit Perraults Louvre-Erweiterung den eigenen Weg der Repräsentationsdarstellung eingeschlagen. François Blondel, der Theoretiker, Verfasser der »Cours d'Architecture«, die in Europa zur Richtschnur werden, stirbt 1686. Jules Hardouin-Mansart erweitert das Versailler Schloß und baut Marly und damit die großen Vorbilder für Europas Höfe.

Es vergehen Jahrzehnte, bis die politische und wirtschaftliche Konsolidierung kleineren Residenzen selbst den matten Abglanz solcher Prachtentfaltung erlaubt. Nur Wien bildet eine Ausnahme. Die Türken sind vor der Stadt geschlagen worden, die Feldzüge des Prinzen Eugen vertreiben sie aus dem Reich und ermöglichen ein wirtschaftliches Aufblühen und die Zunahme politischer Macht.

Kaiser Leopold I. läßt die Hofburg von Italienern erweitern, der Hochadel anspruchsvolle Stadtpaläste ebenfalls durch italienische Baumeister bauen. In Preußen läßt der Große Kurfürst durch Johann Gregor Memhardt den Ausbau Berlins zur Festung vollenden, das im Dreißigjährigen Krieg beschädigte Schloß Schwedt durch Cornelius Ryckwaert wieder aufbauen, das vor den Toren Berlins gelegene Köpenicker Schloß durch Rütger von Langerfeld neu bauen und schließlich durch Johann Arnold Nering und Michael Matthias Smidts im Residenzschloß Verschönerungen durchführen. Niederländische Baumeister dominieren. In Hannover befindet sich der welfische Hof im Aufstieg, legt Schloß und Garten Herrenhausen an und kommt bald zur Kurwürde und englischen Königskrone.

Die Bautätigkeit am sächsischen Hof hält solche Vergleiche aus. Mehr noch: Sie wird bereits von einheimischen Baumeistern durchgeführt und steht mit dem Palais im Großen Garten auf einer neuen Stufe, auch wenn Nicodemus Tessin d. J., der berühmte Stockholmer Hof- und Stadtarchitekt, sie abfällig beurteilt: »Hat viel Ornamenten, so daß man wohl sehen kan, daß es nicht ohne viel Geldt dergestalt hat können verdorben werden.«[2] Mit dem Tod des kunstfreudigen Kurfürsten Johann Georg II. bricht die hoffnungsvolle Entwicklung zunächst ab. Dem Sohn und Nachfolger Johann Georg III. (1647/1680–1691) bringen kriegerische Ambitionen und Erfolge vor Wien gegen die Türken den Beinamen »Sächsischer Mars« ein, und folgerichtig zeigt er für das Bauwesen wenig Interesse. Lediglich im Schloß läßt er durch Starcke den südöstlichen Wendelstein und das Portal zwischen den beiden Höfen bauen und das Palais im Großen Garten fertigstellen. Für die Gestaltung des Gartens nimmt er 1683 den 33jährigen Johann Friedrich Karcher als Obergärtner in Dienst. Während seiner Regierungszeit brennt 1685 Alten-Dresden ab; von 390 Wohnhäusern sinken 331 in Schutt und Asche. Klengel entwirft noch im Katastrophenjahr einen Aufbauplan mit einem barocken Achsensystem, das der Kurfürst jedoch nicht für verbindlich erklärt; die Kirchengemeinde kann die abgebrannte Dreikönigskir-

8

che an gleicher Stelle mitten in der von Klengel projektierten Prachtallee von der Brücke zum Schwarzen Tor wiederaufbauen.

Der 23jährige Pöppelmann dürfte beim Wiederaufbau nur zu untergeordneten Arbeiten wie Aufräumungen hinzugezogen worden sein, ohne daß etwas darüber zu erfahren ist. Aber etwas Persönliches wird endlich von ihm bekannt: Er mietet 1686 einen Sitzplatz in der Sophienkirche und erhält ein Jahr später ein Privileg zum Ausschank von Bier und Wein.

1691 stirbt der Kurfürst. Sein 23jähriger Sohn und Nachfolger Johann Georg IV. (1668/1691–1694), von dem Pöllnitz schreibt: »Er war mit allen Eigenschaften ausgestattet, die ihn zum

Er verwendet glatte toskanische Säulen, gestaltet den Schlußstein mit dem Kurwappen und die Fenstertür mit Segmentbogenverdachung und seitlich herabfallenden Girlanden zurückhaltender, löst die Brüstung in ein durchsichtiges Gitter auf und erzielt mit den Figuren von Herkules und Minerva ebenfalls eine gefälligere wuchtige Wirkung als Klengel mit den Trophäen an entsprechender Stelle. 1945 zerstört

13

liebenswürdigſten Fürſten gemacht hätten, wenn er ſich nicht ſklaviſch von einer herrſchſüchtigen Mätreſſe hätte leiten laſſen, die alles ihrem Ehrgeiz und Vorteil aufopferte und der nichts heilig war«[3], hat wieder größere Bauvorhaben im Sinn. Starcke übernimmt als Nachfolger des ebenfalls 1691 verstorbenen Klengels die Oberleitung des Bauwesens, baut das Komödienhaus um, das Redoutenhaus neu und setzt die Veränderungen im Jagdschloß Moritzburg fort. 1692 wird der Geheime Kämmerer und Architekt der verwitweten Kurfürstin von der Pfalz Christoph Beyer, ein durch Reisen und Hofdienste gebildeter Kavaliersarchitekt, als zweiter Oberlandbaumeister eingestellt. Dessen frühbarokken Architekturstil läßt ein unausgeführter Palaisentwurf für Leipzig erkennen, sonst fehlen authentische Zeugnisse von seiner Hand; die Englische Treppe, das Grüne Gewölbe im Schloß und die Pavillons rings um das Palais

im Großen Garten entstehen nach Starckes Entwurf, Beyer mag allenfalls an der Ausführung beteiligt sein. Ohnehin bleibt er nur bis 1706 im Amt, dann zieht er sich ins Privatleben zurück.

1692 erscheint ein Künstler in Dresden, der sich durch Miniaturen einen unsterblichen Namen machen wird: der Goldschmied Melchior Dinglinger. Ein zweiter Künstler hält sich schon seit 1689 in Dresden auf und arbeitet an Figuren für den Großen Garten: Balthasar Permoser aus Kammer bei Otting in Bayern; ein im reifen Alter stehender Bildhauer, der sich vorher in Florenz bewährt hat und der sich jetzt am sächsischen Hof bessere Arbeitsmöglichkeiten verspricht, da auch die Architekten mit Aufträgen rechnen.

Der Bildhauer Marcus Conrad Dietze, der als Architekt verwendet werden möchte und ausdrücklich erwähnt, »... daß er ſich von Jugend

11 Das im Jahre 1690 von
Starcke nördlich vom
Schloß erbaute Redouten-
haus bleibt nur 20 Jahre
bestehen, weil es wie das
Reithaus der geplanten
Schloß- und Zwinger-
erweiterung im Wege ist.
Die Längsfronten besitzen
tiefe Plastik dadurch, daß
die wie beim Reithaus zur
Aussteifung erforderli-
chen Pfeilervorlagen volu-
tenähnlich vorgeschweift
sind. Auch die Muschel
unter der Segmentbogen-
verdachung zeigt die ba-
rocke Freude an großfor-
matiger Fassadendekora-
tion. Die gekoppelten
Fenster sind noch der Re-
naissance verhaftet.

12 Für das 1678 begon-
nene Palais im Großen
Garten hat Starcke mit
dem H-förmigen Grund-
riß eine im französischen
Palaisbau entwickelte
Bauweise übernommen.
Eine besondere Bereiche-
rung stellt die Freitreppe
auf der Eingangsseite dar,
die direkt in den Festsaal
führt. Die reiche Fassa-
dendekoration mit pflanz-
lichen Motiven wirkt vor-
bildhaft für die nächsten
Jahrzehnte. Sie überzieht
auch die Seitenfronten
des Palais, wie es ein von
allen Richtungen sichtba-
res, frei stehendes Bau-
werk von solchem Rang
erfordert.

11
12

13 Für das 1678 begon-
nene Palais im Großen
Garten hat Starcke mit
dem H-förmigen Grund-
riß eine im französischen
Palaisbau entwickelte
Bauweise übernommen.
Eine besondere Bereiche-
rung stellt die Freitreppe
auf der Eingangsseite dar,
die direkt in den Festsaal
führt. Die reiche Fassa-
dendekoration mit pflanz-
lichen Motiven wirkt vor-
teilhaft für die nächsten
Jahrzehnte. Sie überzieht
auch die Seitenfronten
des Palais, wie es ein von
allen Richtungen sichtba
res, frei stehendes Bau-
werk von solchem Rang
erfordert.

14 Im Festsaal des Palais
im Großen Garten setzt
sich die Ausstattung des
Mittelrisalites mit Säulen
fort. Die Wand- und Dek-
kenflächen sind von italienischen Stukkateuren in
einem Reichtum deko-
riert, wie er zu Ende des
17. Jahrhunderts nur an
den bedeutendsten deut-
schen Residenzen mög-
lich ist.

15

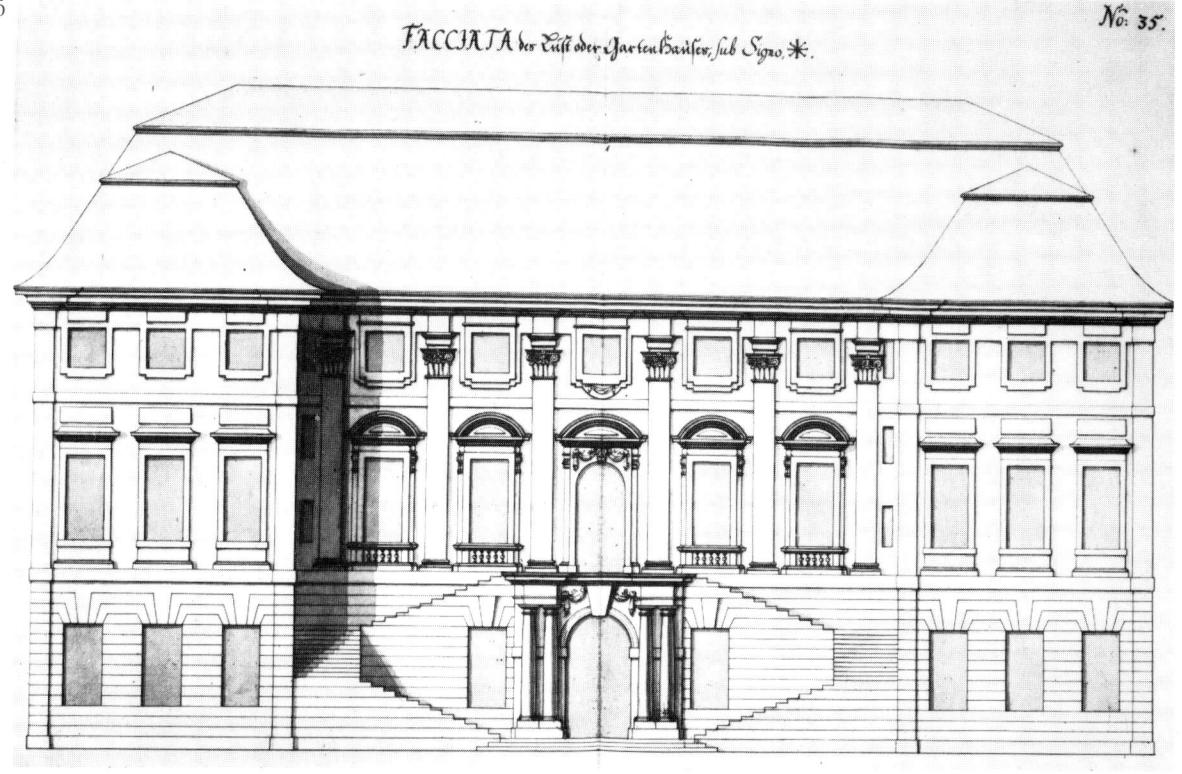

FACCIATA der Lust oder Garten Häuser, sub Signo.✱

FACCIATA derer Grund Riße. C.

16

15 Der Oberlandbaumeister Michael Plancke bildet in seinem Lehrbuch ein »Lust- oder Garten Haus« ab, das die Konzeption des Palais im Großen Garten wiederholt und als Schulbeispiel statt reicher Dekoration mit pflanzlichen Motiven die klassische Instrumentierung mit Säulenportikus, Kolossalpilastern, Fenstergewänden und -verdachungen zeigt. Die Vereinfachung geht so weit, daß die Ausgestaltung der Dachfläche mit Dachfenstern, Lüftungshauben, Schornsteinen und Ziervasen, die bei der Silhouette des Palais im Großen Garten für die grazile Erscheinung so wichtig ist, fehlt. Der Unterschied macht deutlich, welche Qualitäten Starcke in die sächsische Architektur einbringt und wie frei er nicht nur mit der Dekoration, sondern auch mit Fensterformen, mit der Einstreuung von figürlich ausgeschmückten Nischen und mit der Mittelrisalitgestaltung spielt.

16 Auch die Fassade eines großen Wohngebäudes mit Innenhof gestaltet Plancke in seinem Architekturbuch ohne die dekorativen Zutaten, die Klengel und Starcke in Dresdens Architektur eingeführt haben. In einer noch der geschlossenen Bauweise des traditionellen römischen Palazzo des 16. Jahrhunderts verhafteten Auffassung genügen ihm zur Belebung der Fassade die horizontale Gliederung durch Gurtgesimse und der Wechsel der Fensterverdachungen.

an der Baukunst befleißiget und zwei Jahre in Italien gewesen sei«[4] empfiehlt sich mit einem Entwurf für die Ausgestaltung des Marktplatzes in Alten-Dresden und verrät die Kenntnis der modernen Tendenzen der höfischen Architektur Europas: beiderseits des Brückenkopfes dreigeschossige Paläste im Stil von Hardouin-Mansart mit zweigeschossigen Eckpavillons und eingeschossigen Verbindungsflügeln. Auf dem Platz selbst sieht er ein Reiterstandbild und zwei Brunnen vor. An eine Realisierung ist nicht zu denken. Petrus Schenk überliefert den Entwurf als Kupferstich. Karcher erhält Gelegenheit, nach Italien zu reisen, was auf seine Anerkennung im Bauamt und auf die Absicht, ihn mit Planungen von Bedeutung zu betrauen, hinweist, wobei offenbleibt, ob es sich um Hoch- oder Gartenbau handelt. Rings um das fertiggestellte Palais im Großen Garten müssen die von Martin Göttler begonnenen Außenanlagen fertiggestellt und erweitert werden. Karcher ist auch an Hochbauten interessiert, unterbreitet dem König Vorschläge zur Belebung der Bautätigkeit, bietet sich zu Inspektionsreisen und zur Unterrichtung von Handwerkern an und will

Der Entwurf des Oberlandbaumeisters Christoph Beyer für ein Palais in Leipzig zeigt eine schwere Barockarchitektur mit wenig spannungsvoller Untergliederung in Mittel- und Eckrisalite. Die Dekoration ist auf den mit Pilastern versehenen Mittelrisalit konzentriert, wo sie mit Konsolengesims, Dreiecksgiebel und drei Figurenstandbildern den Blick auf sich zieht. Beyers Fassadenbehandlung steht auf einer ähnlichen Stufe wie die von Plancke, die dem Niveau der Hofbaumeister und Ingenieuroffiziere an den meisten deutschen Höfen in den ersten Jahrzehnten des 18. Jahrhunderts entspricht.

unentgeltlich Entwürfe für Wohnbauten liefern, um das Niveau zu heben.

Von Pöppelmanns Tätigkeit steht nach wie vor nichts in den Akten. Sie dürfte aus den üblichen Alltagsarbeiten bestehen, wie sie in jedem Bauamt die Regel sind: Bauunterhaltung, Bauüberwachung, Ausarbeitung von Bauanschlägen und Kontrolle der Handwerkerrechnungen. Nur vom Privatleben gibt es spärliche Nachrichten: 1692 heiratet er Catharina Margarethe Stumpf, um 1693 wird die Tochter Rahel Dorothea geboren. Im gleichen Jahr schenkt ihm der Kurfürst eine unbenutzte Salpeterhütte mit Brachland in Ostra, der heutigen Friedrichstadt. Ein Jahr später kommt der Sohn Johann Adolph zur Welt. Pöppelmann bemüht sich um Nebeneinnahmen und kauft vom Stadtrichter Johann Georg Knoche das in Alten-Dresden vom Brand heimgesuchte Grundstück Große Meißner Straße Nr. 16 für 55 Taler, um es mit einem Wohnhaus zu bebauen. Dazu muß er sich von Knoche und dem Barbier Johann Gutturf je einhundert Taler borgen. 1695 verkauft er das Grundstück samt Neubau an einen Herrn von Heppen für 1800 Taler. In diesem Jahr wird sein drittes Kind Erdmuth Sophie geboren.

Regierungsantritt Augusts des Starken

1694 bringt der durch Ansteckung an Pocken seiner Mätresse Magdalena Sybille Reichsgräfin von Rochlitz verursachte Tod des Kurfürsten völlig unerwartet dessen 24jährigem Bruder Friedrich August die Kurwürde. So wenig dieser zur Übernahme der Regierungsgeschäfte ausgebildet ist, so gut kennt er sich auf architektonischem und künstlerischem Gebiet aus, seit Klengel ihm Unterricht in Architektur erteilt und eine zweijährige Kavalierstour ihn nach Paris, Madrid, Mailand, Venedig, Wien und Prag und damit an die vornehmsten Höfe Europas geführt hatte. Was Pöllnitz im »Galanten Sachsen« von den Abenteuern des jungen Prinzen ausplaudert – er »war galant, schön und verliebt; und wenn er auch verschiedene Leidenschaften hinter sich hatte, liebte er doch mit solcher Zärtlichkeit, als wenn ihm die Liebe allzeit wieder etwas Neues wäre«[5] bringt ihm schon früh zum Ruf des »Starken« auch den des großen Liebhabers ein. Liselotte von der Pfalz schildert ihren Eindruck in der ihr eigenen unverblümten Art: »Wie Ihro Liebden hier waren, hatten sie eine artige taille, das gesicht aber war nicht ahngenehm, hatt gar einen großen mundt, er war

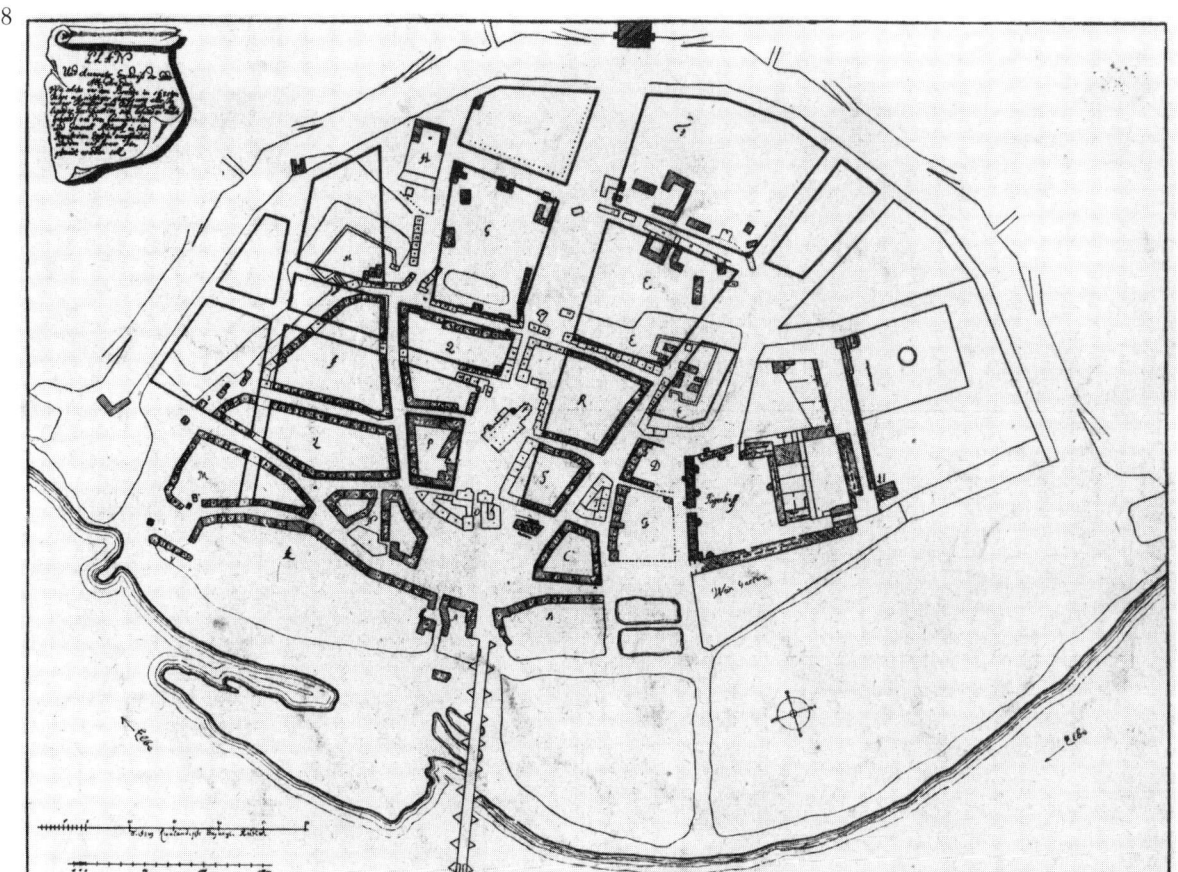

18 Die Wiedergabe des Aufbauvorschlages von Klengel für das 1685 abgebrannte Alten-Dresden (heute Dresden-Neustadt) läßt über der alten Bebauung deutlich die vorgeschlagenen neuen Baufluchten erkennen. Mit drei vom Marktplatz aus strahlenförmig abgehenden Straßen soll die Umgestaltung nach den städtebaulichen Prinzipien des Barocks erfolgen.

19

19 Auch Marcus Conrad Dietze macht sich Gedanken über den Wiederaufbau des abgebrannten Alten-Dresdens. Die in holländischer und lateinischer Sprache verfaßte Unterschrift unter seinem von Peter Schenk gestochenen Entwurf zur Ausgestaltung des Alten-Dresdner Marktplatzes teilt mit, daß es sich um »imaginäre« Architektur handelt. Der Blick aus der Hauptstraße (heute Straße der Befreiung) in Richtung Elbe zeigt in der zentralperspektivischen Mitte über einem Reiterstandbild die Brücke und am Horizont die Spitzen der Türme von Schloß und Kreuzkirche. Die in U-Form konzipierten Palais sind Vorläufer der beiden von Longuelune geplanten Pyramidengebäude, von denen als Blockhaus nur das westliche, etwa anstelle des rechts eingezeichneten Palais, erbaut wird. Genau so wie später auf Canalettos Vedouten vermittelt die als Ersatz für eine gärtnerische Gestaltung reichlich eingezeichnete Staffage einen Blick auf die Mode der Zeit.

20

schon sehr stark: er nahm ein grofs lang undt schwer rohr
und hube es vorn ahm rohr mitt zwey finger von der erden
auff, alfs wenn ein stecknadel were, niemandt konte es
ihm nachthun, nimbt mir also nicht wunder, daß er nun, da
er mitt dem alter noch viel stärcker muß geworden sein, einen
silbern teller rollen kan. Wen die Damen hier diefes Chur=
fürften perfection und stercke gewußt hetten, würden
fie ihm greulich nachgeloffen fein.«[6]
Über sein eigentliches Wesen sagt die vom
Grafen Jakob Heinrich von Flemming dem
Hofklatsch im »Galanten Sachsen« beige=
fügte Porträtskizze mehr: »Genußsucht und Ehr=
geiz find seine beiden Haupteigenschaften, aber die Genuß=
sucht überwiegt … Er ist weichherzig, doch will er es
nicht wahrhaben … Er ist edel, voll Mitgefühl und tap=
fer wie sein Degen.«[7] Im Jahre 1693 hatte er die
ein Jahr jüngere Bayreuther Prinzessin Chri=
stiane Eberhardine geheiratet. Gleich nach dem

Tod von Johann Georg IV. erregt der Prozeß
gegen die Gräfin Ursula Margarete von Neit=
schütz, Mutter und Vertraute der Mätresse,
wegen Magie und Hexerei die Hofgesell=
schaft. Der Kammerdirektor Ludwig Gebhard
von Hoym muß wegen Bereicherung zwei
Jahre auf der Festung Königstein zubringen.
Durch den Tod von Starcke im Jahre 1695
tritt auch ein Wechsel in der Oberleitung des
Bauwesens ein. Nachfolger wird Graf Chri=
stoph August von Wackerbarth, im Gegen=
satz zu Klengel und Starcke kein Baufach=
mann und wegen anderweitiger Aufträge zu=
nächst ohne Einfluß auf das Bauwesen. Was
man von den Zeitgenossen über ihn erfährt,
klingt nicht schmeichelhaft: »Alle Welt ist über
das Glück erstaunt, wie ein so dürftiges Genie, wie Wak=
kerbarth, es so weit bringen konnte, bei der Armee als
General und bei dem größten Hofe Europas als Gesand=
ter angestellt zu werden, wo er Geschäfte von größter Wich=
tigkeit zu führen hatte. Er besaß weder die nötigen
Kenntniffe, noch natürlichen Anstand genug, um sich auf
diesen beiden Posten mit Ehren halten zu können …
Seine Haupteigenschaft als Hofmann ist Oberflächlich=
keit und dabei schmückt er sich oft mit fremden Federn.
Wenn der König sich die Entwürfe und Zeichnungen von
den beiden Hofmalern Karger und Fehling vorlegen ließe,
so würde er sie aus erster Hand erhalten.«[8]
So äußert sich der Kammerherr Wolframs=
dorf im Jahre 1704. Später stellt der Reise=
schriftsteller Loën fest: »Der General Wackerbarth
hat sich empor gebracht, man weiß nicht wie. Er sieht wohl
aus und hat verschiedene gute Eigenschaften. Allein sein
Glück und sein Ruhm haben ihn selbst übertroffen.«[9]
In einer anderen Quelle heißt es, er sei nie
ordentlich angezogen und gehe in einer zu
langen, unfrisierten Perücke herum, mit vie=
len Papieren unterm Arm zum Zeichen seiner
Bedeutung und Vielbeschäftigung.
Über Pöppelmanns berufliche Tätigkeit ist
auch zu diesem Zeitpunkt immer noch nichts
von Belang zu erfahren. Möglich, daß er ne=
ben der Alltagsarbeit im Amt weiterhin
Wohnhäuser auf eigene Rechnung bauen
kann. Auch Permoser hat Zeit für auswärtige
Auftraggeber. Er kann sogar eine Reise in
seine bayerische Heimat und nach Italien un=
ternehmen.
Der junge Kurfürst bereitet sich nach dem
vergeblichen Bemühen um militärischen
Ruhm als Oberbefehlshaber der kaiserlichen

Truppen in Ungarn während der Regierungszeit seines Vaters und seines Bruders mit dem zunächst geheimgehaltenen Übertritt zum Katholizismus auf einen nach dem Tod des polnischen Königs Johann Sobieski III. im Jahre 1696 verlockenden politischen Machtzuwachs vor, indem er sich um die polnische Krone bewirbt und sie tatsächlich ein Jahr später durch Unterstützung des kaiserlichen Hofes, durch Bestechungsgelder in Höhe von elf Millionen Talern und durch den militärischen Druck mit einer an der Grenze aufmarschierten Armee von 10000 Mann erhält. Damit verhilft er Dresden zum Rang einer europäischen Hauptstadt, veräußert jedoch die Ansprüche auf Lauenburg, Quedlinburg, Nordhausen und das Amt Petersberg bei Halle und stürzt Sachsen durch Zugeständnisse an den polnischen Adel für die Befreiung Livlands von der schwedischen Herrschaft in den Nordischen Krieg.

Von Pöppelmann kommen zwei weitere Geburtsanzeigen: um 1698 die des zweiten Sohnes Carl Friedrich, 1699 die der dritten Tochter Eleonore Dorothea. Im gleichen Jahr ernennt der König Johann Friedrich Karcher zum dritten Oberlandbaumeister neben Schumann und Beyer mit Zuständigkeit auch für das Hochbauwesen oder treffender ausgedrückt: mit besonderer Zuständigkeit für seine eigenen Planungen. Karcher hatte 1697 in Tarnowitz den festlichen Rahmen mit Toren und Tribünen für die offizielle Bekanntgabe der Königswürde zur Zufriedenheit gebaut und war 1698 sogar vom Kurfürsten von Brandenburg und nachmaligen preußischen König Friedrich I. zu einem Entwurf für das Berliner Schloß in Konkurrenz zu Fischer von Erlach, Schlüter und Tessin d. J. aufgefordert worden. Er ist jetzt der bevorzugte Architekt am Hofe und hält sich vier Monate lang in Warschau auf, um für die Umgestaltung des Residenzschlosses an der Weichsel, das, im Besitz des polnischen Adels, dem König aus Tradition leihweise überlassen wird, »unterſchiedliche Riſſe zu verfertigen«.[10] Da der Adel weit prächtigere und moderner ausgestattete Palais bewohnt, verlangt der König ein repräsentativeres Aussehen. Eine schöne Perspektive eines Schloßerweiterungsprojektes, die – wie Walter Hentschel annimmt –

21

21 Generalfeldmarschall und Generalintendant für das Bauwesen Graf Christoph August von Wakkerbarth (1662–1734). Stich von I. G. Mentzel

22 Gartenarchitekt Oberlandbaumeister Johann Friedrich Karcher (1650–1726). Porträtbüste von Chr. Kirchner am Epitaph in der Kirche Dresden-Leubnitz

22

23　Für das Vogelschießen am 20. September 1699 baut Karcher ein »mit grünem Reisig ausgeziertes Amphitheater, worin Königliche Majestät abgetreten, samt zugehörigen zwei Logen für die Königin und die Judicierer«. Erstmalig erscheint mit der zwischen zwei Pavillons eingespannten Bogenarkade der Grundriß der Zwingerorangerie.

24　Die Vogelschau vom Erweiterungsentwurf des Warschauer Königsschlosses am Weichselufer verrät hervorragende räumliche Gestaltung und die Fähigkeit, die lange Gartenfront abwechslungsreich mit Vorbauten und Abknickungen zu gliedern. Der zum Weichselufer abfallende Hang ermöglicht eine Terrassierung, die wie auf Fischer von Erlachs erstem Schönbrunn-Entwurf von einem runden Platz ausgeht. Beiderseits von pavillonartigen Risaliten verlängern zweigeschossige Flügel die Weichselfront, und von deren Enden stoßen eingeschossige Verbindungstrakte rechtwinklig zu zweigeschossigen Pavillons vor, die einen herrlichen Blick auf den Strom versprechen.

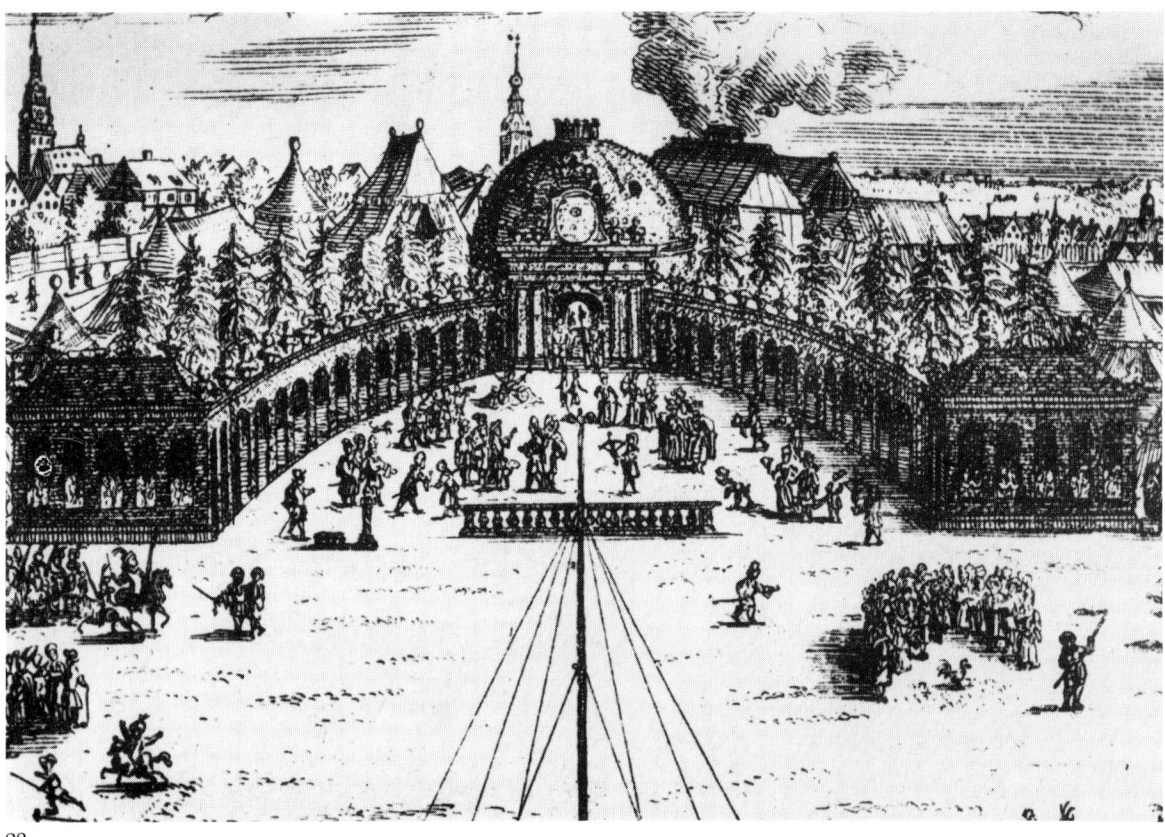

23

zu dieser Zeit entsteht, zeigt zum ersten Male die Prachtarchitektur, auf die der junge König nun aus ist.

Von Neuplanungen in Dresden lenkt den König das polnische Unterfangen ab, aber er verlangt eine bessere Ausstattung der vorhandenen Gebäude. 1697 beruft er den französischen Innenarchitekten Raymond Leplat und läßt ihn Schlafzimmer und Thronsaal im Schloß mit farbigem Marmor, Samtbekleidung und Stuck dekorieren.

Inzwischen fehlt im Dresdner Oberbauamt die lenkende Hand. Da Wackerbarth auswärts politische und militärische Aufträge durchzuführen hat, muß er die Arbeit mit Instruktionen regeln, in denen er die Kompetenzen der Baumeister festlegt und sogar Einzelheiten des täglichen Arbeitsablaufes vorschreibt; daß nämlich die »Herren Ober Officier nicht allein die Riße und Schreibereyfachen verwahren, sondern auch daselbst alle Freytage, des Sommers früh um 6 Uhr, im Winter um 8 Uhr zusammen kommen, über alles fleißig deliberiren, was die vorige Woche verrichtet, approbiren, hinwieder was die folgende Woche vorzunehmen abreden, und sodan was geschloßen protocoliren kön-

nen, inmaßen Sie dahin zu trachten, daß gute Ordnung eingeführet und erhalten werde.«[11]

Vor Ort läßt er sich durch den Oberstleutnant Lambert Lambion vertreten; einen bis dahin in Dresden unbekannten, beim Kaiser, bei der Königin von Spanien, dem Bischof von Münster und in Frankreich in Dienst gestandenen Ingenieuroffizier, der 1698 eigentlich für Aufgaben in Polen eingestellt, nun in Dresden als Vizebaudirektor aktiv in die Bautätigkeit eingreifen will, einigermaßen selbstbewußt auftritt und prompt von der Kammer gemaßregelt wird, weil er ohne Genehmigung Reparaturen anordnet. Die Baubeamten spricht er nach militärischer Gewohnheit mit knappen, präzisen Befehlen an. Den Kondukteur Pöppelmann schickt er am 17. September 1700 mit folgender Weisung auf eine Dienstreise:

»1.) Hat er die Torgauische vor der Brücke liegende Schanze mit allen ihren Wercken und Gräben auszumeßen, die Gegend des Orts wohl zu observiren und alles fleißig zu notiren.

2.) Wirdt er sich sodann ferner nach Eilenburg begeben daselbst H. Landtbauschreiber Niedhardten in denen

24

25

25 Die Dekoration des
Thronsaales im Residenz-
schloß aus farbigem Mar-
mor, Stuck und roter
Samtbekleidung stammt
vom Innenarchitekten
Raymond Leplat aus dem
Jahre 1698.

26 Dietzes Vorentwurf für den Neubau des Dresdner Schlosses zeigt ein Konglomerat kleiner und großer Höfe: zunächst einen niedrig eingefaßten Vorhof, 170 Meter im Quadrat, dazu einen Nebenhof im Norden; dann die eigentliche cour d'honneur und den inneren Schloßhof, die beide von den neuen Schloßflügeln umrahmt werden; auf der Rückseite des Schloßgebäudes einen quergelegten Festplatz mit Theater und Tierkampfarena sowie kleine Wirtschaftshöfe mit Nebengebäuden, die an einen neu konzipierten Festungsgürtel stoßen; rechtwinklig dazu in einer durch das Schloßgebäude gelegten Achse auf der Elbseite einen Ziergarten mit Orangerie. Der Neubau ist so konzipiert, daß bis zur Fertigstellung das alte Schloß stehenbleiben kann.

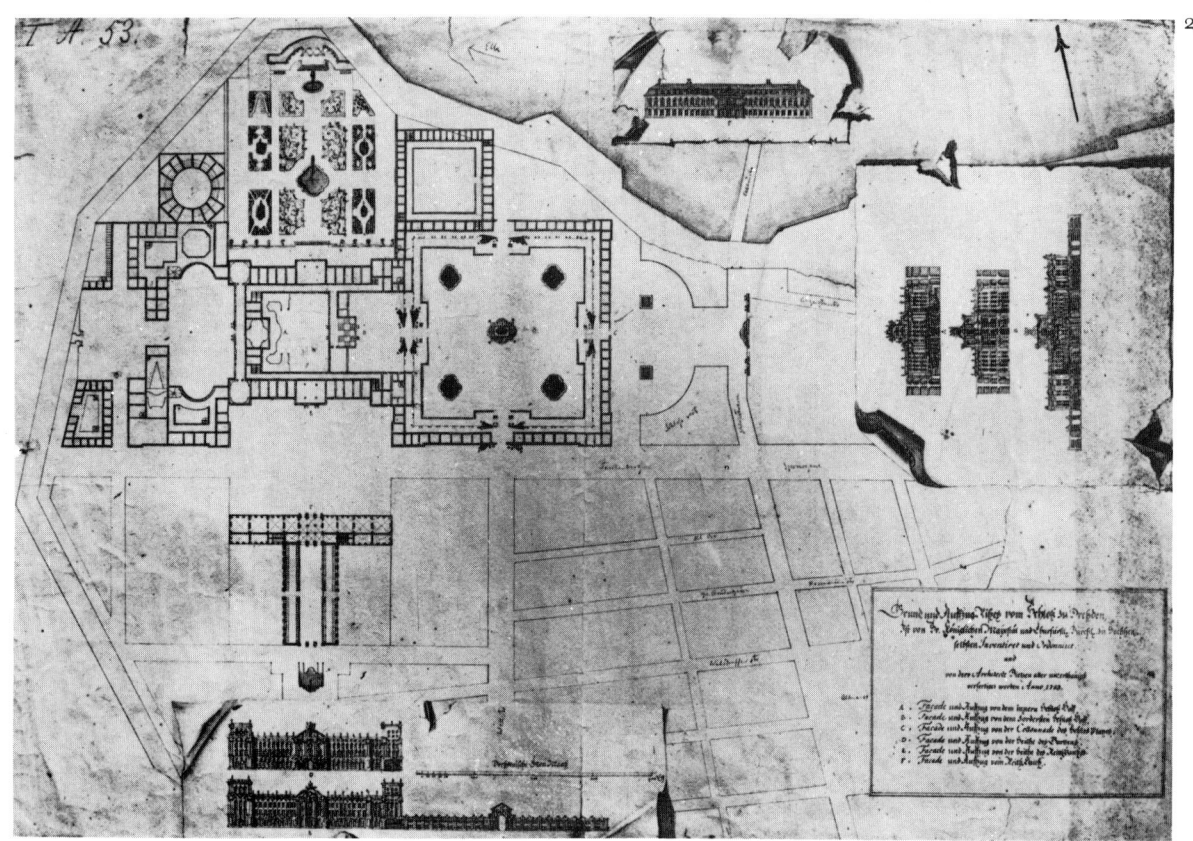

27 Zwei Entwurfsminiaturen für den Mittelteil des Schlosses enthalten im Bereich der Freitreppe und des Blendgiebelaufsatzes ein reiches Angebot an figürlicher Dekoration, das völlig unabhängig von Klengels und Starckes Architektur entwickelt ist.

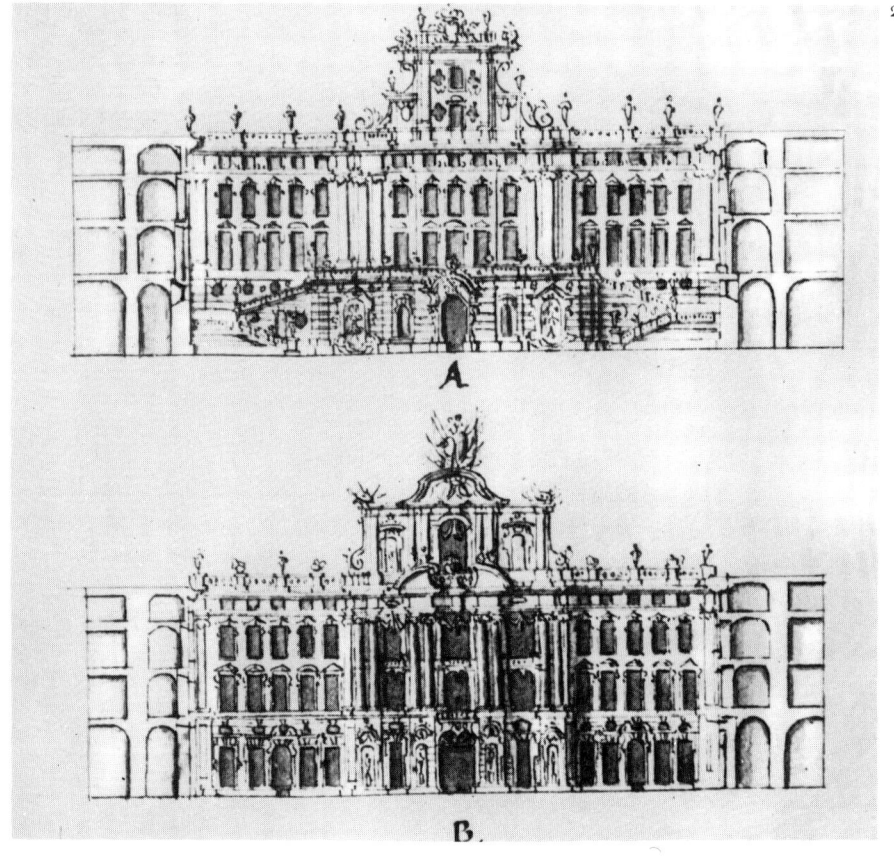

Brücken Gebäuden secundiren, und helffen daran seyn, daß der Bau beschleuniget werde. Sodann

3.) tens mit gemelten H. Landtbauschreiber Riedhardten, die Abmeßung des Mulde strohms, von der Gegend wo es unlängst gelaßen, an, biß zum Einfluß in die Elbe und so ferner den Elbstrohm herauff, vornehmen, und übrigens alles in acht nehmen, was vormahln, mehr gemelten H. Riedhardten, pro instruktione mit gegeben worden.

4.) Im vorbey gehen die Vestung Wittenberg, hat er nebst H. Riedhardten die wandelbaren Palisaden zu recognosciren und was daran ermangelt und auszubeßern von nöthen zu notiren.«[12]

Im Jahre 1701 sorgt ein Ereignis für Aufregung in Dresden und für zusätzliche Arbeit im Oberbauamt: Am 25. März brennt es im Ostflügel des Residenzschlosses; Georgenbau und Riesensaal werden vernichtet. Als Pöppelmann unter Beyers Oberaufsicht die Abbrucharbeiten durchführt, will Lambion ihn, weil er »wieder seine, ihm erteilte Verordnung, den Schutt vom Schloße wegführen zu laßen, immer fortgefahren«,[13] in Arrest nehmen. Damit kommt Pöppelmann noch glimpflich davon – ob er die Strafe antritt, bleibt mehr als fraglich –, denn einem Bauaufseher schlägt Lambion Zähne aus und treibt ihn mit dem Stock durch die Stadt zum Arrest. Als der so brutal auftretende Oberstleutnant noch im gleichen Jahre vom Dienst suspendiert wird, ergeht er sich in Schmähungen der Baubeamten. Aber vielleicht enthalten sie tatsächlich ein Körnchen Wahrheit von den Zuständen, die im höfischen Bauwesen nach dem Tod von Starcke eingerissen sind: »Es will jedweder Richter und Parthey seyn, man will keine entrepenneur haben, denn mit selbigen kann man keine falschen Listen oder Rechnung machen, den König zu betrügen, wie es zu vorhero geschehen, indem daß in einer eintzigen Bezahlungsliste über 50 Persohnen mehr angesetzet, kann I. K. M. diese 11 000 Tlr. Befoldung ersparen, ich muß es mit Schande gestehen, daß man beym Ober Bau Ambt liederlich gehauset hat mit allerley Betrügerey und Nachläßigkeit, die zwey Oberlandbaumeister in einem Gantzen Jahr I.K.M. nicht vor einen Dreyer Dienst geleistet, der Landbaumeister Schumann ist ein alter Mann, daß man ihn nicht viel brauchen kann..., der Conducteur Dietze, welcher ein capabler fleißiger und treuer königl. Diener ist, gilt nichts darbey und wegen seiner Treuheit wird er von anderen Offiziren im Bauambt verfolgt, der Oberbauschreiber und Conducteur Pöppelmann, welche zwey königl. Betrüger seyn, machen in diesen Pagadell, was bey

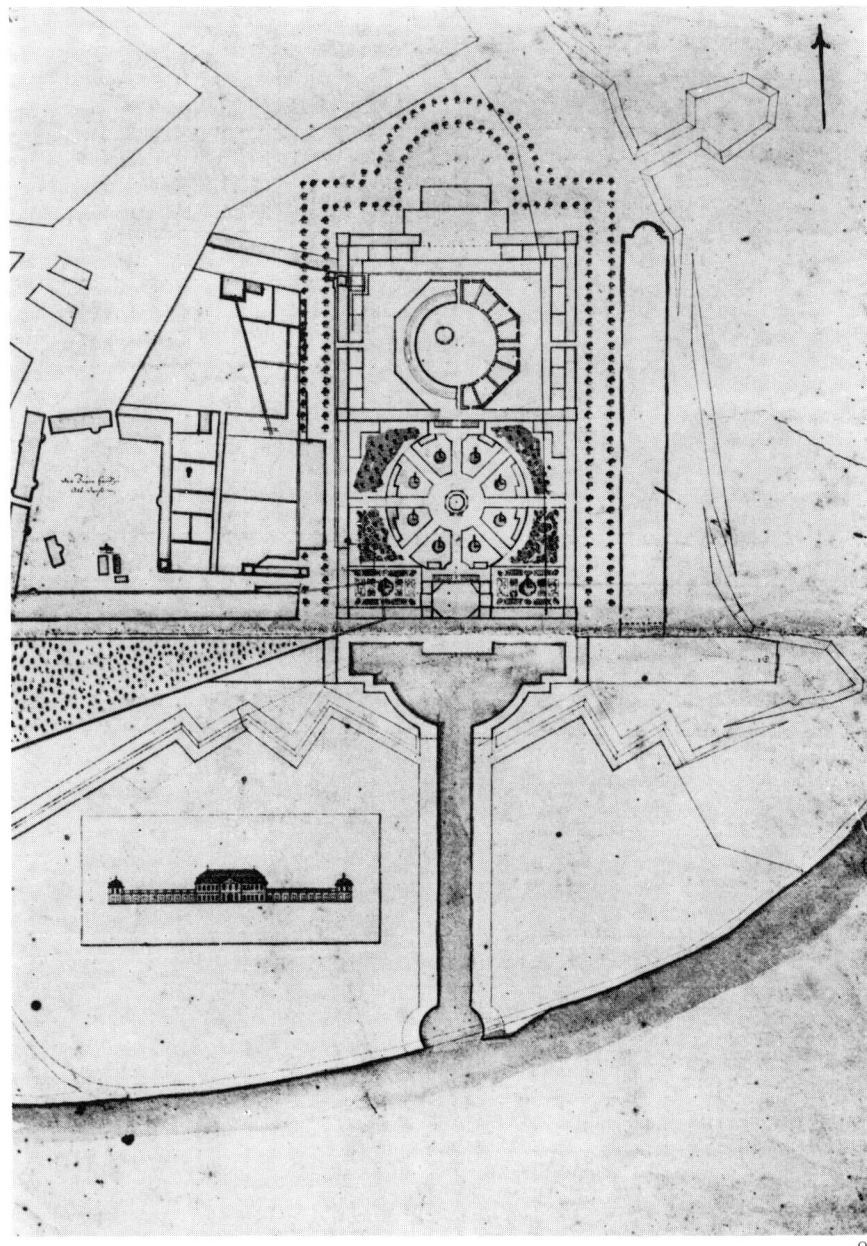

28

28 Dietze legt auch einen Vorschlag für die Erweiterung des Jägerhofes in Alten-Dresden mit Menagerie, Tierkampfarena und Ställen vor. Die Erweiterung bleibt zwar innerhalb der Befestigung, aber ein Kanal durchbricht diese, was sicherlich nicht die Sympathie der Militärs findet. Die Idee mag auf August den Starken zurückgehen, der auch bei anderen Planungen die Befestigungsbelange vernachlässigt und auf die Verbindung mit der Elbe aus ist, um Festlichkeiten mit Bootsfahrten abwechslungsreich zu gestalten. Die rechteckige Alleeumpflanzung weitet sich im Norden zur Exedra aus und wiederholt die Form des Gondelhafens auf der Südseite. Dem Zwinger wird Pöppelmann den gleichen Umriß zugrunde legen.

29 Dietzes im Jahre 1703 gezeichnete Perspektive von einem Reithaus stellt laut Beschriftung ebenfalls eine Idee des Königs dar: zwei Hofkomplexe, deren Eingangsseiten einen Reithof einfassen, in den man durch ein Tor im konvex ausgeweiteten Gitter hineingelangt. An der gegenüberliegenden Seite liegt das Reithaus. Dessen Stirnseite versieht Dietze wie Klengel mit einer Blendgiebelarchitektur, gestaltet sie jedoch unvergleichlich schwungvoller. Die Fassaden der Hofflügel unterteilt er in gleichen Abständen mit verdoppelten Pilastern in dreiachsige Segmente, von denen jedes dritte mit flachem Dreiecksgiebel über die Balustradenattika ragt. Während sich diese Fassadengestaltung im links dargestellten Hof fortsetzt, erscheint rechts eine schlichtere Befensterung, die Pferdeställe vermuten läßt. Die im Hintergrund beiderseits des Reithauses eingezeichneten Gärten – rechts mit einem Wasserbassin, links mit einem Lustpavillon – lassen darauf schließen, daß der ganze Komplex auch Geselligkeiten des Hofes dienen soll.

dem Oberbauambt gebauet wird, wie sie wollen, der Bauschreiber macht die Liste und zahlt aus, also er Richter und Parthey ist und (ist) bey dem Oberbauambt die Sache so weit kommen, daß kein Oberofficirer, Conducteur oder Bauschreiber in einer gantzen Woche nicht einen eintzigen Tag gewußt haben, wie viel Mäuer und Zimmerleuthe auf der Arbeit gewesen und also die Ober=Officirer, wann die Woche aus ist, sich darauf verlassen müssen und unterschreiben die Liste, die ein Zimmermann oder gar ein Uffeher nach seinem Gefallen gemacht hat.«[14]

Dietze kommt in Lambions Schmähschrift als einziger gut weg – und erhält 1701 seinen Abschied. Wegen der durch den Nordischen Krieg ausgelösten Wirren und der schlechten Finanzen ist die Kammer mit Entlassungen schnell bei der Hand. Der so maßlos verunglimpfte Pöppelmann bleibt im Amt, und seine stabile wirtschaftliche Lage ändert sich nicht, denn er kann vom Maurermeister Johann Gregor Fuchs das seit dem Brand Alten-Dresdens brachliegende Grundstück Kleine Meißner Gasse Nr. 6 kaufen. 1701 kommt als sein sechstes Kind Christian Wilhelm zur Welt.

Die politische und militärische Situation Sachsens verschlechtert sich während des Nordischen Krieges. 1701 erleiden die russischen und sächsischen Truppen bei Riga die erste Niederlage. Das Jahr 1702 bringt die Niederlage bei Clissow, das Jahr 1703 die bei Pultusk, und der Einfluß Augusts des Starken in Polen nimmt ab. Seine in Warschau erwachte Bauleidenschaft wendet sich der sächsischen Residenz zu, in der das alte Schloß die Ansprüche nicht erfüllen kann, zumal die schönsten Räume ausgebrannt sind, die übrigen eng, veraltet, unbequem. Viel Eindruck kann der König mit ihnen nicht machen, aber gerade dazu verleitet ihn trotz des ungünstigen Kriegsverlaufes der Ehrgeiz, unter den deutschen Fürsten die dem Ruf der Wettiner angemessene Rolle weiter zu spielen.

Überall in Europa beginnen bedeutende und unbedeutende Potentaten ihre Herrensitze zu erweitern oder neu zu bauen. Allen voran Kaiser Leopold I., der nach den Siegen über die Türken den Anspruch der Habsburger auf die Vormachtstellung im Reich mit der prachtvollsten Residenz demonstrieren will und dafür mit der Einstellung von Johann Bernhard Fischer von Erlach als Hofar-

chitekt und Johann Lukas von Hildebrandt als Hofingenieur zwei Genies gewonnen hat, die die Architektur der Kaiserstadt von italienischer Vormundschaft befreien und den österreichischen Barock zum Höhepunkt führen. Auch der aufstrebende Nachbar im Norden drängt nach einer Vormachtstellung, seitdem der Große Kurfürst aus einer Union von Ständestaaten ein souveränes und militärisch starkes Brandenburg-Preußen geschmiedet hat. Der 1701 zur Königswürde gelangte Friedrich I. läßt Schloß Oranienburg fertigstellen, Charlottenburg erweitern, und den alten Kurfürstensitz durch Andreas Schlüter zum repräsentativen Stadtschloß ausbauen, um Berlin ebenfalls zu einem Zentrum von europäischem Rang werden zu lassen. In Stockholm demonstriert Karl XII., der große Gegner Augusts des Starken, die Macht Schwedens durch den Ausbau des Stadtschlosses und die Absicht zur Anlage eines monumentalen Zentrums durch Nicodemus Tessin d. J.

An solche Dimensionen reichen die Repräsentationsbauten der unbedeutenderen deutschen Fürsten und Herzöge um die Jahrhundertwende trotz noch nie so lang ausgedehnter Paradefronten nicht heran; weder Herrenhausen und Salzdahlum im Norden noch Bonn im Westen oder Rastatt, Bamberg, Nymphenburg und Schleißheim im Süden. Aber alle sind für August den Starken Konkurrenzunternehmen, Anregungen und Vorbilder mitunter, doch in erster Linie Bauvorhaben, die es zu übertreffen gilt. Ziel bleibt die Pracht von Versailles; realistischer ausgedrückt: deren Abglanz.

Seit Kurfürst Moritz konnte kein Kurfürst mehr an eine ausgedehnte Erweiterung, geschweige denn an einen Neubau des Schlosses denken, und auch jetzt ist der Zeitpunkt alles andere als günstig. Hatte der König schon zur Gewinnung der polnischen Krone Landbesitz verkaufen und Landansprüche aufgeben, Anleihen aufnehmen und Juwelen verpfänden müssen, so benötigt er zur Kriegführung jetzt kaum geringere Mittel. Um sie aufzubringen, klammert er sich sogar an den Alchimistenwahn, mit Hilfe der Alltinktur Gold herstellen zu können und läßt 1701 den Goldmacher Johann Friedrich Böttger aus Wittenberg, wohin dieser schon vor dem Zu-

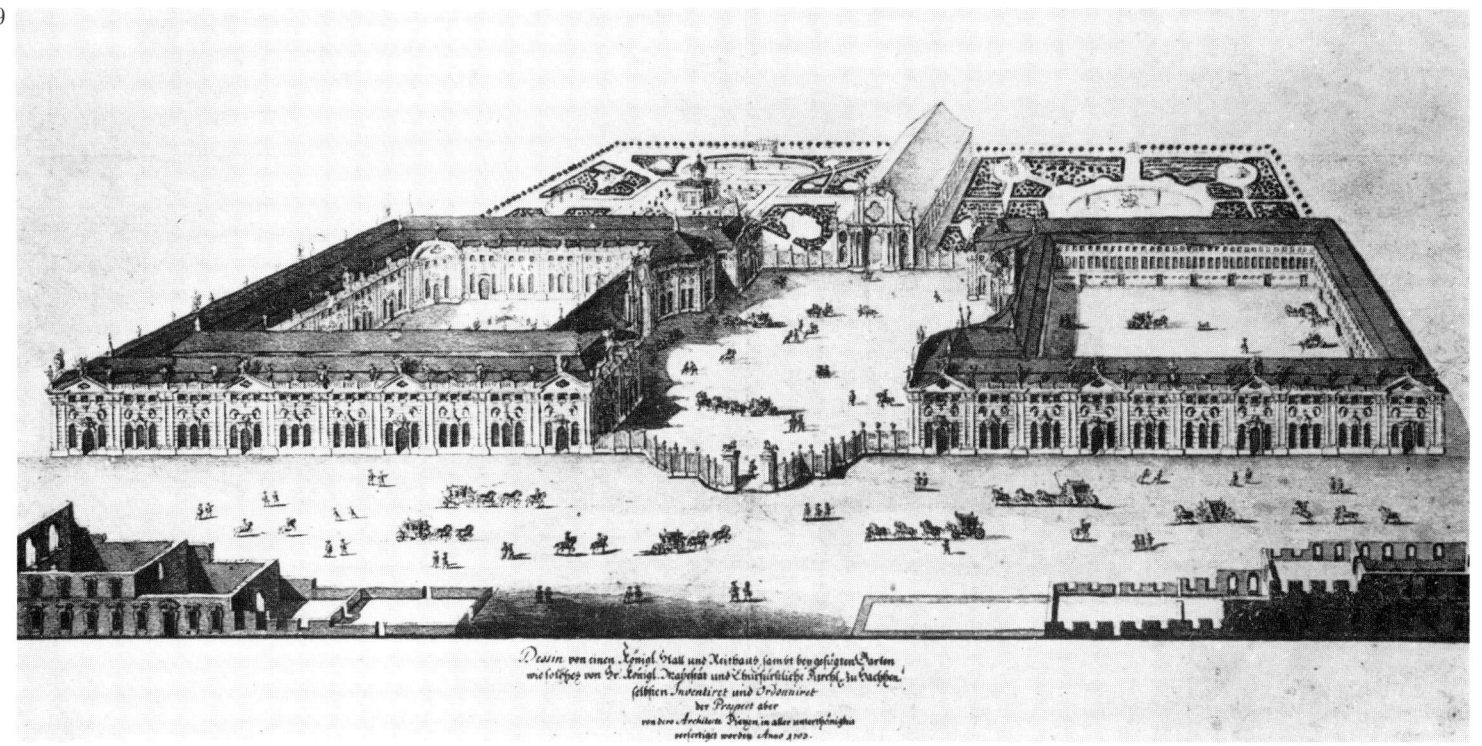

griff des preußischen Königs geflüchtet war, nach Dresden bringen, damit er hier unter Aufsicht des Chemikers Ehrenfried Walter von Tschirnhaus weiter und natürlich erfolgreicher experimentierte. Für die Schloßplanung zieht er überraschenderweise nicht Karcher hinzu, sondern den eben erst aus dem Oberbauamt entlassenen Marcus Conrad Dietze; stellt ihn 1703 im Range eines Landbaumeisters mit dem Prädikat eines Hofarchitekten wieder ein und läßt ihn einen Schloßplan zeichnen, der alle nur denkbaren Ansprüche des absolutistischen Hofstaates erfüllt; einen Riesenkomplex, der mit 520 m x 380 m zwar nicht die Frontlänge von Versailles erreicht, aber immerhin die Ausdehnung der Kaiserforen in Rom übertrifft und vom Standort des alten Schlosses nach Westen weit über die vorhandenen Befestigungen hinausgreift, als wären weder sie noch Klengels erst vor wenigen Jahrzehnten errichteten Festbauten vorhanden – welch Traumbild mitten im verlustreichen Krieg!

Natürlich ist das kein konkreter Entwurf für einen absehbaren Baubeginn, sondern nur ein die Baumassen, Hofflächen und Funktionszusammenhänge veranschaulichendes Programm. Der Einfluß des Königs ist unverkennbar, im positiven wie im negativen: einmal im Nachwirken von Versailles in Form von zwei Vorhöfen und der repräsentativen Gartenfront nach Norden, dann aber auch in Unzulänglichkeiten bei der Gebäudekombination im Fest- und Wirtschaftsbereich und den durch den Verlauf des neu geplanten Festungswalles bedingten Zufälligkeiten, die einem geschulten Architekten nicht so leicht unterlaufen.

Dietze stellt das Aussehen der Eingangsfront in winzigen Planausschnitten dar. Im Gegensatz zu seinem nüchternen Vorschlag zur Ausgestaltung des Alten-Dresdner Brükkenkopfes spielt er jetzt mit dem ganzen Instrumentarium barocker Inszenierungskunst: mit gebündelten Kolossalsäulen, dynamisch geschweiften und aufgesprengten Blendgiebeln, Fensterverdachungen in allen möglichen Formen und bizarr gegen den Himmel ragendem Trophäen- und Figurenschmuck. Er präsentiert einen Formenreichtum, der im deutschen Barock erst Jahrzehnte später zur Reife kommt. Gleichzeitige Entwürfe für die Erweiterung des Jägerhofes in Alten-Dresden, für ein Reithaus und eine Menagerie versprechen ebenfalls reich dekorierte Architektur von hoher Qualität.

30

30 Der Ingenieur-Major Johann Christoph Naumann gliedert die Eingangsfront eines für den Aufenthalt des Königs in Leipzig entworfenen Palais in kräftige Seitenvorbauten und einen zurückgesetzten Mittelbereich. Diesen instrumentiert er mit Kolossalpilastern; die Balustrade der Eingangskolonnade bereichert er mit Trophäen. Die Fassadenausschmückung bleibt gezügelter als Dietzes Entwürfe. Sie ist von der niederländischen Architektur des 17. Jahrhunderts, namentlich von den in Kupferstichen publizierten Bauten von Philip Vingboons, beeinflußt.

Ernennung zum Landbaumeister – erster Vorentwurf für ein neues Residenzschloß

Die Fortsetzung der Planung findet jedoch eine unerwartete Wende: Am 11. April 1704 kommt Dietze in Polen ums Leben. Für die sächsische Architektur ein großer Verlust – für Pöppelmann, der im Alter von 42 Jahren immer noch in der untergeordneten Stellung eines Baukonducteurs tätig ist, der Beginn der Laufbahn als Hofarchitekt. Er wird 1705 zum Landbaumeister ernannt, erhält zum bisherigen Jahresgehalt von 314 Talern eine Zulage von 50 Talern und darf Dietzes Schloßplanung fortsetzen. Von Karcher ist wieder keine Rede. Die Aufgaben in Polen übernimmt der 40jährige Ingenieur-Major Johann Christoph Naumann, der sich 20 Jahre lang auf Feldzügen als Ingenieuroffizier bewährt hat, als Architekt jedoch nur Entwürfe vorweisen kann. Der Aufriß von einem königlichen Palais in Leipzig vom Jahre 1705 bestätigt seine Kenntnis der architektonischen Grundbegriffe. Vom architektonischen Reiz wie Dietzes Spielerei mit Dekorationen ist er weit entfernt. Von Naumann verspricht sich der König vorwiegend die Organisation des Bauwesens in Polen.

Daß der König der Schloßplanung weiterhin Zeit und Aufmerksamkeit schenken

kann, ist erstaunlich genug, denn Karl XII. hat ihn im Februar 1704 kurzerhand entthront, dann Warschau besetzt, die Stadt um 100 000 Gulden erleichtert, ihn bis Krakau verfolgt, ihm die Artillerie, die Kriegskasse, das silberne Tafelgeschirr und das Gepäck abgenommen. Wer bei so katastrophalen Ereignissen noch die Nerven für Zukunftsplanungen hat, muß schon über eine gehörige Portion Optimismus verfügen. »𝔉𝔯𝔦𝔢𝔡𝔯𝔦𝔠𝔥 𝔄𝔲𝔤𝔲𝔰𝔱 𝔢𝔯𝔰𝔠𝔥𝔦𝔢𝔫 𝔰𝔢𝔩𝔟𝔰𝔱 𝔦𝔫 𝔡𝔢𝔫 𝔗𝔞𝔤𝔢𝔫 𝔰𝔢𝔦𝔫𝔢𝔰 𝔘𝔫𝔤𝔩ü𝔠𝔨𝔰 𝔤𝔯𝔬ß«[15] charakterisiert ihn Pöllnitz ziemlich glaubwürdig.

Während Polen verwüstet wird, geht das Leben in Dresden normal weiter, und die sich zuspitzende Situation macht sich allenfalls durch die Verstärkung der Festungswerke bemerkbar, für die das 1702 unter Wackerbarths Aufsicht gestellte Ingenieurkorps verantwortlich ist. 1705 gründet August der Starke eine Malerakademie, zwei Jahre später läßt er Leplat 550 Bilder aus der Kunstkammer holen und im zweiten Obergeschoß des Schlosses aufhängen, was heute als Gründung der Gemäldegalerie gefeiert wird. Mit der systematischen Förderung der bildenden Künste verfolgt er mehr als nur eigene Liebhaberei, sie dient dem Ansehen der Residenz. Auch mit ihr versucht er, dem Wiener Hof nachzueifern und den preußischen zu übertreffen, der bereits 1696 die Akademie der Künste und mechanischen Wissenschaften gegründet hat. Die Ansprüche an Qualität und Pracht steigen, und ausgerechnet in diesen Jahren politischer und militärischer Rückschläge kann der Goldschmied Johann Melchior Dinglinger seine berühmtesten Werke schaffen.

Vom Prachtstreben des Königs profitiert die ganze Stadt. Er hat durch Naumann die Straßenbeleuchtung einrichten lassen und den Ingenieur-Leutnant Joachim Daniel Jauch zum Laterneninspektor ernannt. Die bürgerliche Baukunst erfreut sich zwar keiner Hochkonjunktur, liegt aber auch nicht mehr so danieder wie vor wenigen Jahren noch. Der Ratsmaurermeister Johan Fehr(e) d. Ä. baut das Wohnhaus »Goldener Ring« am Altmarkt in der Pracht eines Stadtpalais, außerdem das Rennersche Brauhaus in der Scheffelgasse. Der 39jährige George Bähr wird 1705 zum Ratszimmermeister ernannt.

Aus dem gleichen Jahr dürfte Pöppelmanns erster Vorentwurf für ein neues Schloß stammen. Er zeigt auf den ersten Blick, daß der König die Undurchführbarkeit von Dietzes Riesenprojekt erkannt hat, sich nicht mehr an utopischen Planungen berauschen, sondern der Realisierung mit einem reduzierten Raumprogramm näherkommen will. Da das Original nur die Baumasse ohne Außenanlagen vorweist (und allein in der Nachzeichnung in den Stadtplan eingeordnet ist), kann man den Entwurf ebenfalls nur als bildlich gestaltetes Raum- und Massenprogramm auffassen. Zwar findet der Schloßkomplex immer noch nicht im vorhandenen Festungsgürtel Platz, ihn engt aber nicht mehr der Verlauf eines neuen Festungswalles ein. Die Konzeption ist viel einfacher als Dietzes Vorschlag: Die Lage von dessen Längs- und Querachsen hat Pöppelmann beibehalten, aber Schloßvorhof, Schloßhof und Festhof in der dominierenden Längsachse viel straffer zusammengefaßt und die Längsachse durch eine konsequente Symmetrie unterstrichen, in der der Marstall den Abschluß der ganzen Gebäudefolge bildet. Damit erweist er sich als der nüchterne, auf Klarheit, Ordnung und Realisierbarkeit orientierte Praktiker.

Die Baumassenverteilung wirkt zunächst zu schematisch und ausdruckslos, die Höfe ähneln einander vielleicht zu sehr. Aber der Grundriß täuscht! Die Ansichten und Schnitte lassen erkennen, daß Pöppelmann alle Kunstgriffe der räumlichen Differenzie-

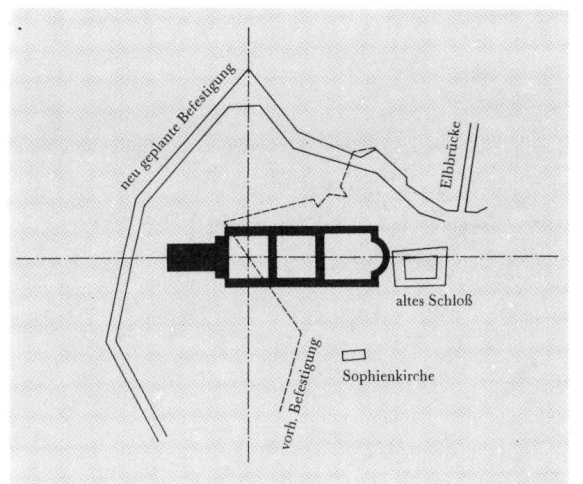

31

rung und Steigerung beherrscht. Jedem Hof gibt er einen anderen Charakter. Den Vorhof hält er als Auftakt niedrig. Im Gegensatz zu Dietze, der den Vorhof sehr weiträumig konzipiert hatte, bildet er ihn intimer und mit einer Eingangs-Exedra dynamischer aus und veredelt ihn zum Festplatz, indem er die Einfassung als Bogenarkade gestaltet, die erforderlichen Nebenräume für Wache, Personal usw. hinter ihr versteckt und einen Torturm in ihrem Scheitel als Blickpunkt stellt.

Dieselbe gestalterische Sicherheit verrät die zwar nicht erhaltene, aber rekonstruierbare Ansicht von der Eingangsfront des neuen Schloßgebäudes, die sich wie bei Dietze mit dreiundeinhalb Geschossen auf der Westseite des Vorhofes mit einer Riesen-

31/32 Pöppelmanns erster Vorentwurf für den Neubau des Dresdner Residenzschlosses steht im Kontrast zu Dietzes Vorschlag. Die Zahl der Höfe ist auf cour d'honneur, inneren Schloßhof und Festhof reduziert, an denen von Osten nach Westen zunächst die Wach- und Wirtschaftsräume, dann das eigentliche Schloß selbst, Kapelle und Theater und schließlich am Ende der Achse der Marstall liegen.

32

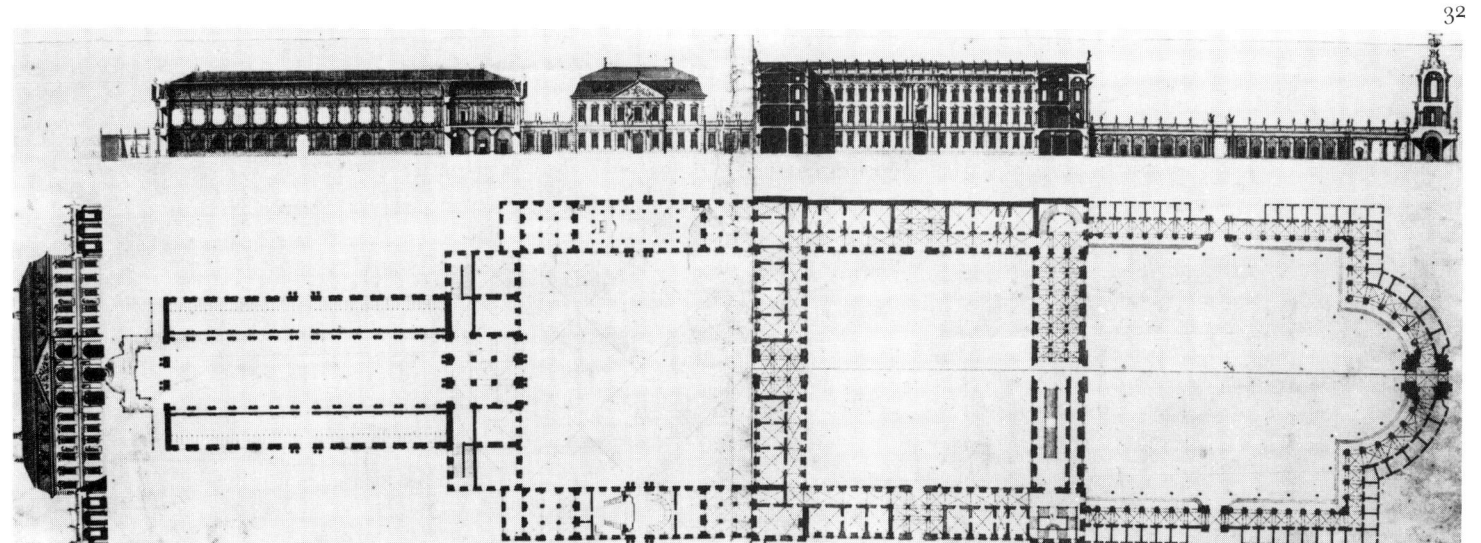

kade verwendet Pöppel-
mann Proportion, Deko-
ration und Figuren-
schmuck von Karchers
hölzerner Amphitheater-
Arkade von 1697. Über die
Einfahrt zur cour d'hon-
neur setzt er mit einem
40 Meter hohen Torturm
einen grandiosen Blick-
punkt. Die Spitze besteht
aus steinernen Girlanden,
die in Form des königli-
chen Signums A die
Krone tragen. Die Tor-
turm-Idee könnte auf
Jean de Bodts Vorschlag
vom Jahre 1701 für die
Vorplatzgestaltung des
Potsdamer Stadtschlosses
zurückgehen, die Durch-
gestaltung des Turmes
vielleicht auf Schlüters
zweiten Vorschlag für den
Münzturm, der hinwie-
derum an Berninis Glok-
kenturm für St. Peter erinnert; beides Versuche, mit
geschoßweise übereinan-
dergestellten Säulenro-
tunden eine transparente
Turmsilhouette zu errei-
chen.

kolonnade zwischen Mittel- und Seitenrisaliten festlich aufbaut und über der ein neuer
Schloßturm hochragt.

Der rückwärtige Schloßflügel zeigt einen
Abglanz vom majestätischen Ernst der Vorderfront. Zugleich löst ihn hier, im Fest- und
Turnierhof, wohnliche Wärme in Gestalt der
beiden gegenüberliegenden palaisartigen Ein-
zelbaukörper von Schloßkapelle und -theater
mit ihren liebenswürdig kleinen Dimensionen, mit ihren verspielten Firstbekrönungen
und grazilen Dachfensterchen ab. Aus Symmetriegründen hat die Kapelle dieselbe Fassade wie das Theater, und man könnte der
Gleichgewichtigkeit eine bewußte Manifesta-
tion des konvertierten Königs zur Religion
unterstellen, wäre sie nicht die Regel bei allen
Schloßentwürfen der Zeit. Hinter dem Marstall befindet sich ein kleiner, vom Festungs-
wall umschlossener Hof mit einem Wasserbecken und einer Kaskade. Eine Tierkampfarena, wie sie Dietze vorgesehen hatte, fehlt,
Gartenanlagen sind in der Querachse nördlich des Theaters zu denken.

Die Raumeinteilung hat Pöppelmann
ebenso wie das Äußere auf höchste Repräsentation abgestimmt. Schon hinter der Eingangsfront schlägt er in einer raumver-
schwendenden Großzügigkeit, wie sie nicht
einmal in der Glanzzeit des barocken Schloß-
baus realisiert werden kann, Treppen vor, die
in geraden Läufen von der Durchfahrt nach
rechts und links mitten im Raum zum ersten
Obergeschoß hochführen. In deren Ecken erschließen dann ebenso weiträumige Treppen
das zweite Obergeschoß. Von einem hofseitigen Flur aus sind fast alle Räume direkt zugänglich.

Mit den ausgezeichneten Proportionen und
der sicheren Tektonik und Instrumentierung
kann sich Pöppelmanns Entwurf mit allem,
was europäische Architektur zu Beginn des
18. Jahrhunderts vorzuweisen hat, messen –
welch Phänomen! Ein bislang völlig unbedeu-
tender und mit unbedeutenden Bauaufgaben
beschäftigter subalterner Baubeamter zeichnet einen Entwurf von solcher Qualität. Freilich greift er im Gegensatz zu Dietze stärker

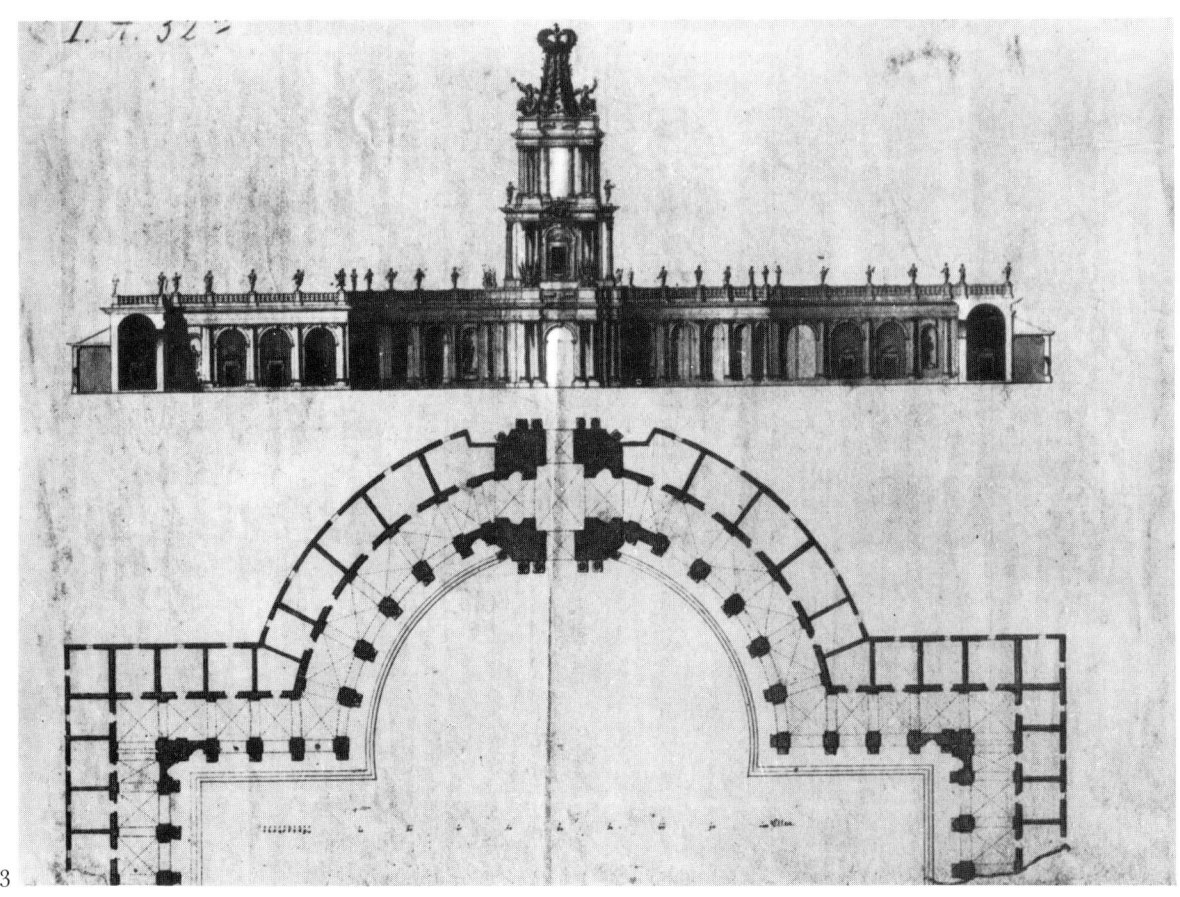

33

auf anerkannte Vorbilder zurück, und hinter seiner Gesamtkonzeption steht Berninis Auffassung, die in den ersten Jahren des 18. Jahrhunderts noch allgemeingültig ist, wenn man von Frankreich absieht. Tessin d. J., der sie aus allernächster Nähe bei Carlo Fontana studieren konnte, gestaltet in ihr das Stockholmer Schloß zum mächtigsten Monument des italienischen Einflusses im nordeuropäischen Schloßbau. Andreas Schlüter muß sich in Berlin bei ähnlicher Auffassung mit kleineren, aber immer noch bedeutenden Dimensionen begnügen. Sein Nachfolger, der Schwede Johann Friedrich Eosander von Göthe, nimmt bei der Charlottenburger Gartenfronterweiterung neben französischem Vokabular ebenfalls römische Instrumentierung auf, und selbst Johann Bernhard Fischer von Erlach hat 1704 seinen Schloßentwurf für Friedrich I. aus Anregungen von Berninis zweitem Louvre-Entwurf, von Versailles und seinem eigenen ersten Schönbrunner Entwurf entwickelt. Ebenso stehen hinter vielen kleineren Schloßplanungen in Deutschland, wenn nicht selbst noch Italiener, wie Domenico Egidio Rossi in Rastatt oder Antonio Petrini in Würzburg, so doch Baumeister, die in Italien geschult sind; Johann Friedrich Nette in Ludwigsburg beispielsweise. Nur am Welfenhof in Hannover betont Louis Remy de la Fosse seit 1705 den französischen Einfluß.

Pöppelmann rezipiert neben den römischen Vorbildern – ob sie nun schon einer Interpretation durch Tessin, Schlüter oder Fischer von Erlach unterworfen sind, bleibe dahingestellt – mit der Riesenkolonnade der Eingangsfront und mit den im ersten Schloßhof wiederkehrenden Risaltgiebeln auch französische Architektur aus dem letzten Viertel des 17. Jahrhunderts, was bei dem Stellenwert, den das Hofleben Ludwigs XIV. am sächsischen Hof genießt, nicht verwundern kann. Er wählt die Anregungen von Fall zu Fall anders aus, um den »geziemenden und päßlichen« Ausdruckswert, wie Vitruv es formuliert hat, für eine dem Repräsentationsanspruch Augusts des Starken gerecht werdende und zugleich für Dresden wesenseigene Architektur zu finden.

Der König mag an den bisherigen Entwürfen eine große Paradefront, wie sie Versailles

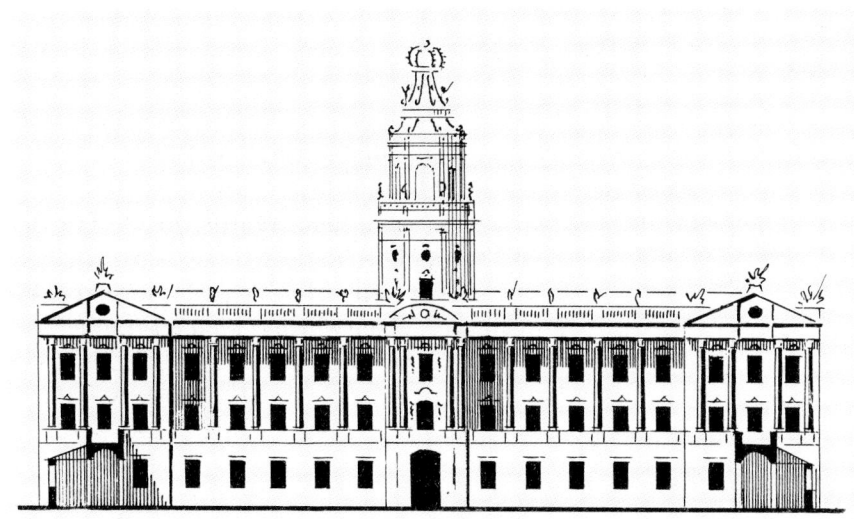

34

zum Park hin bietet, vermißt haben. Ob er oder Pöppelmann – wenn man des Königs Vorliebe für Zentralbauten kennt, ist man geneigt, den letzteren als den geistigen Urheber anzusehen – auf die Idee kommt, statt der Gartenfront die Eingangsfront als langgestreckte Paradefront auszubilden, ist nicht bekannt. Jedenfalls gibt sie der bisherigen Planung eine entscheidende Wende. Um die Eingangsfront zu strecken, nimmt Pöppelmann mit knapp 330 Metern wieder die Breitenausdehnung von Dietzes Vorhofeinfassung auf und steht nun vor dem Problem, eine so lange Fassade abwechslungsreich zu gliedern. Durch Verdopplung der Seitenrisalite kommt er mit vier gleich aussehenden Risaliten zu der Gliederung, die Eosander von Göthe für die Verlängerung von Nerings Charlottenburger Gartenfront gewählt hatte, gestaltet die Risalite jedoch malerischer, indem er sie anders als den Mittelbereich instrumentiert: statt glattem Fries ein Mezzanin mit Doppelkonsolen, statt Doppelsäulen einfache Pilaster.

Wie sieht nun der Alltag im Oberbauamt aus? Während Pöppelmann als bevorzugter Architekt des Königs auf dessen plötzliche Einfälle und Aufträge gefaßt sein muß, kann er die Arbeit im Oberbauamt nicht liegen lassen. Wer den Betrieb in einem Bauamt kennt, das für Instandhaltungen zuständig ist, der weiß um den täglichen Kleinkram und kann ermessen, welch nervenbelastende Umstellung es bedeutet, nachts Entwürfe von epo-

34 Die Rekonstruktion der Hauptschauseite ergibt eine Riesenkolonnade korinthischer Ordnung zwischen Mittel- und Eckristaliten, wie sie die 1667 begonnene Ostschauseite des Louvre in Paris besitzt, mit der Claude Perrault sich gegen Berninis Entwurf durchsetzen konnte und der französischen Architektur eine eigenständige Entwicklung wies.

35 Den zum Festhof weisenden Westflügel des Schloßgebäudes gliedern drei weit vorstoßende Risalite. Die beiden seitlichen besitzen die Breite der Schloßflügel, der mittlere enthält das Portal und ist so breit wie der Schloßturm, der im Bereich des Schaftes dem alten, von Klengel umgestalteten Turm ähnelt. Die Spitze variiert die Torturmspitze. Der Fassade geben in der Gesimszone Doppelkonsolen einen kräftigen Abschluß. Sonst wirkt sie im Gegensatz zu den tief plastischen, mit Säulen versehenen Risaliten flächig. Die Dekoration beschränkt sich auf die Fensterumrahmung und läßt Anregungen aus der römischen Palastarchitektur erkennen.

37

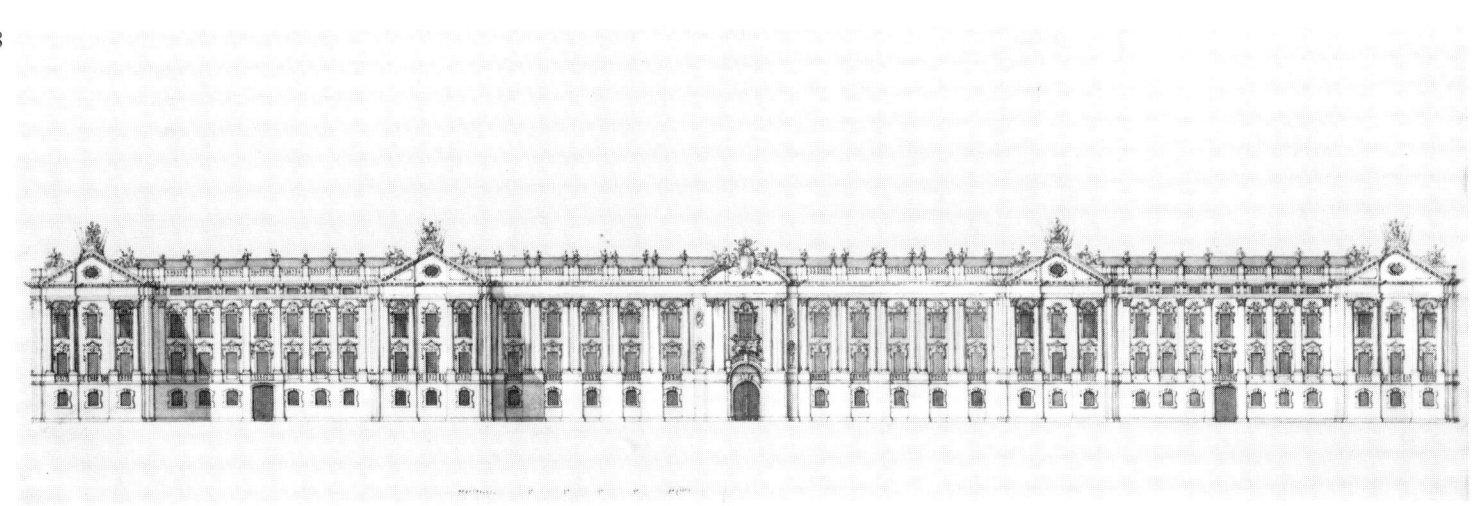

38

36 Die Schloßkapelle wirkt wie ein kleines Palais. Dazu tragen das Mansarddach, die gequaderten Eckeinfassungen und der vergiebelte Mittelrisalit mit dem Säulenschmuck bei.

37 Beim Marstall zeigt der in gedrungene Bögen aufgelöste Mittelrisalit die Breite der Reithalle an, die Boxen für 100 Pferde enthält. Die übrige Fassade ähnelt der des Schloßgebäudes, bleibt jedoch schlichter.

38 Um eine repräsentativere Eingangsfront zu erhalten, verlängert Pöppelmann die von weit vorspringenden Risaliten eingefaßte Hauptschauseite des ersten Vorentwurfes auf beiden Seiten. Die zwischen den außen wiederholten Seitenrisaliten liegenden Bereiche hält er mit Pilastern statt Säulen flächiger.

chaler Bedeutung zu erfinden und sich tagsüber über Banalitäten zu ärgern. Die Zuständigkeit des Landbaumeisters erstreckt sich auf das gesamte sächsische Bauwesen. Dazu gehören neben den höfischen Gebäuden auch Deich-, Wasser- und Straßenbauten und Gärten. Er muß sich in zeitraubenden Besichtigungen und Besprechungen über die Notwendigkeit jeder Reparatur informieren, deren Art und Weise genau festlegen, die Aufträge erteilen, die Ausführung begutachten, die Rechnungen kontrollieren und sie abzeichnen. Außerdem muß er viel unterwegs sein, was selten aktenkundig wird und den Kunsthistoriker und Chronisten nicht interessiert, wenn nicht ausnahmsweise ein besonderes Ergebnis nachbleibt, honore Teilnehmer aktenkundig werden oder Zeichnungen Hinweise auf planerische Absichten geben. Letzteres ist im Jahre 1706 der Fall. Da hält Pöppelmann sich in der auf einem Porphyrfelsen zwischen Freiberg und Chemnitz, etwa am Zusammenfluß von Flöha und Zschopau gelegenen Augustusburg auf, die Kurfürst August in den Jahren 1568–1572 durch den Leipziger Baumeister Hieronymus Lotter hatte bauen lassen. Von außen wirkt sie als quadratischer Block, dessen Ecken durch turmartige Zeltdächer betont sind; der Innenhof bildet ein gleichschenkliges Kreuz. August der Starke verlangt ein Aufmaß, weil er sie als Zufluchtsort vor den schwedischen Truppen ins Auge faßt, die nach dem Siege bei Fraustadt im September 1706 bei Steinau über die Oder gesetzt sind und nun auf sächsisches Gebiet vorstoßen. Deswegen beauftragt er Pöppelmann auch mit Instandsetzungen auf der Festung Königstein. Die Mitglieder des Hofes bringt er noch nicht in Sicherheit, aber er läßt durch Tschirnhaus den Alchimisten Böttger von der Meißner Albrechtsburg abholen und ihn bis zum 22. September 1707 auf den Königstein schaffen – so wertvoll erscheint ihm das dubiose Genie. Nicht ganz zu Unrecht. Zwei Jahre später gelingen Böttger in der Dresdner Jungfernbastei Proben für »weißes Gold« – weißes Porzellan mit feiner Glasur –, so daß der König auf der Albrechtsburg ab 1710 die kommerzielle Nutzung einleiten und damit die Meißner Manufaktur ins Leben rufen kann.

Taschenbergpalais

Während die Gefahr wächst, daß Sachsen zum Kriegsschauplatz wird, während Karl XII. im Jahre 1707 den ihm ausgelieferten Johann Reinhold von Patkul, Drahtzieher des Nordischen Krieges, Intrigant gegen Schweden und russischer Gesandter am sächsischen Hof, als Landesverräter hinrichten läßt, träumt August der Starke weiter von der Ausschmückung der Residenz mit Prachtbauten – und er träumt nicht nur. Er wendet sich einem Projekt zu, das Aussicht auf baldige Realisierung bietet, und dahinter steht jetzt eine Frau: die Gräfin Cosel. Daß die Galanterie – um es vorsichtig auszudrücken – zur absolutistischen Hofhaltung gehört, während die kleinste außereheliche Intimität eines Bürgers oder Arbeitsmannes mit hoher Strafe belegt, von der Kirche als Sünde, von der Zunft als berufsunwürdig gebrandmarkt wird, erscheint heute ungereimt. Doch im 18. Jahrhundert möchte sich auch in dieser Beziehung jeder Potentat mit Ludwig XIV. messen, und daß August der Starke dabei gut abschneidet, wurde bereits angedeutet. Mag manch galantes Abenteuer auch der Fama angehören, so lassen sich einige auf Grund der Folgen nicht leugnen, und ganz unrecht hat die spottlustige Liselotte von der Pfalz nicht, wenn sie schreibt:»König Auguſtus hat das Hirn von viellen Sauffen ein wenig verruckt. Er werde bald ein Serail machen können von allen seinen Mätreſſen mit ihren Kindern.«[16]

Die erste bedeutende Liebschaft des Prinzen ist mit der nachmaligen Gräfin von Rochlitz, der Mätresse des Bruders, dann folgt ein Fräulein von Kessel. Seine erste offizielle Mätresse als Kurfürst, die Schwedin Aurora von Königsmarck, schenkt ihm elf Tage nach der Geburt des Kronprinzen Friedrich August im Jahre 1696 einen Sohn, den Grafen Moritz von Sachsen und späteren Marschall von Frankreich. Nach einem Intermezzo mit der Gräfin Esterle, das teuer, aber ohne Folgen ausfällt, beschert ihm die Türkin Fatima, spätere Frau von Spiegel, im Jahre 1702 einen Sohn, der unter dem Namen Rutowski aufgezogen wird; nach vier Jahren die Tochter Katharina. 1704 bringt die polnische Fürstin Lubomirski den Sohn Johann Georg

39 Diese Entwurfszeichnung zeigt die ursprüngliche Straßenfront des Taschenbergpalais mit Mansarddach. Sie ist in drei nur wenig vorspringende Risalite gegliedert, die im Gegensatz zu den nur fachwerkartig unterteilten Rücklagen reich dekoriert sind. Der Mitte gibt die in die Höhe abklingende Dekoration der Portalachse eine dezente Betonung. Die Nebenportale befinden sich in den Rücklagen, sie sind zurückhaltender als das Hauptportal dekoriert.

40 Streiflicht bringt die Fensterverdachungen und -gewände, Konsolen, Tuchdraperien, Blütenketten und Fruchtgehänge am Mittelrisalit des Taschenbergpalais zur vollen Wirkung. Der Wappen- und Figurenschmuck oberhalb der Traufe kommt erst im 19. Jahrhundert hinzu, als das Mansarddach in ein flacheres Walmdach verändert wird. 1945 brennt das Palais völlig aus, die Fassade bleibt erhalten und kann für den Wiederaufbau gesichert werden.

zur Welt, der unter dem Ehrentitel »Chevalier de Saxe« als letzter sächsischer Generalfeldmarschall bekannt wird, und 1707 die in Warschau lebende Henriette Duval die Tochter Anna, die spätere Gräfin Orzelska.

Zu dieser Zeit ist der König bereits seit mehreren Jahren mit der anfangs genannten 27jährigen Anna Constanze von Hoym, geborene Brockdorf liiert, die nach nur dreijähriger Ehe vom Direktor des Generalakzisekollegiums, der obersten Steuerbehörde, geschieden wurde. Um es vorwegzunehmen: die Folgen dieser Beziehung, von der man weiß, wie tragisch sie endet, sind ein Sohn und zwei Töchter Die schöne Frau, deren herrschsüchtiges und intrigantes Wesen mehr Parallelen zur Pompadour als zur Madame de Maintenon aufweist, zieht den König so stark in ihren Bann, daß er ihr die Ehe nach dem Tod der Kurfürstin verspricht, sie zur Reichsgräfin erheben läßt, ihr das seit 1706 wieder im Besitz der Wettiner befindliche Schloß Pillnitz schenkt und ihr ein eigenes Palais auf dem Taschenberg – das Taschenbergpalais – erbauen läßt. Nicht nur die Mätresse, sondern auch deren Ausstattung gehört zur Repräsentation des Hofes.

Da die Gräfin möglichst nahe dem Schloß wohnen soll, läßt der König mehrere bebaute Grundstücke südlich hinter dem Schloß aufkaufen, um ein mit der Straßenfront dem Schloß zugewandtes Palais errichten zu können, das an Großzügigkeit und Bequemlichkeit nichts zu wünschen übrig läßt. Das Äußere gibt sich als Stadtpalais, wie es der Adel namentlich in Wien kennt. Der besondere Reiz liegt im Reichtum an zarter Dekoration mit gegenständlichen Motiven, die eine heitere Wirkung hervorzaubern und besser als eine klassische Gliederung zur Galanterie des Königs passen. Die Fassade unterscheidet sich so sehr von Pöppelmanns Vorschlägen für das Schloß, daß er als Architekt angezweifelt wurde. Wer aber sonst käme in Frage? Nur Karcher, den Marperger 1711 in der »Historie lebender Baumeister« als Miterbauer bezeichnet, könnte mitgewirkt haben, zumal er im Jahre 1706 am Kauf der Baugrundstücke beteiligt ist. Doch auch sein Stil ist anders, ebenso der von Johann Christoph Naumann.

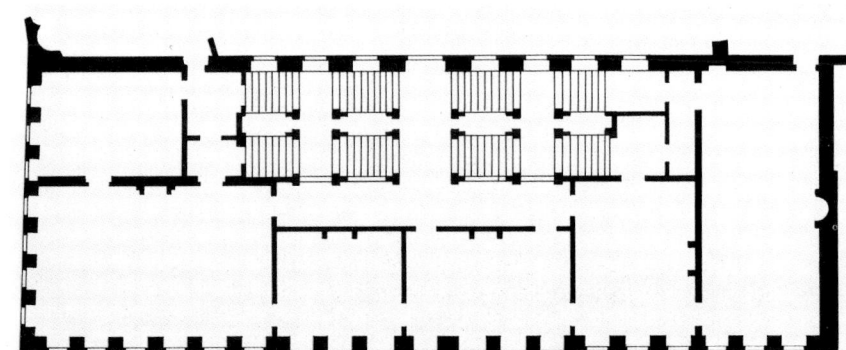

Bei den Bauten eines Bauamtes ist die Frage nach dem maßgebenden Architekten oft schwierig zu beantworten, und August der Starke liebt es, mehrere Architekten an derselben Aufgabe arbeiten zu lassen. Hier sprechen die Indizien jedoch für Pöppelmann: Er bekommt 1707 Baugelder angewiesen, hat die Bauleitung inne, und der Grundriß zeigt seine Handschrift. Die nur aufgeputzte und die ganze Fassade überspannende Dekoration läßt sich von Starckes Palais im Großen Garten und der Alten Börse in Leipzig ableiten. Sie hat Ähnlichkeit zu den Wiener Palästen Montecuccoli, Dietrichstein und Hoyos aus dem späten 17. Jahrhundert. Für das Portal, diese römische Kreation, lassen sich ebenfalls in Wien Vergleichsbeispiele anführen. Die geschoßweise abgestufte Akzentuierung der Hauptportalachse findet sich bei anderen Bauten Pöppelmanns wieder.

41 Beim Hauptportal bringt die schräge Vorstaffelung der Säulen im Zusammenspiel mit der leicht vorgebauchten Balustrade borromineske Dynamik in die klassische Gestaltung. Auch die

Ausbauchung des Architravs weist auf Borromini oder Andrea Pozzo hin. Die kräftige Ausbildung des Schlußsteines fiel schon bei den Schloßportalen von Klengel und Starcke auf.

42 Im ersten Obergeschoß des Taschenbergpalais liegen auf der Straßenseite die Gesellschaftsräume. Das Treppenhaus nimmt einen großen Teil der Hofseite ein. Mit zwei gegenüberliegenden Trep-

Eine ähnliche, freilich viel kleinere Fassade entsteht einige Jahre später außerhalb Dresdens und wird wiederum allein auf Grund stilistischer Merkmale Pöppelmann zugeschrieben: Als der Kammerherr und Oberhofjägermeister Wolf-Dietrich von Erdmannsdorff auf seiner Besitzung Kössern an der Mulde, einer kleinen Ortschaft in der Nähe von Grimma, Handwerker ansiedelt und kleine Bauten errichten läßt, bildet im Jahre 1711 der Bau des zweigeschossigen Jagdhauses den Höhepunkt seiner Bautätigkeit, eines Palais en miniature. Die Gliederung der Fassade entspricht mit schmalen Seitenrisaliten und breitem Mittelrisalit der des Taschenbergpalais, die Nutung der Flächen und die Dekoration ebenfalls. Der Oberhofjägermeister, dem der König in den Jahren 1708–1718 Baustoffe schenkt, hat dienstlichen Kontakt mit Pöppelmann in der Brückenbaukommission Grimma und später beim Moritzburger Schloßbau.

Am 24. September 1706 erzwingt Karl XII. den Frieden zu Altranstädt bei Leipzig. August der Starke verliert die polnische Krone und muß Stanislaus Leszcyński als König anerkennen, aber die schwedischen Truppen ziehen ab. Das Leben auf dem Lande normalisiert sich, man kann wieder gefahrlos reisen, und Pöppelmann besucht wegen Reparaturen kurfürstlicher Bauten Wurzen und Leipzig. Seine private Bautätigkeit kommt wieder in Gang. Angeregt durch die vom König für den beschleunigten Wiederaufbau von Alten-Dresden mit einem 30%igen Zuschuß verfügten Baubegnadigungen, bebaut er das Grundstück Kleine Meißner Gasse Nr. 6, nachdem er es durch Zukauf des Grundstückes Fleischergasse Nr. 3 in die Tiefe verlängert hat. Zusätzlich schenkt ihm der König Baumaterial. Dem Freiherren Joachim Sigismund von Ziegler und Klipphausen zeichnet Pöppelmann im Juli 1708 den Grundriß des Schlosses Joachimstein bei Zittau. Da auch Beyer, Karcher und sogar Bähr beteiligt werden, bleibt ungewiß, auf wen der entscheidende Anteil an der Gesamterscheinung zurückgeht.

Auch die Baumeister des Bürgertums sind jetzt reichlich mit Aufträgen versehen. Unmittelbar vor den Toren der Residenz trauen sich die Hosterwitzer Gemeinde im Jahre 1708 an die Erweiterung ihrer Schifferkirche und die Gemeinde Loschwitz an den Bau einer neuen Kirche durch Johan Fehr(e) und George Bähr. 1709 baut David Schatz das abgebrannte Palais Kötteritz auf der Kreuzgasse barockisierend wieder auf. Die Wohnhausneubauten erhalten eine strenge Tektonik, die mit Rustizierung, Sandsteingewänden und -verdachungen dekoriert und mit Erkern akzentuiert ist und der höfischen Architektur in nichts nachsteht.

August der Starke versucht, das bürgerliche Bauwesen stärker als bisher zu beeinflussen. Er ernennt seinen engsten Vertrauten, den Grafen Jakob Heinrich von Flemming, zum Generalgouverneur und läßt ihn Baupunkte als Richtschnur für den Rat verordnen, die nicht nur auf besseren Brandschutz und die Beseitigung der letzten Holzhäuser hinzielen, sondern auch auf die Verschönerung der Stadt. Sie richten sich gegen zu hohe Traufen und zu hohe Dächer, gegen

pen zu je vier Läufen zielt es auf eine ungewöhnlich repräsentative Wirkung.

43 Die im Grundriß so aufwendig erscheinenden Treppenläufe winden sich zwischen Pfeilern und Stuckgewölben beengt empor.

44/45 Die Fassade des Jagdhauses Kössern verrät die Raumverteilung: hinter dem von gequaderten Lisenen eingefaßten Mittelrisalit Einfahrtshalle und Saal, hinter den ebenfalls mit gequaderten Lisenen eingefaßten Seitenrisaliten schmale Kabinette. Nur die Portal- und Fenstereinfassungen bestehen aus Sandstein, die übrigen Dekorationen sind aufgemalt. In diesem Zustand, den hier das Aufmaß von Manfred Berger wiedergibt, existiert das kleine Bauwerk heute noch.

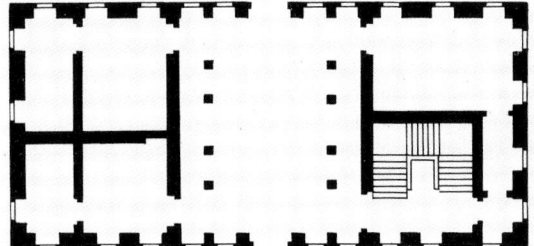

44

45

46 Die von Johan Fehr(e) und George Bähr 1705–1708 in Loschwitz errichtete Kirche reckt sich mit hohem Dachreiter über dem steilen Mansarddach auf oblong-achteckigem Grundriß am Fuße des Hanges hoch. Das Hauptportal befindet sich in der Querachse des Kirchenschiffes auf der Talseite. Die Gebäudeecken sind gequadert. Das Portal ist aufwendiger als die Fenster mit einem Sandsteingewände versehen; über ihm eine Sonnenuhr. Die Kirche brennt 1945 aus.

47 Den achteckigen Raum der Loschwitzer Kirche umgeben auf drei Seiten Emporen in zwei Geschossen. Die Wandung ist mit Pilastern versehen, deren Kapitelle als Engelsköpfchen ausgebildet sind. Der Kanzelaltar fügt sich maßstäblich gut in die von den Emporen vorgegebene Höhe ein. Hinter ihm befindet sich ein kleiner Sakristeianbau, von dem aus die Treppe zur Kanzel hochführt.

48 Das nur vier Achsen breite Wohnhaus Schloßgasse Nr. 5 erhält einen zweiachsigen Erker, in dem wie bei den Erkern der beiden zuvor abgebildeten Wohnhäuser die Strenge des späten 17. Jahrhunderts nachklingt. Anders als bei der »Schiffsmühle« ist die Akzentuierung der Fassade mit einer Segmentbogenverdachung über die Traufe hochgeführt und mit schräg gestellten Wappenkartuschen auch sehr viel malerischer dekoriert als der Zwerchgiebel der Löwenapotheke. Das Gebäude wird 1929 abgebrochen.

46

hölzerne Erker und gegen zu dunkle Farbgebung der Fassaden, sie begrenzen die Geschoßzahl auf vier.

Der Hof sieht wieder Feste, an denen alle, die Rang und Namen haben, einschließlich der Hofbediensteten, teil- oder zumindestens anteilnehmen können. Beim Vogelschießen am 19. September 1707 sind »Landbaumeister Pöppelmann und Ober Land Baumeister Karger u. a. eifrig beim Schiessen.«[17] Pöppelmanns Ansehen steigt, zwei Jahre später erhält er die seit vier Jahren beantragte Gehaltserhöhung von 364 auf 600 Taler rückwirkend auf ein Jahr, nachdem er daran erinnert hatte: »gleichwohl mir unerträglich fället wegen vieler dießfalls gemachte Schulden, länger mir hinführo zu helffen.«[18] Als Friedrich IV. von Dänemark, ein wichtiger Bündnispartner gegen die Schweden, vom 26. Mai bis zum 29. Juni 1709 Dresden besucht und August der Starke für ihn prächtige Feste veranstaltet, wirkt Pöppelmann an der Vorbereitung mit. Im Großen Garten findet außer einer Bauernwirtschaft ein Venusfest statt, bei dem neben dem Gast

47

49

die Gräfin Cosel im Mittelpunkt steht. Mittags wird es mit einem Damenringrennen eröffnet, der König erscheint als Ares, dem Kriegsgott der griechischen Mythologie, und die Gräfin als Venus, posierend in einem als goldene Muschel ausstaffierten Wagen. Für ein Feuerwerk am 6. Juli baut Pöppelmann in der Elbe oberhalb der Brücke auf einem künstlichen, schwimmenden Felsmassiv ein turmartiges Kastell, das die Buchstaben VI-VAT F 4 RD trägt, die Macht des dänischen Königreiches symbolisieren soll und daher auch allem Feuerzauber standhält. Bei einem am 16. Juni veranstalteten »Karussellrennen der vier Weltteile« führt Pöppelmann den »Zug der wilden Tiere« an, nachdem das Oberbauamt – wieder einmal bleibt offen, ob die Konzeption von dem in Festplatzanlagen versierten Karcher oder von Pöppelmann stammt – vor dem Schloß für eine platzumfassende Arkade mit vier Portalbauten gesorgt hat.

49 Die Fassaden der im Jahre 1709 vom Ratsmaurermeister Johan Fehr(e) erbauten Löwenapotheke Wilsdruffer Straße Nr. 1/ Ecke Altmarkt sind mit gequaderten Lisenen in Risalite, die sich über der Dachtraufe als Segmentbogengiebel fortsetzen, und mit Fensterverdachungen in Portalachsen gegliedert. Geschickt ist die Ecke mit einem Erker betont, von dem aus ein guter Einblick in den Straßen- und Platzraum möglich ist. Das stattliche Gebäude wird 1911 abgebrochen und durch Erlwein mit anderer historisierender Fassade neu gebaut. 1945 vernichtet

50 Der Amtsmaurermeister George Haase baut um 1709 die sogenannte »Schiffsmühle« Galeriestraße Nr. 14 (früher Wendische Gasse)/Ecke Frauenstraße mit Erkern über den Hauptportalen und ionischen Kolossalpilastern an der Ecke und an den Seiten. Je zwei Fensterachsen dekoriert er mit Verdachungen. An Löwenapotheke und »Schiffsmühle« erscheinen bereits alle Dekorationsformen der nächsten drei Jahrzehnte im bürgerlichen Wohnungsbau. Es sind die gleichen, mit denen Pöppelmann die Bauten des Hofes schmückt. Auch die »Schiffsmühle« wird 1945 vernichtet.

51 Die von Pöppelmann anläßlich des Besuches des dänischen Königs Friedrich IV. im Jahre 1709 in der Elbe oberhalb der Brücke errichtete Feuerwerkskulisse besteht aus einem bastionierten Felsmassiv, das eine Art Schloßturm mit riesiger Krone trägt. An beiden Ufern ist die aufgefahrene Artillerie dargestellt.

51

52

52 Das Deckfarbenblatt des Hofmalers George Christian Fritzsche stellt den Reiteraufzug dar, der anläßlich des Besuches von Friedrich IV. in dem hölzernen Amphitheater vor dem Residenzschloß stattfindet. Die Arkaden- form, für die Karcher und Pöppelmann als Ent- wurfsverfasser in Frage kommen, nimmt bis ins Detail diejenige der Zwin- gerarkade vorweg.

Zweiter Vorentwurf für die Erweiterung des Residenzschlosses

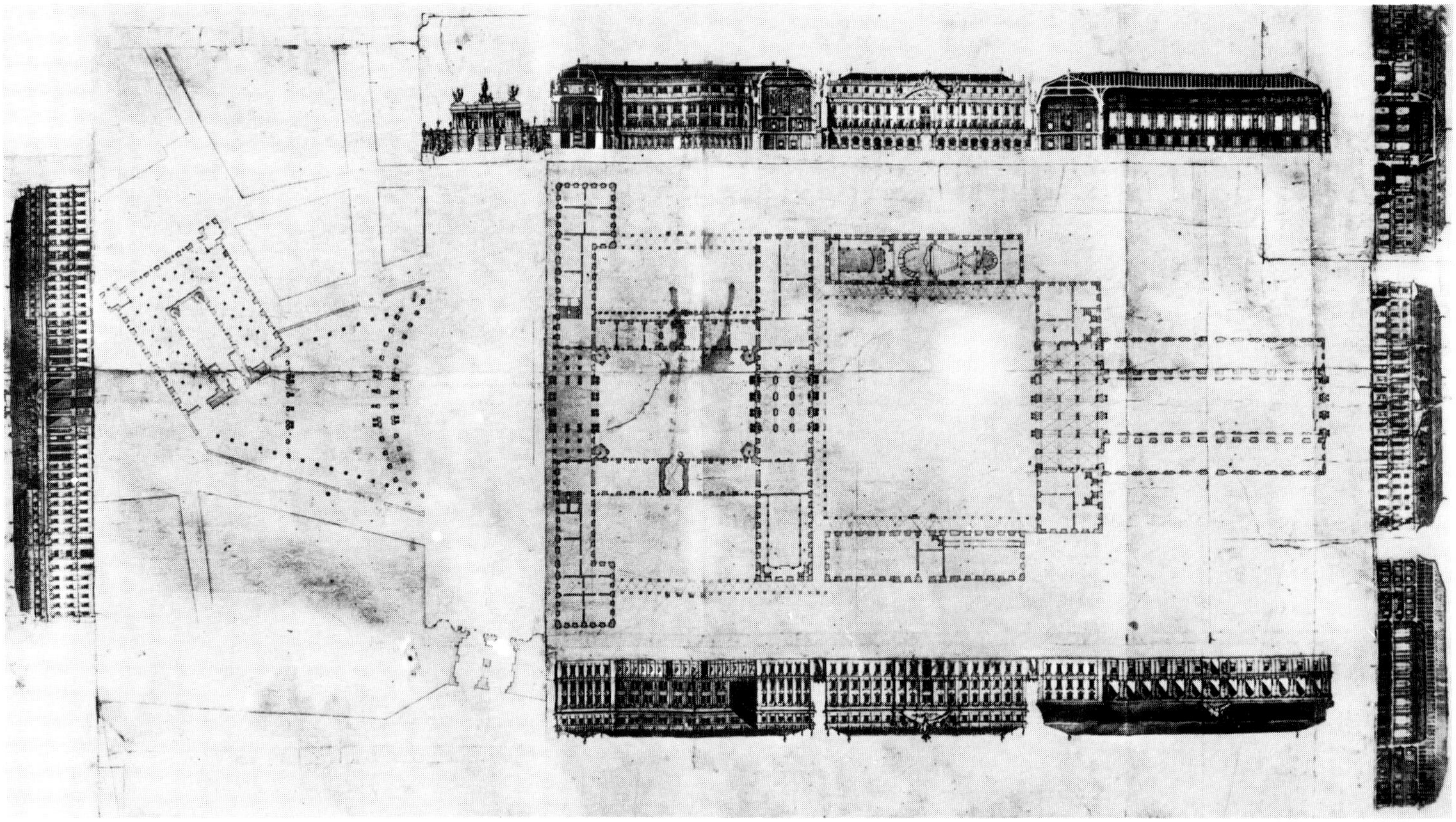

Am 8. Juli 1709 besiegt Peter der Große Karl XII. bei Poltawa, einen Monat später erklärt August der Starke die Bedingungen von Altranstädt für ungültig und ist wieder im Besitz der polnischen Königskrone. Sofort geht er mit neuem Elan an die Fortsetzung der Schloßplanung. Aber offensichtlich sind ihm beim Taschenbergpalais die Kosten eines Repräsentationsbaus und die Schwierigkeiten, sie aufzubringen, richtig bewußt geworden, denn nun will er die Mauern des alten Schlosses verwenden und die vorhandene Befestigung belassen.

Pöppelmann bringt kein völlig neues Konzept zu Papier. Er behält die Ost-West-Achse bei und entwickelt wie im ersten Vorentwurf in deren Richtung die nur noch aus Schloßkapelle und -theater und Marstall bestehenden Erweiterungsbauten. Von vornherein sieht er eine 180 Meter lange Hauptschauseite

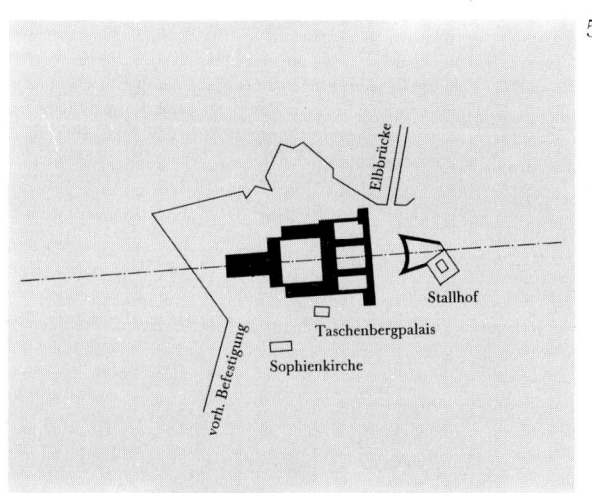

vor, die außer majestätischer Vorplatzeinfassung die Anlage zweier kleiner Wirtschaftshöfe ermöglicht. Trotz der Einsparungen erreicht er ein Ausmaß an Repräsentation, das nach wie vor höchsten Ansprüchen gerecht wird und sich mit den Neubauten in anderen Residenzen messen kann. Das ist wichtig, denn selbst an kleinen Höfen sind inzwischen die Ansprüche gestiegen und Bauwerke von höherem Niveau als bis zur Jahrhundertwende entstanden.

Die europäische Barockarchitektur tritt im ersten Jahrzehnt des 18. Jahrhunderts in ihre entscheidendste Phase. Die beiden Richtungen des Barocks kristallisieren sich stärker als bisher heraus: palladianisch streng in England und Frankreich, borrominesk bewegt in Böhmen und Süddeutschland. Vanbrugh baut Howard Castle und den Buckinghampalast und Hardouin-Mansarts Nachfolger den Place Vendôme; Christoph Dientzenhofer St. Niklas und die Klosterkirche Břevnov in Prag. Prandtauer baut das Stift Melk; Moosbrugger Maria Einsiedeln; Johann Leonhard Dientzenhofer das Zisterzienserkloster Schöntal an der Jagst. Im mitteldeutschen Raum treffen sich beide Auffassungen. Dresdens Architektur integriert Erfahrungen aus allen Richtungen.

Wo steht Pöppelmann, welchen Weg schlägt er bei der Gestaltung der Fassaden des zweiten Schloßentwurfes ein? Da ist zunächst das Tor, durch das der Zutritt von der Elbbrücke auf den Schloßvorplatz führt. Kein Torturm mehr, sondern ein Triumphtor, wie es Jean de Bodt 1710 für den Einzug von Friedrich I. in Berlin baut; preußisch und klassisch und im »Marschtritt«, nicht im »Ouverturen-Fortissimo« des vorangegangenen Entwurfes. Infolge des hohen Sockels ist es fast noch gewichtiger als die Hauptschauseite, das Theater und der wiederum in schwerer Bogenarchitektur gehaltene Marstall; bis ins Detail voll von Reprä-

55

53/54 Pöppelmanns zweiter Vorentwurf für das Dresdner Schloß sieht anstatt des Neubaus nur noch eine Erweiterung innerhalb der vorhandenen Befestigung vor. Der alte enge Schloßhof ist rechtwinklig begradigt, zwei Wirtschaftshöfe werden außen von schmalen Galerien eingefaßt. Auf der Nord- und Südseite des neuen Schloßhofes befinden sich wiederum Schloßtheater und -kapelle, auf der Westseite der Marstall. Die Verbreiterung der Hauptschauseite bedingt den Fortfall eines abgeschlos-

senen Vorhofes, doch die gegenüberliegende Arkade vor dem Stallhofgebäude sorgt für eine platzähnliche Wirkung der Straße. Ballhaus und Taschenbergpalais bleiben von der Planung unberührt.

55 Innerhalb der mit Wandbrunnen dekorierten Platzeinfassung wirkt der höchst repräsentative Säulenaufbau über den beiden Durchfahrten zwischen Elbbrücke und Schloßplatz majestätisch wie das Rudiment einer Schloßfassade und trägt weithin sichtbar das von

Harnischen flankierte Reiterstandbild des Königs.

56 Die Hauptschauseite des zweiten Vorentwurfes gliedert Pöppelmann in drei Abschnitte, deren mittlerer in eine Kolonnade aufgelöst ist, während die seitlichen mit Pilastern flächiger gehalten, jedoch mit aufgesetzten Mezzaninen hervorgehoben sind. Ein Dachreiter betont die Mitte nur wenig repräsentativ, da der alte Schloßturm – hier nicht dargestellt – erhalten werden und sogar ein Pendant bekommen soll.

56

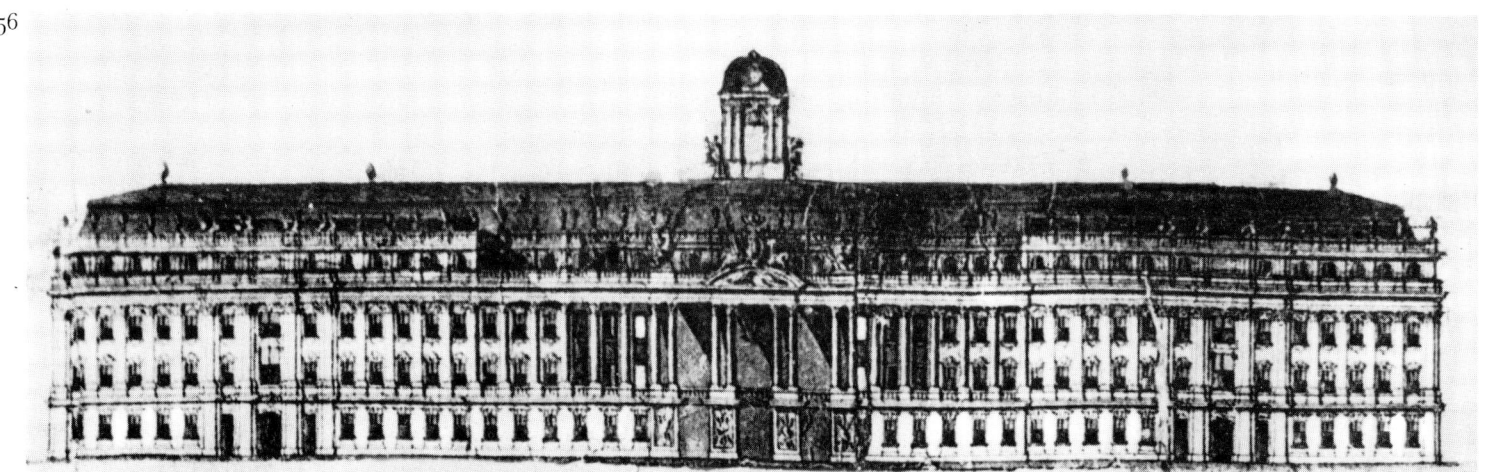

57 Bei der Gliederung der Hauptschauseite versucht Pöppelmann, den alten Bestand von den neuen Teilen zu unterscheiden. Während der mit Säulen instrumentierte Mittelteil barocken Klassizismus ausstrahlt, wie er am preußischen Hof bevorzugt wird, wirken die beiden Seitenteile für sich genommen wie gediegene Stadtpaläste. Hinter der neuen Hauptschauseite sind das alte Schloß samt vier Wendelsteinen eingezeichnet, aber ohne Turm; ferner Erweiterungsflügel und Verbindungsarkaden, nicht jedoch Schloßkapelle, -theater und Marstall.

sentation nach Versailler Vorbild, in Sonderheit nach Hardouin-Mansarts drei risalitartigen Säulenvorbauten am Westflügel der Gartenfront und damit der Charlottenburger Gartenfront verwandt: gleiche Sockelrustizierung, gleiche Säulenzahl, gleicher Säulenabstand der Risalite. Zwei Vogelschauperspektiven veranschaulichen den ganzen Schloßkomplex mit dem Anschluß der neuen Flügel und der Gliederung der Hauptschauseiten, um die es jetzt vorrangig geht; auf der einen Vogelschau monumental mit gewaltigen Eckaufbauten und durch Säulen vor der gesamten Fassade, auf der anderen rhythmisch durch Zerlegung in kleine Abschnitte. Die Varianten drücken zwei unterschiedliche Architekturauffassungen aus, hinter denen ebenso unterschiedliche Auffassungen vom Staat stehen. Sie demonstrieren damit die Situation Sachsens zwischen Preußen und Österreich.

Orangerie im Zwingergarten – Studienreise nach Italien

Mit der im Hintergrund der zweiten Vogelschauperspektive eingezeichneten halbrunden Orangerie-Terrasse beginnt ein neuer Abschnitt in der Schloßplanung, der schließlich zum einzigen realisierten Ergebnis führt

und Pöppelmann Weltruhm einbringt: der Zwinger. Nachdem eine Orangerie schon von Beyer angelegt werden sollte und dann in die ersten Schloßplanungen aufgenommen worden war, läßt der König sie seit 1709 in der sogenannten »Scharfen Ecke« innerhalb einer vorspringenden Spitze des Festungswalles nach seiner eigenen Skizze beginnen. Später erinnert sich Pöppelmann: »Denn wie bekannt waren anfänglich zu dem Deßein nur aufgemauerte Terraßen angeleget, nachgehends aber von Ihrer Kgl. Majestät allergnädigst resolviret, die Arkaden, wie sie itzo stehen, darauf zu setzen und zur Erhaltung der Orangerie mit einem Dach, welches Sommers Zeit wieder weg genommen werden könnte, zu bedecken.«[19]

Der König mißt sehr bald dem Orangeriebau mehr Bedeutung bei, als sie eine windgeschützte Terrassierung gemeiniglich besitzt. Endlich hat er die Bauvorbereitungen aus dem Planungsstadium in die Ausführung bringen können, kann endlich auch die Schloßbaupläne mit anderen Augen sehen und wird sich der Verantwortung für das große Vorhaben bewußt. Zunächst sorgt er dafür, daß Pöppelmann die Vorbilder, die ihm für den Ausbau der Residenz vorschweben, aus eigener Anschauung kennenlernt. Er verfügt am 4. Januar 1710: »daß der Landbaumeister Pöppelmann nacher Wien und Rom gehen soll umb deren Orthen sich der itzigen Arth des Bauens sowohl an Palaesten, alß Gärthen zu ersehen, absonderlich die ihm mit gegebene Riße zu hiefigen Schloß Bau mit denen vornehm= sten Bau Meistern und Künstlern zu überlegen.«[20] Das ebenso wichtige Studium der französischen Architektur ist wegen des noch andauernden Spanischen Erbfolgekrieges, in dem ja auch ein sächsisches Kontingent gegen die Franzosen kämpft, nicht möglich.

Ende Januar oder Anfang Februar, also noch im Winter, reist Pöppelmann, mit 1000 Talern Reisegeld – immerhin fast zwei Jahresgehältern – versehen, ab. Der übliche Weg nach Wien führt über Prag. Hier entsteht die modernste Sakralarchitektur Europas, die durch ihre noch nie dagewesene Plastizität, die Dynamik ihrer Kurvaturen, die freie Behandlung der Blendgiebel, den Aufwand an figürlicher Dekoration in den Augen eines aus Westfalen stammenden Baumeisters geradezu sensationell wirken muß. Ob im positiven, ob im negativen bleibe zunächst dahin gestellt – die Architektur von Wallpavillon und Kronentor wird die Frage später beantworten. Christoph Dientzenhofer baut St. Niklas auf der Kleinseite und die Klosterkirche Břevnov; in jedem Straßenzug ist die

Verwandlung Prags zur Barockstadt im Gange.

Dann geht es nach Wien, das als Reiseziel ausdrücklich genannt ist, wo an der kaiserlichen Residenz und blühenden Kunstmetropole eine rege Bautätigkeit des Hofes und des Hochadels im Gange ist, wo Johann Bernhard Fischer von Erlach Aufträge über Aufträge auch vom Adel erhalten hat, für den er mit den Palästen Strattmann, Althann, Ekkardt, Prinz Eugen, Batthýany-Schönborn und Dietrichstein das hohe Niveau des Wiener Palastbaus zu barocker Körperlichkeit von dynamischer Kraft und Ausdrucksstärke weiterentwickelt. Jetzt baut er an der Böhmischen Hofkanzlei, dem Gartenpalais Trautson, der Huldenbergschen Villa und am Schloß Schönbrunn, dessen 200 Meter lange Gartenfront und die in die Tiefe gestaffelte Hofseite im Hinblick auf die Dresdner Schloßplanung von besonderem Interesse sind. Johann Lukas von Hildebrandt baut im Auftrage des Prinzen Eugen malerischer und heiterer. 1710 hat er in Wien das von Fischer von Erlach begonnene Stadtpalais des Prin-

58 In einer zweiten Vogelschau stellt Pöppelmann die Umgebung mit dar: im Vordergrund die Kolonnade zwischen zwei Stallhofgalerien, rechts die Elbe und unmittelbar neben dem hinteren Schloßflügel das alte Reithaus; in der Mittelachse der Zwingergarten, links das Taschenbergpalais mit einer nie ausgeführten Verlängerung. Die Hauptschauseite ist zu einer Paradefront verändert, die nichts mehr vom alten Schloß ahnen läßt und durch pylonenhafte Eckaufsätze einen monumentalen Eindruck gibt.

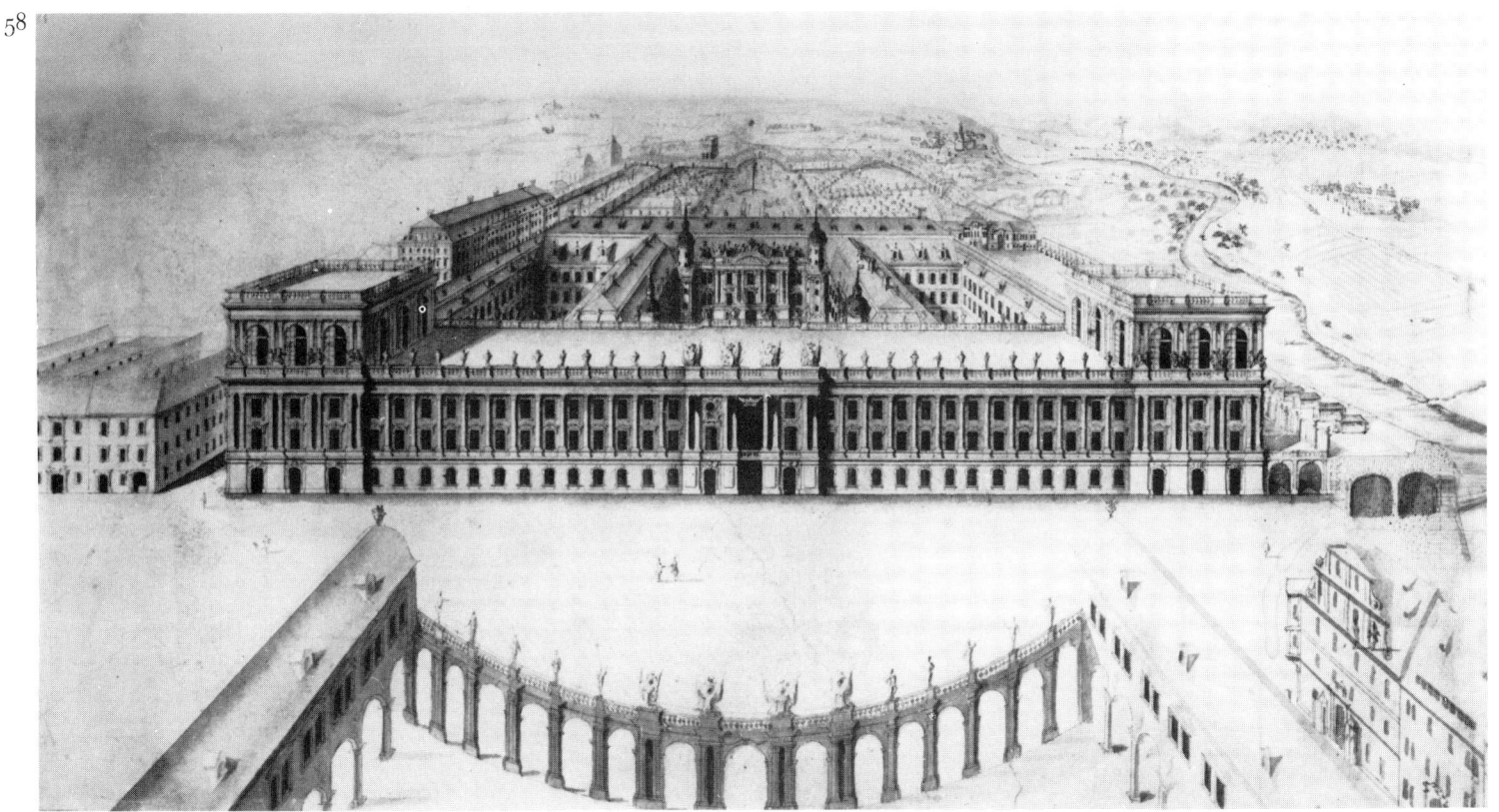

58

zen und die Gartenpalais Schwarzenberg und Starhemberg in Arbeit. Sein schönster Wiener Profanbau, das Gartenpalais des Prinzen Eugen, existiert noch nicht. Pöppelmann bekommt bestenfalls Pläne vom Unteren Belvedere zu Gesicht. Daß er, mit Empfehlungsschreiben versehen, nicht nur den kaiserlichen Hofarchitekten, sondern auch den kaiserlichen Hofingenieur aufsucht und auch ihm eigene Entwürfe vorlegt, liegt nahe.

Wahrscheinlich reist er über Vicenza, wo Palladios Bauten sein größtes Interesse gefunden haben müßten, und über Florenz weiter. Hauptziel ist die Ewige Stadt, die aus jeder Bauepoche Anregungen vermitteln kann. Da hat die spätrömische Baukunst für die malerisch-dynamische Entwicklung der Barockarchitektur Bedeutung und wird von den Barockarchitekten mit Interesse studiert. Da gehört die städtebauliche Umgestaltung des 16./17. Jahrhunderts und vor allem der Sakral- und Palastbau zu den Leistungen, an denen sich ganz Europa orientiert hat. Noch lebt Carlo Fontana, genießt als letzter Berninischüler hohe Achtung, übt trotz seines Alters von 76 Jahren großen Einfluß aus; noch wirken Berninis Nimbus und sein Stil nach. Aber neben den von ihm geschaffenen klassischen Vorbildern der Barockarchitektur existiert auch die kontroverse Auffassung Borrominis, die für viele deutsche Architekten mehr Bedeutung erlangt. Pöppelmann lernt San Carlo alle Quattro fontane und San Ivo della Sapienza kennen. Er sieht die Vielfalt der ihm bisher nur aus Stichen bekannten Fensterverdachungen, Portalausschmuckungen und Gesimse im Original, auch die Brunnen an Wänden und auf Plätzen, an denen Rom so reich ist; und in der Umgebung die prachtvollen Villen des Adels und die Gärten mit ihren Terrassen und Wasserspielen, beispielsweise in Tivoli und Frascati.

Daß sein Romaufenthalt nicht nur aus Spazierfahrten und Besichtigungen besteht, sondern auch eine diplomatische Mission erfüllt und schließlich dem Interesse des Katholizismus dient, geht aus einem Bericht des päpstlichen Sekretärs Puchet an den sächsischen Gesandten am Vatikan hervor, der einen Empfang beim Papst Clemens XI. Albani erwähnt: »Ich hatte die Ehre, vergangenen Montag bei Seiner Heiligkeit Msr. Pöppelmann, des Königs Architekt, der sich seit 4 Wochen hier befindet, vorzustellen. Der Papst… wollte, daß seine beiden Neffen… ihn die schönen Zeichnungen der Galerie des Vatikans und der Bibliothek sehen lassen. Er gab ihm mehrere Deßeins für den König …«[21] Die von vornherein begrenzte Reisedauer »damit er zu rechter Zeit, wegen anderweitiger Verrichtung balbt wiederumb hier seyn möge«[22] erlaubt allenfalls noch den Abstecher nach Neapel, den die ältere Literatur erwähnt, aber nicht belegt.

Pöppelmann trifft im August 1710 wieder in Dresden ein und begibt sich noch im September nach Langfuhr bei Danzig zum König. Dieser verleiht ihm verspätet den Titel eines Geheimen Cämmeriers, um den er angeblich selber nachgesucht hatte, weil er sich von ihm Erleichterungen auf der Reise erhoffte.

Im Oberbauamt mußte inzwischen Karcher ein halbes Jahr lang die Arbeit allein bewältigen, nachdem Beyer 1706 vorzeitig aus dem Amt geschieden und Schumann 1709 verstorben war. Der 1710 zum Kondukteur ernannte Johann Christoph Knöffel, ein gelernter Maurer, fleißig, ehrgeizig und tüchtig, kann mit seinen 24 Jahren noch keine große Hilfe sein. Reithaus, Schießhaus und Redoutenhaus werden abgebrochen, um Platz für die Schloßerweiterung zu schaffen, und die Arbeit an der Orangerie durch Verdopplung der Baugelder beschleunigt, damit die schon in Leipzig bereitstehenden Orangenbäumchen rechtzeitig vor Winterbeginn Schutz finden.

Entwürfe für eine neue Hauptschauseite des Residenzschlosses

Pöppelmann geht mit neuem Elan an die Schloßplanung. Er sucht keine neue Grundkonzeption mit neuen Kombinationen von Höfen und Schloßflügeln – dafür hätte der Besuch von Versailles mehr Anregungen geboten –, er befaßt sich ausschließlich mit der Gestaltung der Hauptschauseite. Schon der erste Vorschlag kann sich gar nicht krasser von den bisherigen unterscheiden, und er überrascht schon deswegen, weil er die Berni-

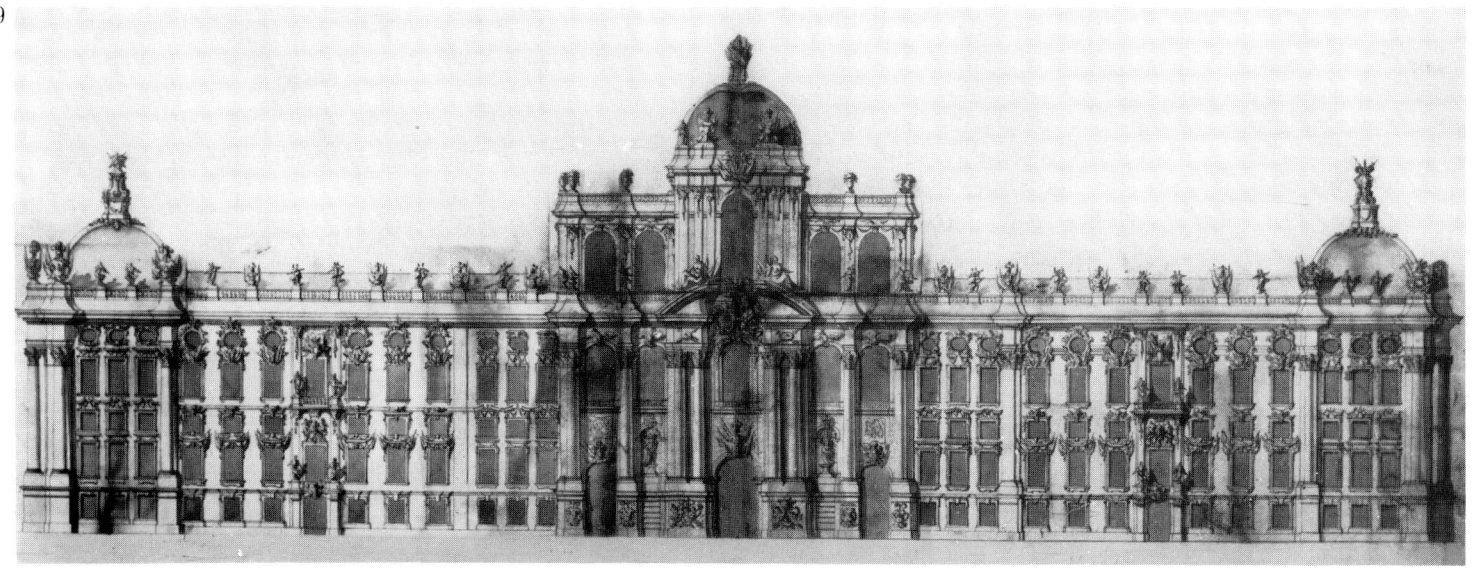

nische Auffassung verläßt. Den geometrisch straff umrissenen Kubus formt Pöppelmann zu einem in Abstufungen gegliederten Baukörper mit malerischer Wirkung um, belebt die Silhouette mit drei Kuppeln, die in Dresden noch in keiner Planung vorkommen. An den Fassaden bleibt kaum ein Quadratmeter ohne Dekoration. Aus den Fenstergewänden ragen seitlich Fahnenbündel heraus, verbinden sich in üppiger Fülle mit dem darüberliegenden Fensterdekor. Schlußsteine verwandeln sich in riesige Masken, Liegefiguren beleben die Fensterverdachungen und Standfiguren die Podeste und Brüstungen, Tücher hängen von den Pilasterkapitellen weit herab.

Für einen derart abwechslungsreichen plastischen Reichtum bietet die Wiener Palastarchitektur Vergleichbares, namentlich Hildebrandt gliedert und dekoriert ähnlich aufwendig. Die Römische Architektur kennt selten so große Frontlängen, und deswegen brauchten die Erbauer der berühmten Palazzi Roms, ein Giacomo della Porta, Domenico Fontana, Carlo Maderno, Paolo Marucelli oder Carlo Rainaldi, selten eine Zerlegung oder rhythmische Gliederung. Sie brauchten nur die mäßige Akzentuierung der Mitte. Bernini griff beim Louvre-Entwurf (1665) zur kraftvolleren konkav-konvex-konkaven Massenbewegung, blieb aber sparsam mit der Dekoration. Bei Borromini finden sich mehr Gemeinsamkeiten, wenn man von dessen skurrilen Einzelheiten absieht.

Aus Italien stammt eine ganz andere Anregung. Roms Sakralarchitektur des 17. Jahrhunderts – am eindrucksvollsten an der Platzfront von St. Peter, dann an SS. Vincenzo ed Anastasio und S. Maria in Campitelli – bietet die zusammengeballte Kraft und die Feierlichkeit, die Pöppelmann für die Repräsentation des Königs nun für geeigneter hält als die palladianische Strenge und Gezügeltheit, der sich die französische und preußische Feudalarchitektur bedient. Zur Steigerung der Fassadenmitte verwendet er Kolossalsäulen, versucht mit diesen die profane Repräsentation ins Pseudosakrale zu steigern, dem Königstum von Gottes Gnaden Ausdruck zu geben. In solchen Dimensionen hatte bisher noch kein Architekt Säulen für profane Zwecke vorgeschlagen; nicht einmal unter Ludwig XIV., obwohl sich die französische Profanarchitektur ihre Anleihen auch aus dem sakralen Bereich holt. Mit 23 Metern Höhe bleiben Pöppelmanns Säulen zwar noch fünf Meter unter denen des Petersdomes, aber sie erreichen – um dieses Maß einmal in die Gegenwart zu transferieren – Hochhaushöhe. Selbst in Boullées maßlosen Entwürfen zu Ende des 18. Jahrhunderts kommen nur Säulen von 15 bis 20 Metern Höhe vor. Pöppelmann, der später beim Zwinger so feines Gefühl für menschlichen Maßstab verrät, muß sich geradezu in einem Rausch befinden, als er diese Entwürfe zeichnet. Man denkt auch an Jakob Burckhardts nicht als

59 Um eine stärkere Akzentuierung der Mitte zu erreichen, erhöht Pöppelmann sie mit einem saalartigen Aufbau, läßt die Mittelachse durch diesen hindurchschießen und eine Kuppel tragen, die sich über den Eckrisaliten wiederholt. Er gestaltet die Fassade durch Zwischengeschosse, Nebenportalachsen, unterschiedliche Fensterabstände und vor allem durch reiche Dekorationen so ungewöhnlich abwechslungsvoll und malerisch, daß man den Einfluß der inzwischen zum Orangeriebau hinzugezogenen Bildhauer zu spüren vermeint.

60

61

60/61 Erst die Vergröße-
rung von Ausschnitten
aus der Schloßfassade läßt
erkennen, mit welchem
Aufwand an Dekoration
aus Sandstein Pöppel-
mann einen festlichen
Eindruck erreichen will.
Die Nebenportalachsen
hebt er durch besonders
reiche Dekoration, Figu-
renschmuck und eine Bal-
konbalustrade hervor. Die
sorgfältige Darstellung
der Schatten, die die Fassade plastisch erscheinen
lassen, erleichtert die Vorstellung von der tatsächli-
chen Wirkung.

Kompliment für den Barock gemeinten Ausspruch:»Manche Architekten componieren in einem beständigen Fortiſſimo.«[23] Wie anders sollte er des Königs Wunsch nach größtmöglichster Prachtentfaltung erfüllen? Eines Königs und Kurfürsten, dessen ehrgeizigen Träume von allerhöchster absolutistischer Macht und Bedeutung im europäischen Maßstab jetzt wahr zu werden scheinen, als er 1711 nach dem Tod von Kaiser Joseph I. für ein halbes Jahr das Reichsvikariat übernimmt, bis Karl VI., der Bruder Josefs I. und König von Spanien, zum Nachfolger gewählt wird.

Maßstäblich übersteigert ist auch die Blendarkade, mit der Pöppelmann den Säulenrisalit dekoriert. Mit ihr verwendet er ein in der Schloßbaukunst des Barocks bereits bekanntes Motiv. Auch Fischer von Erlach hat für Schönbrunn einen, wohl von Borrominis Palazzo Pamphili her angeregten Arkadenaufsatz verwendet, ihn aber nicht viel größer als Karchers Holztribünenarkade von 1697 dimensioniert. Pöppelmann muß die Abmessungen verdoppeln, um sie ins rechte Verhältnis zu den Kolossalsäulen zu bringen.

Überdimensioniert wirkt auf einer anderen Variante auch ein tambourhafter Aufsatz. Ähnlich kommt er ebenfalls in der österreichischen Architektur vor, am ausgeprägtesten bei Hildebrandts Palais Schwarzenberg für den Grafen Mansfeld Fondi und dem Gartenpalais Starhemberg-Schönberg in Wien.

Ein schriftlicher Vermerk begründet die Verteilung und den Aufwand an Dekoration: »Ohngefehre Gedancken wie das Portal in eine anſehnlichere und mit der Antiquitaet mehr vergliechene Geſtalt kommen und alſo in eine unveränderliche facon kommen kann, wegen der Eil habe ich im Sims die Sparren Köppe nicht ausgemacht, welche alß dann viel Schönheit geben, daß es nicht ſo maſſiv ausſiehet, die verzierung des äuſſern Gebäudes iſt reich genug und müßen zwiſchen die Fenſter keine Pilaſters mit Capitelen kommen, indem die Fenſterverzierung ſehr reich iſt, ſonſt fället des Portals anſehen hinweg und dergl. gehöret mehr inwendig im Hoff.«[24] Weitere Varianten sehen statt des Aufsatzes eine Figurengruppe und schließlich ein volles Geschoß vor, das die Risalitarchitektur fortsetzt – eine gängige Konzeption. Wieviel leidenschaftlicher Pöppelmann sie jedoch inszeniert, zeigt der Vergleich mit Eosander von Göthes Mittelrisalitgestaltung für das Schloß Oranienburg aus der gleichen Zeit. Die Planung ist in ein Stadium gelangt, in dem es vor allem um Einzelheiten geht, die Grundkonzeption aber feststeht. Die intensiven Überlegungen für den Mittelrisalit führen dazu, daß im Sommer 1711 an der Ostfassade des alten Schlosses ein Modell im Maßstab 1:1 errichtet wird; allein der Gerüstbau erfordert acht Wochen.

Aber zum Baubeginn kann der König sich nicht entschließen, sei es, weil die Finanzierung nicht gesichert ist, sei es, weil er Zweifel an der Fassadengestaltung bekommen hat, was wahrscheinlicher ist, denn er läßt Pöppelmann weitere Vorschläge entwickeln, und diese zielen darauf hin, von der Megalomanie wieder abzukommen. Pöppelmann unterteilt die Risalite horizontal, so daß die Säulen nur noch halb so hoch werden. Er behält den Säulenreichtum zwar bei, wendet sein Interesse aber der ganzen Fassade zu. Mit Verschiebung und unterschiedlicher Ausstattung der Risalite spielt er verschiedene Möglichkeiten der rhythmischen Gliederung und Betonung durch. Mit Mansarddächern und Kuppeln dynamisiert er die Silhouette, erzeugt mit den Kuppeln wieder den pseudosakralen Eindruck – wer denkt da nicht sofort an den Invalidendom in Paris oder St. Paul in London, die 1700 bzw. 1710 fertiggestellt sind –, bezieht in das Spiel mit der Silhouette den Schloßturm mit ein, sieht sogar noch einen zweiten vor (wie das Hermann Korb beim Schloß Hundisburg 1694–1702 schon praktiziert hatte). Schließlich treibt er es zu einer ähnlich malerisch-abwechslungsreichen Wirkung, wie sie das Obere Belvedere in Wien erst 1721 und – mit viel gemäßigterer Silhouette – ein Konkurrenzentwurf Robert de Cottes für die Würzburger Residenz 1723 zeigen werden.

Nichts von den herrlichen, zwischen 1710 und 1715 angefertigten Entwürfen wird realisiert. Und wäre tatsächlich der Bau begonnen worden – daß August der Starke oder sein Sohn ihn je vollendet hätten, erscheint ausgeschlossen. Der Ausbau der großen deutschen Residenzschlösser – Würzburg zum Beispiel – zieht sich über Jahrzehnte hin. Solche Ausdauer bringt August der Starke nicht auf.

Die Variationen ein und derselben Fassade

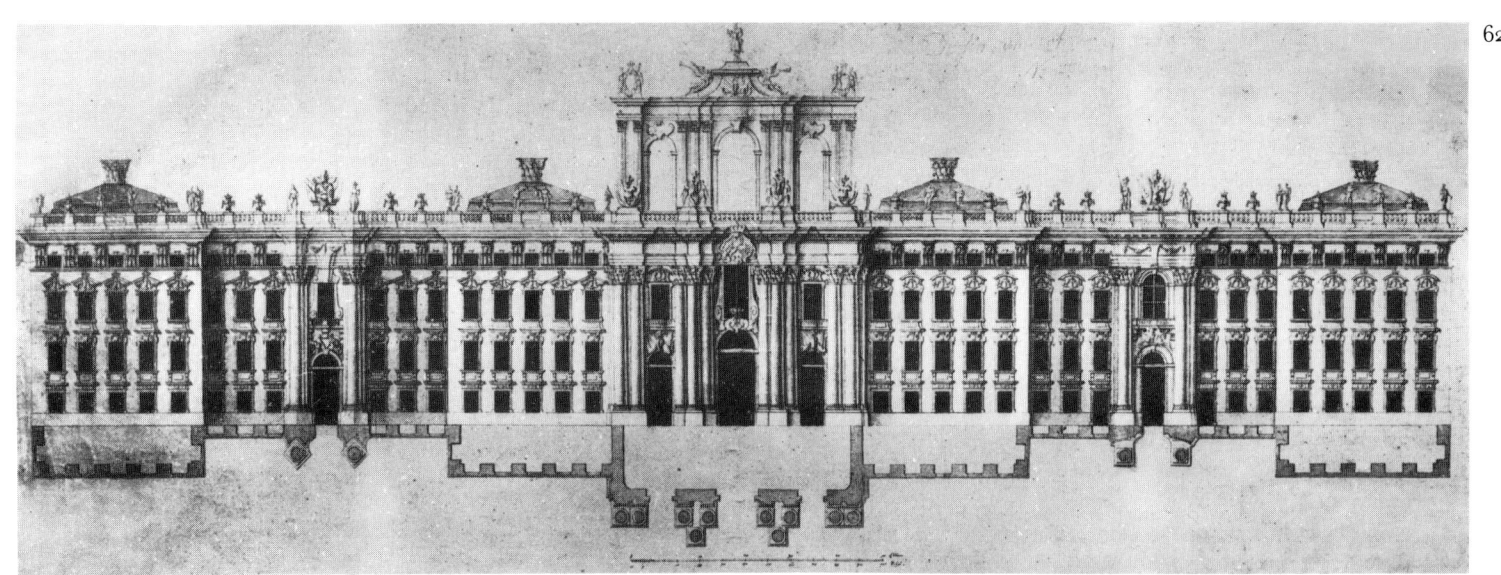

63

62 Die Mitte der als Ausschnitt dargestellten Hauptschauseite tritt mehrere Meter vor die Fassade, um den Blick auf sich zu lenken. Zehn Riesensäulen, so hoch wie alle Hauptgeschosse zusammen, tragen eine dreibogige Arkade, aus der in 43 Meter Höhe ein Postament für das Reiterstandbild des Königs hochschwingt.

63 In einer Variante vom Mittelteil der Hauptschauseite sind je vier Kolossalsäulen zusammengebündelt, treten im Halbkreis vor die Fassade und steigern noch mehr den Eindruck ins Sakrale. Das Prachtportal reicht über drei Geschosse und läßt die Höhe der dahinterliegenden Eingangshalle ahnen. Statt der Arkade trägt ein turmartiger runder Aufbau das Reiterstandbild des Königs.

64 In einer weiteren Variante bindet Pöppelmann die geballte Kraft der Kolossalsäulenkonzentration stärker in die Fassade ein und stuft sie in den Seitenrisaliten, die als Alternativen dargestellt sind, ab. Den hohen Mittelaufbau ersetzt er durch eine Figurengruppe. Klengels Schloßturm barockisiert er und wiederholt ihn aus Symmetriegründen auf dem gegenüberliegenden Schloßflügel. Der Gesamteindruck hat wieder an Strenge gewonnen, wie sie in der zweiten Vogelschauperspektive zum Ausdruck kommt.

65 Hier ragen alle drei Risalite mit einem Kolossalgeschoß höher über die Balustradenattika. Sie treten im borromineskien Sinn leicht gerundet vor die Fassade, während sie ein Gurtgesims horizontal in zwei Bereiche teilt.

66 Nur die Mittelachse ragt über die figurengeschmückte Balustradenattika. Da den Rücklagen die Bereicherung durch Pilaster fehlt, wirkt die Vielzahl der Fenster fast monoton. Wieder schlägt Pöppelmann eine Wiederholung des barockisierten Schloßturmes vor, um die Symmetrie der Hauptschauseite zu wahren.

67 Durch eine Kuppel, deren quadratischer Unterbau mit Voluten weich an die dreiachsige Säulenarchitektur des Mittelrisalites angeschlossen ist,

entsteht eine kraftvolle Betonung der Mitte. In den Nebenrisaliten klingt die Gestaltung des Mittelrisalites nach; an den Gebäudeecken nochmals in stark reduzierter Form.

68 Um eine geschlossenere und rhythmischere Gesamtwirkung zu erhalten, betonen Kuppeln auf dreiachsigen Risaliten die Gebäudeecken. Die Mezzaninfenster ordnen sich nicht mehr zwischen den Konsolen in die Gesimszone ein, sondern werden durch Kolossalpilasterinstrumentierung in die

ganze Fassade einbezogen, die wieder von einem kräftigen Gurtgesims horizontal in zwei Teile zerlegt ist.

69 Der Mittelrisalit wächst mit zwei Festsaaletagen als eigenes Bauwerk über das Gesims hoch und trägt eine weithin sichtbare Kuppel. Die steilen, mit Lambrequins verzierten Mansarddächer beleben die Silhouette zusätzlich. Die mit Kolossalsäulen und -pilastern reich instrumentierte, mit viel plastischem Dekor bereicherte und wieder

durch ein Gurtgesims in einen oberen und einen unteren Teil zergliederte Fassade hinterläßt einen sehr malerischen Eindruck.

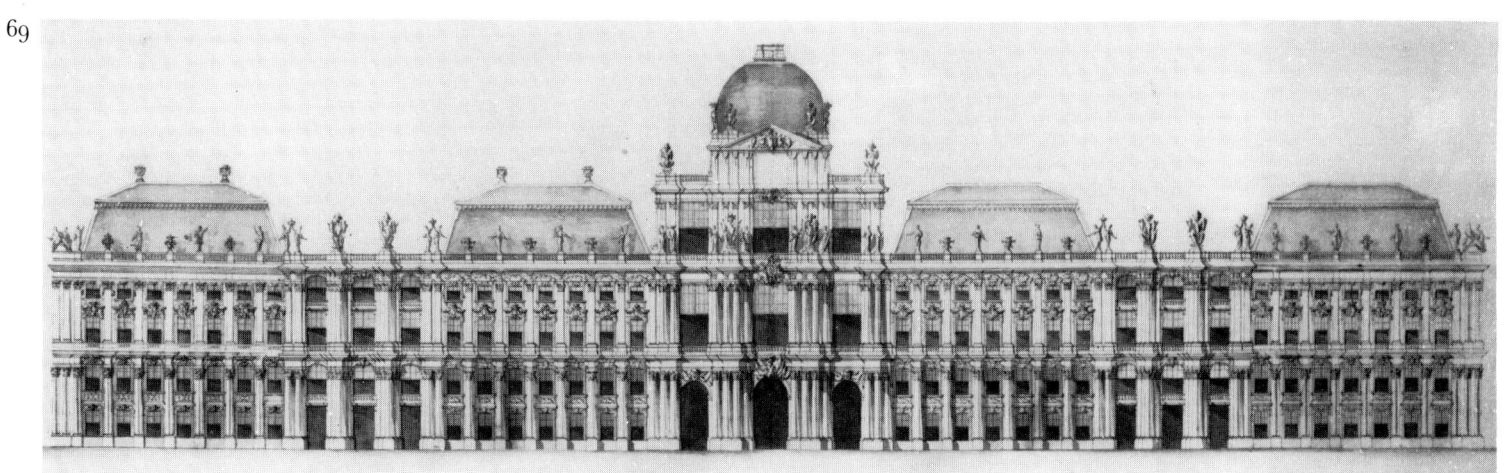

sind ein Lehrbeispiel dafür, wie der Architekt dem Bauherren gestalterische Möglichkeiten anbietet, von diesem immer wieder zu neuen Überlegungen angeregt wird, wie er sich selber Rechenschaft über die Wirkung ablegt und wie er Zeitgeist und Repräsentationsanspruch auszudrücken versucht. Der König mag großen Gefallen an diesen »Appetitsrissen« gefunden haben, und er honoriert sie, indem er Pöppelmanns Jahresgehalt auf 1200 Taler verdoppelt. Soviel steht dem Oberlandbaumeister zu, aber dessen Stelle gibt er ihm erst 1718, als Karcher sie altershalber kaum noch auszufüllen in der Lage ist. In den Akten wird die Erhöhung »wegen gegenwärtiger und künftig zu führender Schloß Gebäude umb deßwillen er sich alle sonst gehabten privat Gebäude, dabey

er sonst ein ergiebiges verdienen können, entschlagen müßte«[25] begründet. Der Hinweis auf Pöppelmanns private Tätigkeit findet seine Bestätigung durch Marpergers Bericht vom Jahre 1711: »... ein anderer Baumeister Nahmens Pepelmann hat gleich falls wegen stattlicher und kostbarer Privat Gebäude, die er hin und wieder in hochbesagter Chur. Sächsischer Residenz ausgeführet, in kurtz verwichenen Jahren großen Ruhm erworben ...«[26] Der Betrag von 1200 Talern erscheint hoch, wenn man ihn mit dem Entgelt von Hofarchitekten in kleineren Fürstentümern vergleicht. Als der rheinisch-hessische Architekt Julius Ludwig Rothweil vom Grafen zu Wied ganze 100 Taler jährlich erbittet, erhält er nur 40. Fürst Friedrich Anton Ulrich reicht ihm dann als Baudirektor 279 Taler. Etwa genausoviel bezieht Georg Christian Sturm als Braunschweigischer Hofbaumeister, etwas mehr der Hamburger Bauhofsinspektor, der eigentlich das Amt des Stadtbaumeisters mit versieht. Alle sind sie auf Nebeneinnahmen angewiesen, die entweder aus privater Bautätigkeit oder aus ganz verschiedenen Etats und Kassen stammen. Mit zunehmendem Reichtum der Potentaten steigen auch die Einnahmen der Architekten. So kommt Pöppelmanns Nachfolger Knöffel schließlich auf 3000 Taler, Pöppelmanns Sohn Carl Friedrich sogar auf weit über 4000.

Ausbau der Orangerie im Zwingergarten

Noch mehr als die Schloßfassade nimmt Pöppelmann der Bau der Orangeriearkade in die Pflicht. Deren Form hat er aus den schon erwähnten hölzernen Festplatzarkaden in Sandstein übertragen. Ein Blick auf Hardouin-Mansarts Versailler Grand-Trianon-Arkade läßt Anregungen aus Frankreich erkennen. Erst die Unterbrechung durch Wandbrunnen und der Wechsel von Figuren und Steinvasen auf der Balustrade bereichern die renaissancemäßige Wiederholung des Bogenmotivs im barocken Sinn; ferner natürlich die quergestellten Pavillons an den beiden offenen Enden der Bogenarkade. Karcher hatte die Zuschauerlogen der halbrunden Schießplatzeinfassung von 1699 genau so abgeschlossen. Pöppelmann akzentuiert dieses Prinzip jedoch stärker, indem er den Pavillons zwei Geschosse gibt. Das auf die Arkadenterrasse aufgesetzte Geschoß gestaltet er zunächst im Stil der Schloßentwürfe, wobei die noch vorhandenen Zeichnungen offenlassen, ob sie Vorstufen zu den Eckpavillons sind oder zu einer anderen, nicht mehr bekannten Konzeption gehören. Erst nach und nach findet er zu der einfachen wie überzeugenden Lösung, im Obergeschoß die Arkadenarchitektur fortzusetzen. Wie bei der Arkade klingt in der feingliedrigen Dekoration und in der modulhaften Wiederholung die Auffassung der Renaissance nach und wird erst durch die Akzentuierung der Mittelachse mit gespreng-

ter Verdachung und figürlicher Dekoration und durch die vorgelegte Treppe barockisiert. Die Treppenidee knüpft an die Freitreppe vor dem Palais im Großen Garten an, steht jedoch mit halbrunden Läufen wie die Gartentreppe von Schloß Troja bei Prag auf einer neuen Entwicklungsstufe, auf einer hochbarocken.

Bis zum Jahre 1712 entstehen Bogenarkade, Mathematisch-Physikalischer Salon und Französischer Pavillon. Die Ausführung der Sandsteindekoration übernehmen namhafte Bildhauer unter der Leitung von Balthasar Permoser. Dieser läßt Benjamin Thomae fest anstellen, holt den schon seit 1705 in Dresden, vorher am Schloß Troja tätigen Paul Heermann, den seit 1710 in Dresden tätigen Christian Kirchner aus Merseburg und schließlich Johann Joachim Kretzschmar aus Zittau in seine Werkstatt, um mit den von Jahr zu Jahr umfangreicher werdenden Arbeiten fertig zu werden; einerseits mit den reinen Werkstattarbeiten wie Balustern, Gesimsen, Wand- und Deckenplatten, denn alle sichtbaren Teile bestehen ja aus Sandstein, dann aber auch mit den anspruchsvolleren Dekorationen: den Kapitellen, Tuchgehängen, Schlußsteinen, Blütenketten, Steinvasen und Brunnenschalen; und schließlich vor allem mit den Putten auf den Pavillongesimsen, den Standfiguren auf den Balustraden der Terrassen und in Nischen, mit den Satyren unter den Galeriekonsolen.

Auch im Inneren bleibt an figürlicher Ausstattung kein Wunsch offen, namentlich im Grottensaal des Mathematisch-Physikalischen Salons, der nicht mehr existiert. Daß diese künstliche Grotte, die zugleich »sala terrena« ist, nicht im Programm fehlt, versteht sich fast von selbst. Dem König mögen die Grotten in den Renaissance- und Barockgärten Oberitaliens als sonnengeschützter Aufenthaltsort in guter Erinnerung geblieben sein, deren dämmrige Abgeschiedenheit die Phantasie zur bizarren und grotesken Ausgestaltung beflügelt, für die eine den Mythen huldigende Gesellschaft genug Ideen findet.

Deckengemälde ergänzen die figürliche Dekoration. Der aus Paris stammende Maler Louis de Silvestre, der schon mit der Ausmalung von Prachträumen im Schloß beschäf-

70 Die Seitenansicht mit
zwei Kuppeln enthält die
bereits bekannten Deko-
rationen und Instrumen-
tierungen. Neu ist die
Quaderung der beiden
unteren Geschosse zwi-
schen den Eckrisaliten.

70

tigt ist und 1716 zum Hofmaler ernannt wird,
beginnt mit allegorischen Huldigungen an
den König auf den Plafonds im Mathematisch-Physikalischen Salon. Ein Jahr später
malt Heinrich Christian Fehling, 21 Jahre äl-
ter als Silvestre und schon seit 1677 in Dresden, ähnliche Themen an die Decken des
Französischen Pavillons.

Hinter dem Französischen Pavillon legt
Pöppelmann einen kleinen Grottenhof an,
der von den in 16 Nischen aufgestellten Nymphen seinen Namen erhält. In ihm lebt noch
das antike Nymphäum fort, das ursprünglich
ein Heiligtum der Nymphen als Quellgotthei-
ten war und von der Römischen Architektur
prunkvoll ausgestattet wurde. Als Vorbilder
gelten die Fontana della Girondola der Villa
Borghese di Mondragone, die Große Kaskade
der Villa Aldrobandini di Belvedere und das
Wassertheater der Villa Ludovisi in Frascati,
die Grottenhöfe der Villa Pamphili in Rom
und im Park der Villa d'Este in Tivoli. Die
faszinierende Wirkung beruht auf dem Kontrast der Intimität zum weiten Zwingerhof
und auf dem Überraschungseffekt der Wassertreppe, über die das Wasser aus unsichtba-
rer Quelle in mehreren Absätzen bis in den
engen Hof hinabströmt, um in Fontänen wieder hochgesprüht zu werden. Kontrast und
Harmonie zugleich, denn die Wandungen
setzen mit derselben Proportion und im sel-
ben Maßstab die Arkadenarchitektur fort.

Nymphenbad und Bogenarkade befinden
sich im Jahre 1711 im Bau, der Mathematisch-
Physikalische Salon ist begonnen und wird
bis 1712 im Rohbau fertig, der Französische
Pavillon folgt zwei Jahre später. Die Gestaltung des Scheitels der Bogenarkade ist noch
nicht geklärt. Eine Treppenanlage soll das
Orangeriehalbrund mit der Orangenplantage
in der »Scharfen Ecke« der Bastion Luna verbinden, natürlich nicht als einläufige Nutz-
treppe. Pöppelmann deutet sie auf einer Vogelschauperspektive mit zwischen Podesten
aufeinander zu- und wieder wegführenden
Läufen an.

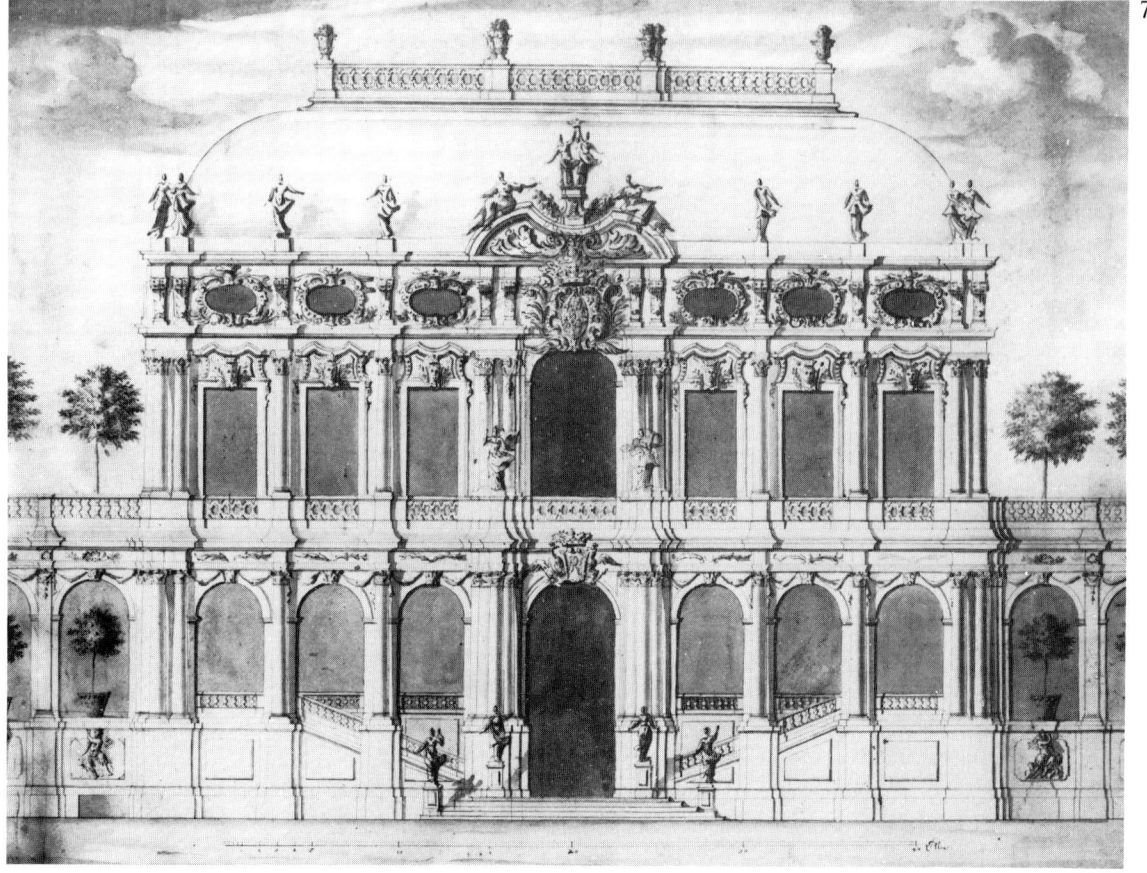

73

74

71 Ein früher Pavillon-
entwurf, der, nach der
Darstellung der seitlich
anschließenden Arkaden
zu urteilen, für den Scheitel der Bogenarkade be-
stimmt ist, übernimmt
noch die Fassadengestal-
tung der Schloßentwürfe.
Auch die Dachform ist
von diesen abgeleitet.

72 Eine Variante bindet
den unteren Bereich in
die Arkade ein und trennt
das Mezzanin, in dem die
kreisförmigen in quer-
ovale Fenster umgeformt
sind, durch ein Gurtge-
sims vom Obergeschoß
ab.

73 Bei den ausgeführten
vier Eckpavillons ist die
Arkadenarchitektur in
beiden Geschossen fortge-
setzt. Die Dekoration der
Mittelachse führt die Plastizität der Freitreppenge-
staltung in der Vertikalen
weiter.

74 Für das Kupferstich-
werk über den Zwinger
läßt Pöppelmann den Ste-
cher Johann Georg
Schmidt einen Ausschnitt
aus der Mitte des Oberge-
schosses eines Eckpavil-
lons darstellen, um die
kostbare Dekoration mit
Putten, Steinvasen, Wap-
penkartuschen, Pilaster-
kapitellen, Bogenschlußstei-
nen, Draperien und
Fruchtgehängen deutlich
zu zeigen.

75 Der Bildhauer Baltha-
sar Permoser (1651–1732).
Gemälde von A. Manyoki

76 Selbst die vom Zwin-
gerhof aus kaum wahr-
nehmbaren, in Kupfer ge-
triebenen Lüftungshau-
ben bieten Gelegenheit zu
Profilierungen, Blatt- und
Blumenbildungen und
skurrilen Masken.

77 Erst der Blick von
oben auf die vor die Eck-
pavillons gelegte zweiläufige Rampentreppe zeigt
deren vollendete Form.
Der halbrunde Terrassen-
vorsprung verlockt zum
Ausblick. Die um ihn her-
umschwingenden Trep-
penläufe bereichern das
kontrastierende Spiel von
Rechteck- und Exedra-
form der Gesamtanlage.

78/79 Auf der Hofseite des Kronentores stehen die Sandsteinfiguren von zwei Musikanten: vom Schalmeienspieler, den Paul Heermann um 1716 meißelt und der bei der Restaurierung von 1927 in einen Flötenspieler umgewandelt wird; und vom Tambourinspieler, den Johann Joachim Kretzschmar 1718/19 anfertigt.

Die Orangerie bildet jetzt eine eigenartige, zur Umgebung beziehungslose Baugruppe – teils Gartenkunst, teils Architektur. Noch bestimmen die Orangenbäumchen alle Überlegungen, aber die beiden Lustpavillons deuten bereits die Verwendung für festliche Anlässe an, und diese hat beim König bald Vorrang. Im Gegensatz zur langgestreckten Orangerie in Kassel ermöglicht die Halbkreisform räumliche Einfassung, erschwert jedoch die Ausgestaltung des in Richtung Schloß gelegenen Bereiches.

Jägerhof in Alten-Dresden

Ein zweiter Festplatz, von dem er sich vielleicht sogar mehr verspricht, beschäftigt den König gleichzeitig: der in Alten-Dresden oberhalb der Elbbrücke gelegene Jägerhof. Genug Geschichten berichten vom Spaß und Übermut Augusts des Starken bei Tierkämpfen. So soll er auf der Kavalierstour in Spanien einem Stier das Haupt mit einem einzigen Streich abgeschlagen, so soll er selbst einen Finger verloren haben, als er einem Bären die Zunge aus dem Rachen reißen wollte, und im Dresdner Schloßhof soll er einen Eber mit dem Degen niedergestochen haben. Außer aufregenden Tierkämpfen gehört auch eine ungefährlichere Jagdart zur beliebten Abwechslung im Hofleben: Wenn die Tiere vom Jägerhof direkt in die Elbe getrieben und im Wasser erlegt werden, können die Damen von der Brücke aus an dem delikaten Schauspiel teilhaben – barocken Belustigun-

80 Die hofseitigen Brüstungen der Zwingergalerie sind mit Masken, Blumen, Blattwerk und Blütenketten aus Stein dekoriert und vermitteln einen Eindruck vom Reichtum an kleinformatiger Bildhauerarbeit.

81/82 Auch die ionisierten Kapitelle der Pilaster an den Längsgalerien sind ganz unkonventionell mit Masken und Gehängen bereichert. An den Obergeschoßpilastern des Wallpavillons enthalten sie weinumrankte Bacchusköpfe, Panflöten und Füllhörner.

83 Die Grundform der Steinvase – hier auf einer Attika vor dem Kupferdach eines Pavillons – ist phantasievoll mit pflanzlichen Motiven dekoriert.

84 Große und kleine Kaskaden beleben die Hofseite der Längsgalerie. Sie werden zwischen 1715 und 1719 von Johann Joachim Kretzschmar und Christian Kirchner angefertigt.

85 Die aus dem Nymphenbad hochführenden Treppen enden zwischen Balustraden, auf deren Postamenten Steinvasen und Figuren stehen – ein verwirrendes Bild.

84

85

86

87

88

89

90

91

86/88 Jede Maske unter
den Konsolen der Gale-
rien besitzt eine andere
närrische Physiognomie.

89/90 Die auf der Hof-
seite der Zwingerarkaden
für die Orangenbäum-
chen angebrachten Kon-
solen werden abwechselnd
von hockenden Satyren
und Masken getragen.
Die Satyre – Begleiter
von Dionys, dem Gott des
Weines, Fruchtbarkeits-
dämone und Attribut aus-
gelassener Fröhlichkeit –
weisen auf die doppelte
Zweckbestimmung des
Zwingers als Orangerie
und Festplatz hin.

91 Im Grottensaal des
Mathematisch-Physikali-
schen Salons, dessen Aus-
sehen nur dieser Kupfer-
stich von Lorenzo Zucchi
überliefert, sind hinter
einem Wasserbecken in
die Stirnseiten Wandni-
schen zur Aufnahme alle-
gorischer Frauenfiguren
und Kaskaden eingetieft
und alle Wand- und Fuß-
bodenflächen mit Mas-
ken, Muscheln und Trop-
fen dekoriert. In Raum-
mitte schließt ein Vexier-

wasserspiel Besucher ein.
Seitlich flutet gebroche-
nes Licht von der Ter-
rasse und dem Nymphen-
bad durch Bögen herein.
Die Malerei des Decken-
spiegels stellt dar, wie sich
Neptun mit Wassernixen
amüsiert.

92 Christian Albrecht Wortmann hat für das Kupferstichwerk über den Zwinger die Fassade des Französischen Pavillons vom Nymphenbad aus dargestellt.

93 Das Foto vom Nymphenbad mit der Längsfassade des Französischen Pavillons gibt einen Eindruck von der harmonischen Gestaltung der intimen Anlage. Die Form der Arkade setzt sich an den Nischen der seitlichen Wände fort. Den größten Teil der Hoffläche nimmt das Wasserbassin ein, dessen Fontänen an heißen Sommertagen für Abkühlung sorgen.

94

94 Der im Kupferstich-
werk über den Zwinger
veröffentlichte Stich vom
Nymphenbad läßt dieses
weiter erscheinen, als es in
Wirklichkeit ist.

95 Die Seitenwände des
Nymphenbades sind wie
die des Grottensaales mit
Nischen bereichert und
wie in diesem mit Brun-
nen und Nymphen ausge-
schmückt. Blickpunkt ist
die Kaskade. Die zur Ga-
lerieterrasse hochführen-
den Treppenläufe liegen
fast unsichtbar in der
Ummauerung.

95

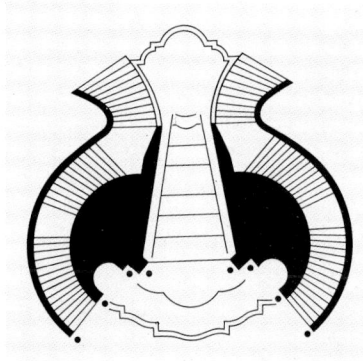

97

96 Vogelschauperspektive
von der Erweiterung der
Zwingerorangerie mit
Gärten zeigt im Vorder-
grund vier Pavillons mit
Verbindungsarkaden.
Rechts ist die Schloßer-
weiterung angedeutet. Die
seitliche Einfassung des
Orangerieparterres be-
steht noch aus sockelarti-
gen, nicht überdeckten
Terrassengängen. Im
Scheitel der Bogenarkade
ist eine Freitreppe zu erkennen, über die man in
die Orangenplantage in
der »Scharfen Ecke« des
Festungswalls gelangt, die
mit Wegachsen und Pavil-
lons eine geometrisch ge-
ordnete Form erhalten soll.

98

gen haftet mitunter eine Derbheit an, die zu
verstehen uns heute schwer fällt.

Im Jägerhof werden seit dem 16. Jahrhundert wilde Tiere für Tierhetzen, aber auch ex-
otische Tiere, wie sie heute im Zoologischen
Garten gezeigt werden, gefangengehalten. Er
weitet sich im Laufe von zwei Jahrhunderten
mit Hundezwingern, Löwenhaus, Bärengar-
ten, Wagenschuppen, Abstellräumen, Pferde-
ställen, kleinen Zwingern und Unterkünften
für die Jagdbedienten und Handwerker zu
einem weiten Komplex aus, an dessen Aussehen heute allein noch der Westflügel mit den
drei Treppentürmen und dem schönen Re-
naissancegiebel erinnert.

Nachdem der König sich schon von Dietze
einen recht konventionellen Erweiterungsentwurf hatte zeichnen lassen, schwebt ihm jetzt
eine ovale Tierkampfarena nach dem Vorbild
römischer Amphitheater vor. Pöppelmann erweist sich wieder als Meister in der Kombina-
tion verschiedener Baukörper: zunächst in
Verbindung mit den Altbauten des Jägerhofes: mit rechteckigem Hof, Nebenhof mit
doppelten Exedren und ovalem Kampfplatz.
mit Amphitheater für 5000 Zuschauer, deren
Sitzreihen über Tierboxen hochsteigen; auf
einem zweiten Plan dann großzügiger und
vollkommener ohne Rücksicht auf alten Bestand. Doch weder der eine noch der andere
Vorschlag gelangen zur Ausführung.

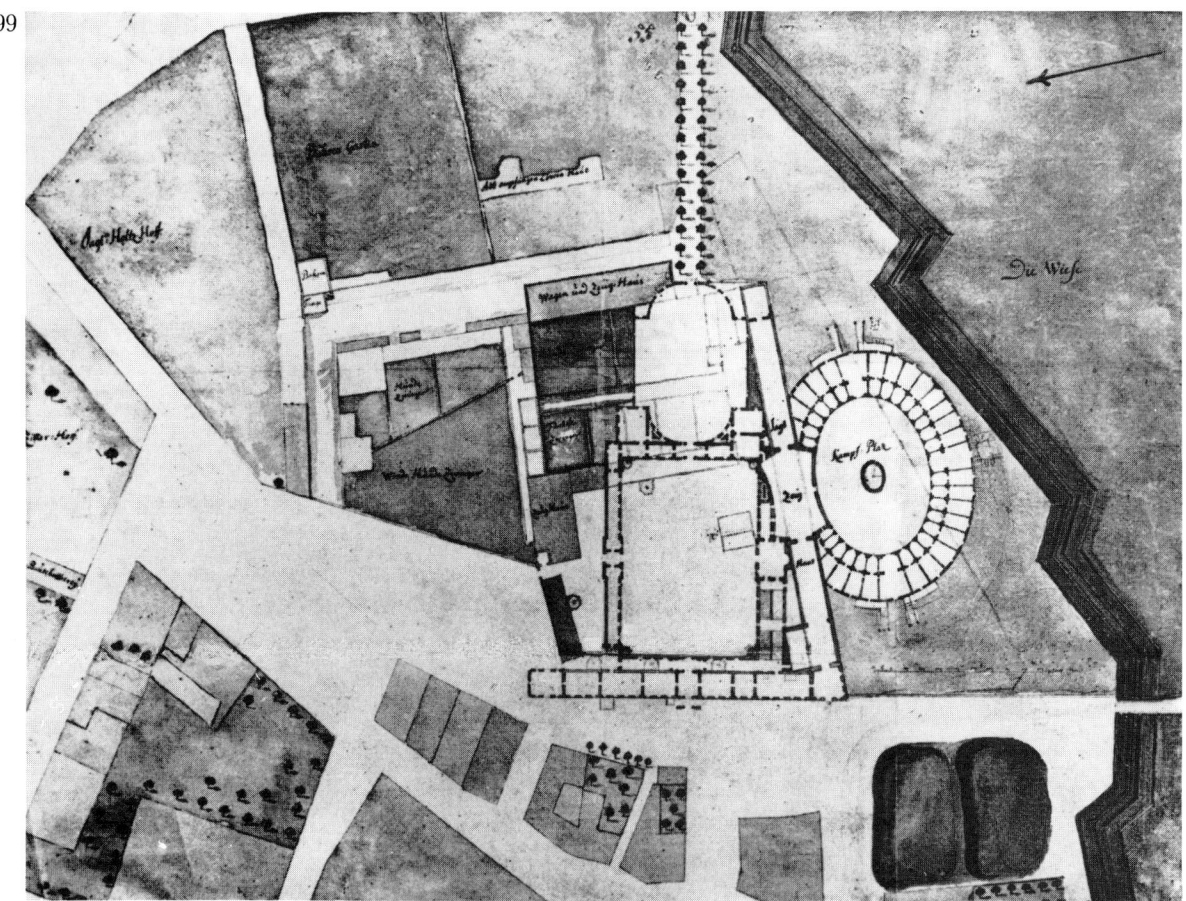

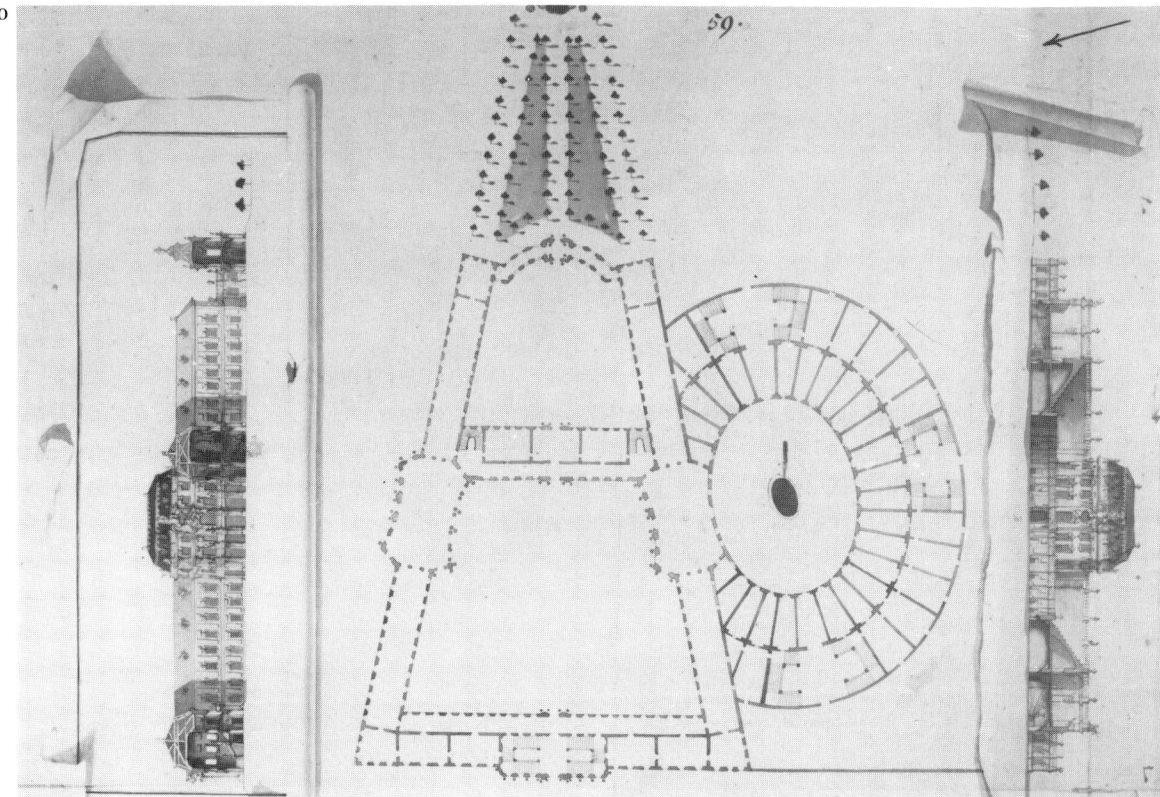

97 Der Grundriß der Kaskade zeigt, wie elegant sich die versteckten Treppen um die zum Grottenhof geöffnete Kaskade runden.

98 Nicht alle Figuren für die Nischen des Nymphenbades können sofort hergestellt werden, viele werden zunächst durch Steinvasen ersetzt. Die »Leda mit dem Schwan« kommt erst im Jahre 1927 nach einem Modell von Paul Polte in eine Nische der Nordostwand.

99 Beim ersten Entwurf für die Erweiterung des Jägerhofes mit einem ovalen Kampfplatz soll Pöppelmann auf die bestehenden Bauten Rücksicht nehmen. Er greift jedoch trotzdem mit dem großen rechteckigen Haupthof und einem zweiten kleineren Hof, dessen Exedren an die Zwingerform erinnern, erheblich in die Bausubstanz ein.

100 Der zweite Entwurf für die Erweiterung des Jägerhofes gehört zu den schönsten Zeichnungen Pöppelmanns. Die auf scheinbar aufgelegten Blättchen dargestellten Ansichten und Schnitte lassen trotz ihrer geringen Größe die pavillonartige Architektur und die im Zwingerstil gehaltene Dekoration erkennen. Pöppelmann schließt die Arena an zwei neu und großzügig gestaltete Höfe an, deren zweigeschossigen Einfassungen divergierend in Richtung zu einem Brunnen zusammenlaufen und von Pavillons akzentuiert werden. Eine gerundete Einfassung mit Torturm im Scheitel schließt die Gartenseite ab. Der Eingang zum Haupthof erfolgt durch eine Treppenhalle.

67

Bauten des Hofes
im zweiten Jahrzehnt des
18. Jahrhunderts

101 Eine Darstellung aus dem 19. Jahrhundert zeigt den Aufzug der Wache vor dem Portal zum Kleinen Schloßhof. Vorn rechts steht das »Fraumutterhaus«.

Pöppelmann steht jetzt im Alter von 50 Jahren auf der Höhe seines Schaffens. Sein Aussehen um diese Zeit gibt das eingangs abgebildete Medaillon von nur 25 Millimeter Höhe wieder, das ihn mit einer Allongeperücke zeigt, deren Lockenpracht weit über den Hals herabfällt. Die blühenden Gesichtszüge, gekennzeichnet durch die »hohe Stirn, durchdringende blaue Augen, gerade kräftige Nase, feingeschnittenen Mund«, mit dem Ausdruck von »Geist, Thatkraft und Lebensfreude«[27] verraten den gelassenen und selbstsicheren Künstler, der bereits Anerkennung gefunden hat. Privat trifft ihn ein schwerer Schicksalsschlag, der im 18. Jahrhundert so häufig ist: Nach der Geburt der Tochter Luise Catharina im März 1712 stirbt seine Frau Catharina Margarethe. Da er sieben Kinder zu versorgen hat, heiratet er ein Jahr später Anna Christina Möller, geb. Ott, die wohlhabende Witwe eines Görlitzer Kaufmannes. Sie erwirbt in Dresden ein vor dem Wilsdruffer Tor gelegenes Gutsvorwerk, das

Feldschlößchen, und erst in diesem Zusammenhang bemüht sich Pöppelmann um das Bürgerrecht und erhält es »gegen gewöhnl. Versprechen«[28]; dazu die Erweiterung seines schon bestehenden Privilegs auf das »Backen, Gastieren und Ausspannen«[29]. Von privaten Aufträgen ist lediglich ein Gutachten über Schäden an Äkkerleins Hof in Leipzig im Auftrage von Johann Gregor Fuchs, den er aus dessen Dresdner Zeit gut kennt, überliefert.

Wünsche des Königs und der Alltag im Oberbauamt nehmen ihn voll in Anspruch. Der König hält sich zwar viel in Polen auf und läßt dort für den Umbau der nahe bei Warschau gelegenen Landsitze Mariemont und Wilanów den Ingenieur-Major Johann Christoph Naumann und den Ingenieur-Leutnant Johann Sigismund Deybel Pläne zeichnen, ohne sie jedoch realisieren zu können, weil der Grundstückskauf nicht zustande kommt, kümmert sich aber auch um das Bauwesen in Sachsen. Er beschäftigt sich mit dem Bau eines neuen Zeughauses, läßt das Reithaus abbrechen, richtet die Akzisebaudirektion ein und achtet darauf, daß das Oberbauamt besser für die Pflege der kurfürstlichen Gebäude sorgt. Pöppelmann bereitet Brückenbauten in Waldheim, Grimma und Nossen, Deichinstandsetzungen an der Elbe bei Pretzsch vor. Von diesen berichtet der Hofmarschall von Löwendal nach Dresden: »Mit dem großen Deich bei Pretzsch ist man glücklich zu Ende gekommen. Dieser Arbeit widersprachen die meisten der hervorragendsten Ingenieure. Man besserte noch heute den Schaden wieder aus und bezwang die ungestüme Strömung des Flusses in 9 Stunden am Abend in Fackelschein. Mit großer Kraftanstrengung hat man Faschinen und große Balken eingefügt, dadurch einen großen Schaden behoben und die Ausuferung abgedämmt, die Elbe wurde gezwungen, ihren alten Lauf zu nehmen. Herr Pöppelmann hat wahrhaftig einen großen Anteil an diesem glücklichen Erfolge. Er verdient eine kleine Belohnung für die Strapazen, die er erlitten und die Gefahr, der er sich ausgesetzt hat . . .«[30]

In der Residenz selbst ist der Innenausbau des Taschenbergpalais immer noch nicht abgeschlossen und bereitet durch Termindruck und Überschreitung der veranschlagten Baukosten Sorgen, die Pöppelmann am 7. August 1712 dem König mitteilt: ». . . Ew. Königl. Majestät berichte in allerunterthänigsten Gehorsamb, daß in denen Hoch Gräffl. Cofelischen Zimmern, sonderlich durch früh und späte Gegenwarth Ihro Excellenz selbst, die Arbeith dergestalt poußiret wird, daß ich verhoffe zu rechter Zeith fertig zu werden, wiewohl sich über dasjenige, was Ew. Königl. Majst. allergnädigst angeordnet, durch hochgedachte Ihro Excell. Angaben, noch vieles ereignet, so ebenfals gefertiget werden soll.

Allein da durch sothane Force und Menge der Arbeiths Leuthe nicht nur die ersten vom Bau Deputat hergegebenen 3 000 Thl. angegriffen und meist depensiret, und nun mehro hauptsächlich auf die Ausbauung an kömt, welches in so vielen bestehet, daß ich fast zweifle, daß mit 3 000 Thlr. über obige 3 000 Thlr. auszukommen seyn wird...«[31]

Das höfische Bauwesen erhält im 32jährigen Ingenieuroffizier Johann Rudolph Fäsch einen tüchtigen Mitarbeiter, der sich auch mit Erfolg für das Zivilbauwesen interessiert, in erster Linie aber für die Fortifikation zuständig ist. Er wird später Lehrer im Kadettenkorps und veröffentlicht zahlreiche Kupferstichwerke über das Bau- und Fortifikationswesen. Pöppelmann selbst stehen außer dem Baukonducteur Johann Christoph Knöffel nur Hilfskräfte zur Verfügung. Eigene Amtsräume erhält er nicht, kann aber eine Dienstwohnung im »Fraumutterhaus« auf der Schloßstraße beziehen.

Die Bauleidenschaft des Königs hat den Adel angesteckt. Graf Flemming, der Gouverneur, läßt sich seit etwa 1710 das sogenannte Regimentshaus auf dem Jüdenhof mit spröde wirkender Fassade bauen und drei Jahre später durch Fäsch ein Palais auf der Pirnaischen Gasse. George Bähr baut mit dem Amtsmaurermeister George Haase in der Moritzstraße und in der Landhausstraße im Auftrage des Oberfalkenmeisters Gottlob Adolph Graf von Beichling zwei Palais in einem dekorativen Reichtum, zu dem es bislang in Dresden keine Parallele gibt: mit Kolossalordnungen und kräftigen Konsolen unter dem geschwungenen Hauptgesims, höchst anspruchsvoll mit Verdachungen, Wappenkartuschen und Medaillons dekoriert. Im 19. Jahrhundert werden sie als Hôtel de Saxe bzw. als British Hôtel bekannt.

Architektur ist gefragt. Eine eigene Akademie kommt zwar erst 1742 zustande, aber die theoretischen Grundlagen finden um so mehr Interesse, je höher die Ansprüche steigen.

Karcher hat im Jahre 1710 eine Generalbauordnung vorgeschlagen, die nicht nur Beständigkeit und Feuersicherheit verlangt, sondern unter dem Einfluß der Architekturtheorie von Blondel und Cordemoy auch Bequemlichkeit und Zierlichkeit. Solche Ansprüche für das bürgerliche Bauwesen können sich nur die reichsten Residenzen erlauben.

Am Hof befinden sich die wichtigsten Architekturbücher, auch Pöppelmann besitzt Werke von Alberti, Palladio, Serlio, Pozzo und Lorini und Goldmanns Zivilbaukunst in Sturms Ausgabe. Weitere Werke des 1711 vom Herzog zu Mecklenburg zum Baudirektor ernannten Mathematikprofessors, der Jahr für Jahr mit neuen Publikationen über Kirchen, Paläste, öffentliche und fortifikatorische Bauwerke, Holzkonstruktionen und Wasserbauten von sich reden macht, fehlen allerdings in seiner Bibliothek; gleichfalls der 1711 erstmals erschienene »Fürstliche Baumeister« von Paul Decker d. Ä., obwohl der Verfasser, der

102 Vor Pöppelmanns ehemaliger Dienstwohnung im »Fraumutterhaus«, Schloßstraße Nr. 32, wird im Jahre 1936 anläßlich des zweihundertjährigen Todestages ein vom Bildhauer Pohle geschaffenes überlebensgroßes Standbild Pöppelmanns mit dem Modell des Kronentores in der linken Hand angebracht. 1945 zerstört

102

69

103 Die Fassade des etwa
1710 vom Grafen Flem-
ming errichteten Regi-
mentshauses am Neu-
markt Nr. 15 zeigt nicht
die für Dresdens Wohn-
hausfassaden charakte-
ristische Gliederung. Die
beiden leicht vorgebauch-
ten Portale erinnern zwar
an die Portale des Ta-
schenbergpalais, die Ge-
staltung der darüberlie-
genden gekoppelten Fen-
ster verrät jedoch eine
völlig andere Auffassung.
Nicht die Portalachsen erhalten die Akzentuierung
im Dachbereich, sondern
der vierachsige Mittelbe-
reich wird mit einem
Zwerchhaus über die
Traufe geführt. Dessen
Querovalfenster ist von
Blattdekor gerahmt. Die
Dekoration an den Fen-
sterstürzen der beiden
Portalachsen steht für
sich ohne Verbindung mit
der ganzen Fassade. 1945
zerstört

104 Die um 1712 von George Bähr und George Haase erbaute Fassade des späteren Hôtel de Saxe in der Moritzstraße Nr. 1b erhält mit Kolossalpilastern und Halbsäulen, Riesenkonsolen und geschwungenen Vergiebelungen einen dekorativen Reichtum, den kein anderes Palais in Dresden erreicht. 1945 zerstört

105 Die Fassade des eben-
falls um 1712 von George
Bähr und George Haase
erbauten, späteren British
Hôtel auf der Landhaus-
straße Nr. 6 zeigt bei weniger Plastizität den glei-
chen Stil wie das Hôtel de
Saxe. Ebenfalls 1945 zer-
stört

105

von 1699–1705 bei Schlüter in Berlin mitgear-
beitet hat, in seinen Idealentwürfen auf die
Belange des Bauwesens in einer Residenz eingeht. Pöppelmann lernt das Kupferstichwerk
jedoch spätestens kennen, als er es 1713 dem
König, der sich mit der Erweiterung des
Sächsischen Palais, des Jagdschlosses Mariemont und des Schlosses Wilanów befaßt,
nach Warschau schicken muß. Seine Schloßerweiterungspläne bleiben von ihm unbeein-
flußt, ebenso die Pläne zur Erweiterung der
Orangerie.

Vorentwürfe für die gleichzeitige Erweiterung von Residenzschloß und Zwingerorangerie

»Den Zufall gibt die Vorsehung – zum
Zweck muß ihn der Mensch gestalten« (Schil-
ler, Don Carlos) könnte man die weitere Geschichte des Zwingerbaus überschreiben. Für
Lage und Richtung sind bisher nur der Verlauf des Festungswalles und der Standort des
Reithauses maßgebend, zum Schloß besteht
keine Beziehung. Nach dem Abbruch des
Reithauses muß Pöppelmann sie finden, und
er stellt die im Barock selbstverständliche
Achsengeometrie her, indem er durch die
Kreuzung von Orangerieachse und Schloß-
achse die Achse der Schloßerweiterung legt.
Er gibt also die bisherige Erweiterungsrich-
tung auf und entwickelt aus der Achsenkreu-
zung die endgültige Größe des Zwingerhofes,
indem er mit einem zweiten Gartenhof ein
Pendant mit gerundetem Arkadenabschluß
bildet.

Als die Militärs dagegen protestieren, daß
der Zwingerbau die Befestigung beeinträch-
tigt, herrscht der König sie an: »... welcherge=
ftalt wir aus fonderbarer Liebe zur Baukunft daran Wir
Uns fonderlich zu delectiren pflegen, verfchiedene Deffeins
bisher felbft inventiret zu Papiere gebracht und folche
Unfern Land=Baumeiftern insgefamt auszuführen imme=
diate anbefohlen haben ... allbieweilen aber ... Graf
von Wackerbarth ... abfonderlich gegen die letzthin anbe=
fohlene Öffnung des Walles, dadurch die Orangerie in
eine regularitaet gebracht werden, weitläufftige Remon=
ftrationes gethan und folchen Bau mit gehöriger Sub=
mißion zu declinieren gefuchet ... Wir aber dennoch aus

befonderen Urfachen bey Unferer gefaßten Refolution ver=
blieben find uns auch einmahl vor allemahl als Herr die
ganze freye Dispofition vorbehalten haben.«[32]

Zunächst sollen beide Gartenhöfe durch
eine Arkade und vier zweigeschossige Pavillons getrennt bleiben. Mit den Pavillons variiert Pöppelmann die für die Orangerie begonnene Bauweise, indem er Anregungen
aufnimmt, die bereits mit den Pavillons
Starckes rings um das Palais im Großen Garten, mit Dietzes Entwürfen für die Ausgestaltung des Alten-Dresdner Brückenkopfes und
des Jägerhofes und am ähnlichsten auf der
Perspektive für die Erweiterung des Warschauer Schlosses existieren und Architektur-
ideen Hardouin-Mansarts fortsetzen, wie dessen unausgeführten Entwurf für die Einfassung des Invalidendomvorplatzes und die Anlage von Marly mit Tor- und Wachgebäuden,
Gärtnerhäuschen und Lustpavillons. Noch
konsequenter umgibt Maximilian von Welsch
zwischen 1704 und 1722 die Favorite bei
Mainz im Auftrage Lothar Franz von Schönborns mit sechs gleichen Pavillons. Auch
Pöppelmann bezieht, dem Zuge der Zeit fol-
gend, mit Pavillons und Arkaden den Frei-
raum rings um das Schloß und damit die Natur in die Planung mit ein, will sie in das festliche Hofleben implizieren.

Die Bedeutung, die der König der Gartengestaltung beimißt, geht auch daraus hervor,
daß er den Oberlandbaumeister Karcher zum
zweiten Male nach Paris reisen läßt und daß
er die Orangerie durch einen Garten vor den
Fenstern des alten Schlosses in Richtung zur
Elbe erweitern will. Die neue Konzeption
steht im Widerspruch zur bisherigen Schloßerweiterungsplanung. Pöppelmann schlägt
in einer Variante gegenüber der Orangerie
einen frei stehenden Baukörper in U-Form
vor, wie er als Landschloßtyp bekannt ist.
Dessen Paradefront schließt den Gartenhof
im Südosten ab, die cour d'honneur liegt zur
Innenstadt und ist durch Tore in der Umfas-
sungsarkade zugänglich.

Aufrisse existieren nicht mehr, aber auf
den gleichen Standort paßt ein Entwurf, von
dem nur Aufrisse und Schnitte erhalten sind;
eine Variante wohl. Die Architektur besteht
aus einer grandiosen Synthese der Erfahrungen aus den Schloß- und Zwingerentwürfen,

einer berauschenden Überfülle plastischer Ausschmückung außen wie innen.

Der König sieht in diesem Vorschlag eine zu realisierende Baumöglichkeit, die sich im Rahmen seines finanziellen Potentials hält. Er läßt Grundstückserwerbskosten, Baukosten und voraussichtliche Bauzeit feststellen und die noch vor dem Schloß stehende hölzerne Festplatzarkade von 1709 abbrechen. Einen konkreten Beitrag zur Schloßerweiterung hätte der allein stehende Baukörper jedoch kaum dargestellt und außerdem trotz aller geschickt konzipierten Einbindung zu einer Verunklarung der städtebaulichen Situation geführt. Er wäre weder Bestandteil der Orangerie noch des Residenzschlosses geworden; zustande kommt er ohnehin nicht.

In einem nächsten Plan, der für die Erweiterung des Schlosses nur kurze Flügelstummel vorsieht, schlägt Pöppelmann nicht nur in Richtung Elbe, sondern auch in Richtung Stadt Gartenanlagen vor. Er bringt Neuerungen, die für die Gestaltwerdung des Zwingers wichtig sind. Erstmalig deutet er im Scheitel der Bogenarkade einen Pavillon, der eine »sala terrena« enthält, anstelle der Freitreppenanlage an, weil sich vom architektonischen Anspruch her die Notwendigkeit eines Pavillons als stärker erweist, und er kommt damit zu der klassischen Dreiergruppe von Pavillons. Palladio hat sie für seine Villen bei Vicenza verwendet, die niederländische Architektur für Orangerien, Johann Dientzenhofer dann erstmalig in Gorbach bei Würzburg für eine Orangerie in Deutschland.

Die Lage im Scheitel verlangt eine gerundete Form, wie sie Karchers Zielscheibenpavillon von 1699 auch besaß. So entsteht die vom Oval hergeleitete, weich gebogene Grund-

106/107 Die neue Richtung der Schloßerweiterung bezieht sich auf den Schnittpunkt der Achsen von Zwingerorangerie und altem Schloß. Die breiten zweigeschossigen Neubauflügel enthalten das alte Erweiterungsprogramm. An den Altbau sind sie geschickt mit eingeschossigen Arkaden angeschlossen, die zu neuen Hofbildungen führen. Gegenüber von der Hauptschauseite des Schlosses sorgt wieder eine den Stallhof verdeckende, gebogene Arkade für die platzähnliche Erweiterung der zur Elbbrücke hinführenden Straße.

106

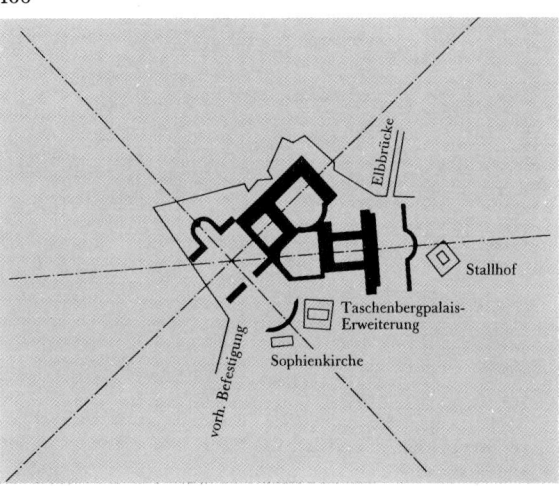

107

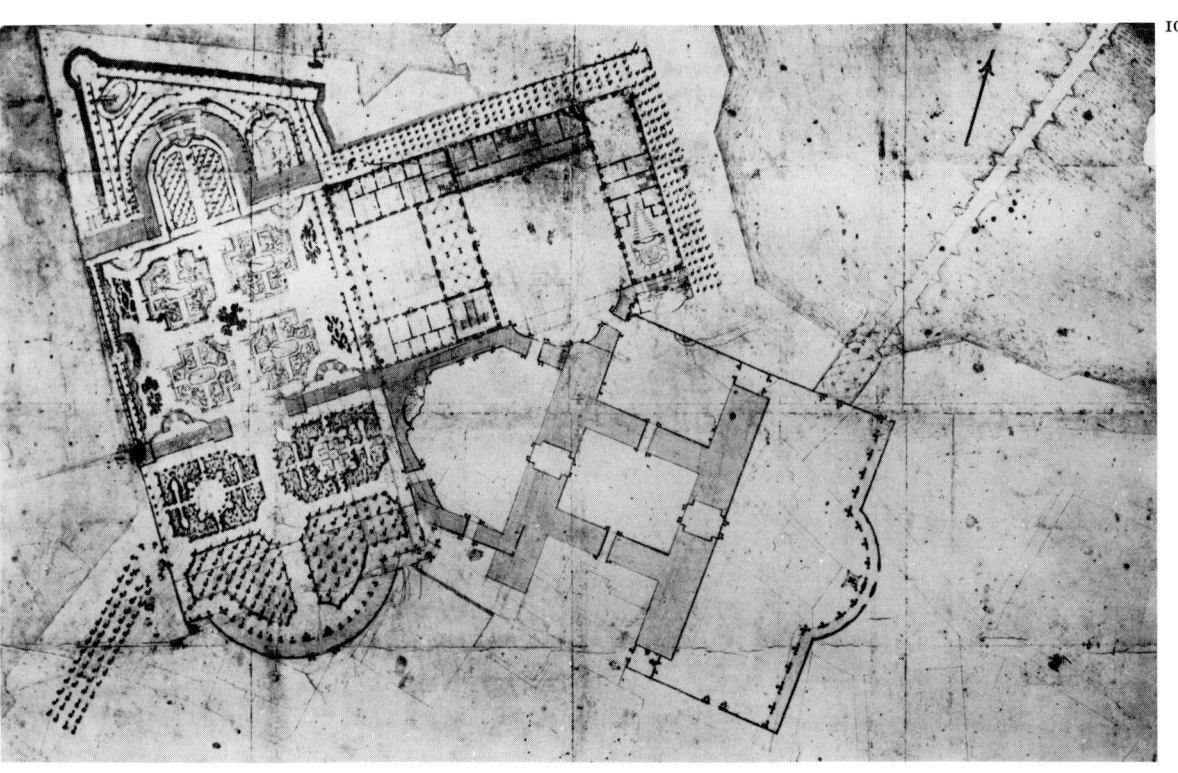

74

rißfigur des Wallpavillons mit abwechslungsreich konkav und konvex schwingender Außenwandung. In ihr spiegeln sich erneut die Reiseeindrücke wider: jetzt aber von St. Niklas in Prag und der Klosterkirche Břevnov, zwei Beispielen mit borromineser Fassadenwellung, wie sie gleichzeitig an der Kollegiatsstiftskirche Neumünster in Würzburg von Johann Dientzenhofer und Joseph Greissing Eingang in den deutschen Barock findet.

Die tiefe Durchdringung der Architektur mit figürlichem Beiwerk steigert die Instrumentierung der Fassade. Da umringen schon in der Hofzone unter dem Gurtgesims zwölf Satyrhermen den Pavillon zur Begrüßung. Noch reicher und enger drängt sich der plastische Schmuck in der bewegt auf- und niederschwingenden Blendgesimszone über den großen Rundbogenfenstern zusammen, und hier finden sich die Details der Schloßfassadenentwürfe in natura wieder: die Masken und Köpfe, Stand- und Liegefiguren, eingerollten Gesimsbänder, geschweiften Verdachungen und die reich dekorierte gekrönte Kartusche mit dem königlichen Wappen im Mittelgiebel; über ihr, an der Stelle, wo in

den Schloßfassaden das Reiterstandbild des Königs seinen Platz hat, der Herkules mit der Weltkugel als allegorische Verherrlichung des Herrschers. Pöppelmann zählt die Einzelheiten in der Vorrede zum Kupferstichwerk des Zwingers auf: »So ist auch die eußerliche Bau-Arth mit lauter gleichsam redenden Bildungen ausgezieret, welche theils auf die gehabte Absicht der Erfindung und die Umstände bey der Erbauung, theils auf die Leibes- und Gemüths-Eigenschafften des Hohen Erbauers selbst abzielen. Dahin gehören die vielfältig angebrachte doppelte Reichs- und die einfache weisse Pohlnische Adler, die mancherley Cronen, Chur-Hüte, Ordens-Sterne, Siegs- und Kriegs-Zeichen, Ehren-Kräntze, verschlungene Nahmens-Züge, Wappen, gekrönte Schilder, Zepter, Chur-Schwerdter, Friedens-Mahle, Überfluß-Hörner, Palm- und Lorbeer-Zweige, Zeltförmige Ober-Decken, reiche Teppiche, Chor-Mäntel, Thron-Himmel, Frucht-Schnüre, Blumen-Gehänge, Siebenröhrige Pans-Pfeiffen, Laubwercke, Blumen-Sträuße, Frucht-Körbe und so mancherley nach der Arth der Alten ausgehauene Töpfe und Gefäße; wie auch die Bild-Säulen verschiedener Tugenden, Hercules-Bilder, Genien der Künste, fliegende und blasende Famen, Jahres-Zeiten, Wasser-Nymphen, Fluß-Götter, Meer-Pferde, Zephiren, Liebes-Götter, Faunen, Satyren und andern Bild-Säulen, Brust-Bilder, Auffätze und Erhebungen. Alldies sind bald als

108 Ohne den genauen Standort dieser mit Sokkel, zwei Hauptgeschossen und Mezzaninen die Höhe des geplanten Residenzschlosses erreichenden Pavillons zu kennen, läßt sich der Zusammenhang mit der Schloßerweiterung an den Architekturformen feststellen. Die von den Schloßentwürfen her bekannten Kuppeln erinnern an Mansarts Entwurf für den geplanten Pavillon in der Cour de Marbre von Versailles.

109/110 Die Schloßerweiterung unter Berücksichtigung der Zwingerorangerie ordnet sich der gärtnerischen Gestaltung unter, die einen langen, bis zur Elbe reichenden Gartenhof vorsieht. Gegenüber vom Orangeriehalbrund bildet ein Gartenpalast ein gewichtiges Pendant. Dessen cour d' honneur ist von einer niedrigen, Taschenbergpalais und Sophienkirche tangierenden Einfassung umschlossen.

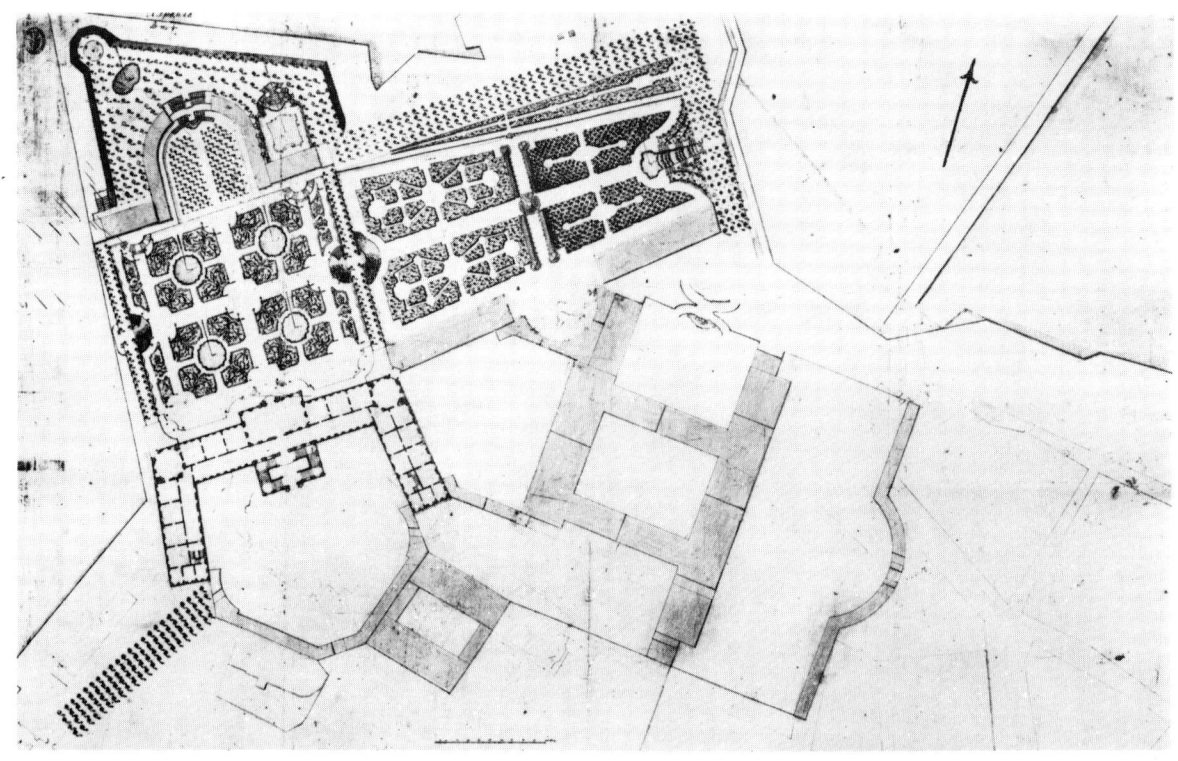

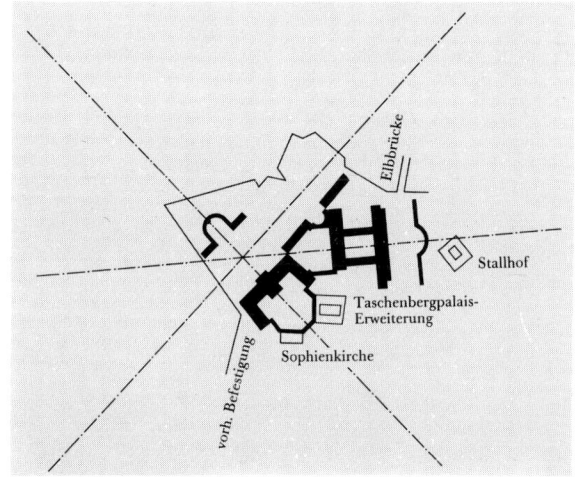

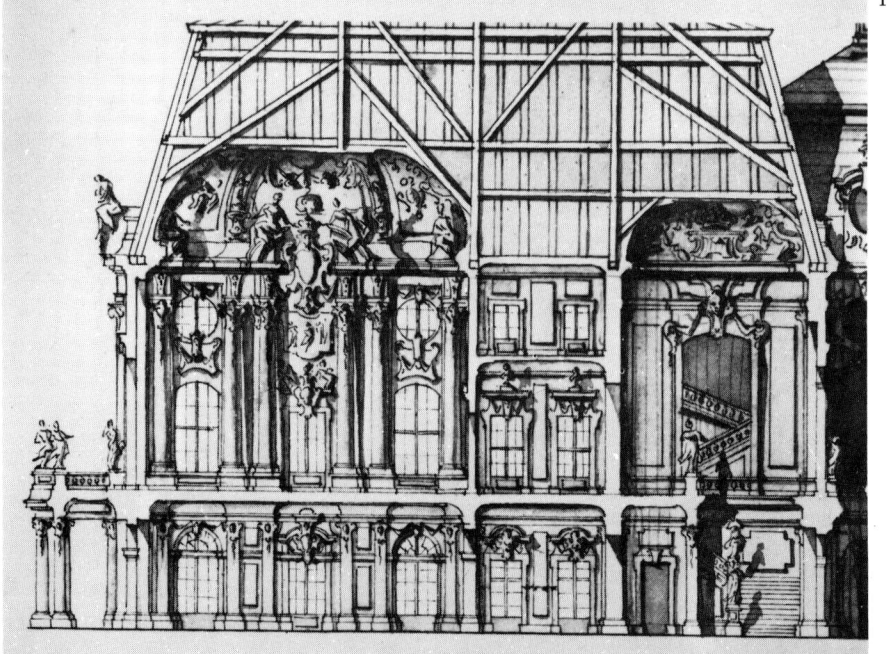

111 Der Schnitt durch die Mitte des Schlosses im Zwingergarten zeigt einen Einblick in die überdeckte Einfahrt, das Treppenhaus, in Vorräume und den hohen Festsaal. In ihm will Pöppelmann mit Kolossalsäulen, aufgesprengten Vergiebelungen und Liegefiguren, mit glitzernden Spiegeln, erlesenen Marmorsorten, vergoldeten Leisten und illusionistischen Malereien auf dem Deckenspiegel den Reichtum der Außenarchitektur fortsetzen.

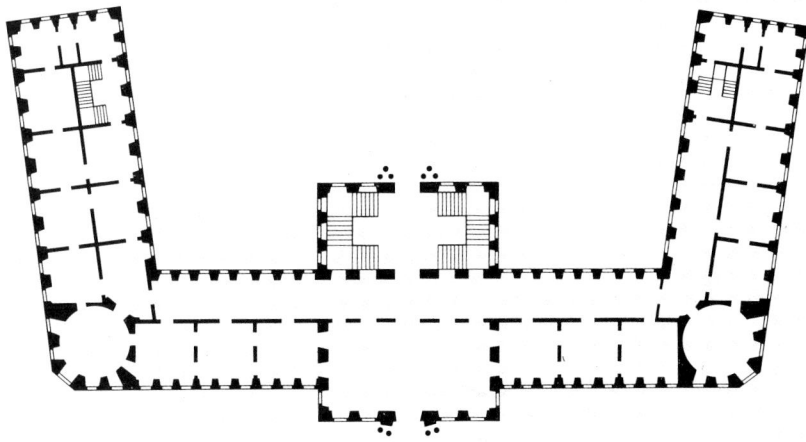

Laſt=Träger, in Geſtalt der Gräntz=Säulen, bald als ſinnbildweiſe angebrachte Verziehrungen, hin und wieder an den Dach=Feldern, Giebeln, Zinnen, Fenſter=Verkleidungen, Einfaſſungen, Zwiſchen=Plätzen, Bilder=Blinden, Rähmen, Krantz= und Leiſten=Wercken, Tafeln, Platten, Vierungen, Ober= und Unter=Geſimſen, Rahmen, Rundungen, Säulen, Pfeilern, Pfoſten, Durchgängen, Thor=Gerüſten, Thür=Geſtellen, Geländern, Bogen=Stellungen, Grotten, Treppen und Wänden in der beſten Austheilung, Ebenmaße und Bau=Richtigkeit angewendet worden.«[34]

Eine so geniale Verbindung von Architektur und Plastik gelingt im zweiten Jahrzehnt des 18. Jahrhunderts in Deutschland nicht noch einmal und läßt sich allenfalls an späteren Sakralbauten Süddeutschlands feststellen, wo sie jedoch viel stärker im dekorativ-malerischen bleibt.

Der zuletzt erwähnte Lageplan zeigt erstmals die Fortsetzung der Bogenarkade als Längsarkade und deren Akzentuierung durch Pavillons. Im Verlauf der Weiterentwicklung wird aus den Pavillons ein Portalturm und schließlich das Kronentor; wiederum eine Schöpfung, die in der deutschen Barockarchitektur ohne Beispiel ist. Die Leichtigkeit und Transparenz, die Harmonie, die Kraft anstelle von Macht, die Maßstäblichkeit und der bis in die von Adlern getragene Krone hochgeführte Schwung spiegeln die Heiterkeit des sächsischen Hofes unter August dem Starken so überzeugend wider, daß das Kro-

112 Die Gliederung in einen breiten Mittelrisalit und zwei schmale Seitenrisalite des gegenüber der Orangerie geplanten Schloßgebäudes kommt in der Silhouette durch die hohen, mit Lambrequins geschmückten und von einer Steinvase gekrönten Mansarddächer zum Ausdruck. Die Dekoration läßt sich mit den letzten Varianten der Hauptschauseite des Schlosses vergleichen. Von besonderer Schönheit ist der grandiose Auf-

bau der Hauptportalachse, der mit dem von Säulen getragenen Altan über dem Portal einsetzt. In der Gesimszone wenden sich beiderseits einer Wappenkartusche aufgesprengte Segmentbogengiebel nach außen. Die Krönung bildet ein hohes, figürlich ausgeschmücktes Dachfenster.

113 Das gegenüber der Zwingerorangerie plazierte Gartenschloß soll im Erdgeschoß eine »sala terrena« erhalten. Das

Treppenhaus ist aus dem auffällig breiten Flur herausgerückt. Eine Neuheit stellen die runden Säle in den Ecken des Schlosses dar.

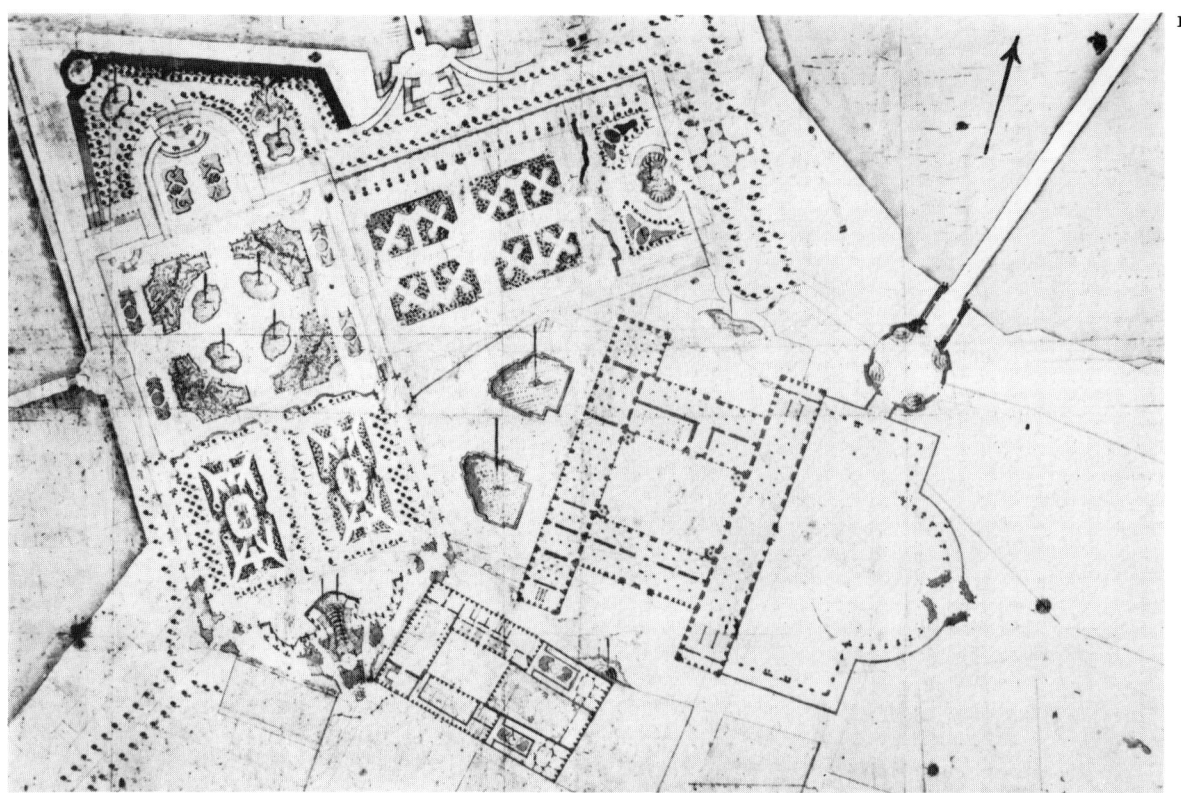

114/115 Dieser Vorschlag für die Erweiterung des Schlosses ermöglicht nur einen geringen Zuwachs an Geschoßfläche, weil er in erster Linie die Schloßumgebung gartenmäßig umgestaltet. Das Orangeriehalbrund mit dem Wallpavillon soll ein Pendant mit einem Kaskadenturm erhalten. In der Querachse soll ein Pavillon am Elbufer den Blick über die weite Gartenanlage auffangen.

116 Der endgültige Grundriß des Wallpavillons ist aus dem Grundriß der Bogenarkade entwickelt. Auf der dem Hof zugewandten Hauptschauseite geben konkav-konvex-konkave Schwünge der Wand eine borromineske Wellung.

nentor zum unumstrittenen Wahrzeichen Dresdens und Kursachsens wird.

Die großartigste Vollendung der Turmidee bleibt Pöppelmann versagt, sie geht weit über das in Dresden Machbare hinaus: ein Kaskadenturm. Die schöne Wirkung der Wassertreppe im Nymphenbad mag bei dem Wunsch nach einer Steigerung Pate gestanden haben. Da eine Kaskade wie in Wilhelmshöhe bei Kassel nur an den Loschwitzhöhen möglich ist und Pöppelmanns Vorschlag, das Elbufer für sie auszunutzen, allenfalls vom gegenüberliegenden Ufer eindrucksvoll anzusehen gewesen wäre, entsteht die Idee, Wasser von einem Turm herabrauschen zu lassen. Eine utopische Idee. Um die auf zwei Kupferstichen abgebildete Wirkung zu erreichen, hätte es nicht nur eines großen Wasserreservoirs auf dem Turm, sondern auch eines langen Rohrnetzes und einer leistungsstarken Pumpenanlage bedurft – in Herrenhausen muß man sich zwanzig Jahre lang mit dem Problem ausreichenden Drukkes für die Wasserkünste abgeben und Leibniz bemühen – und auch dann hätte das Schauspiel des im breiten Schwall herabrauschenden Wassers nur wenige Minuten ge-

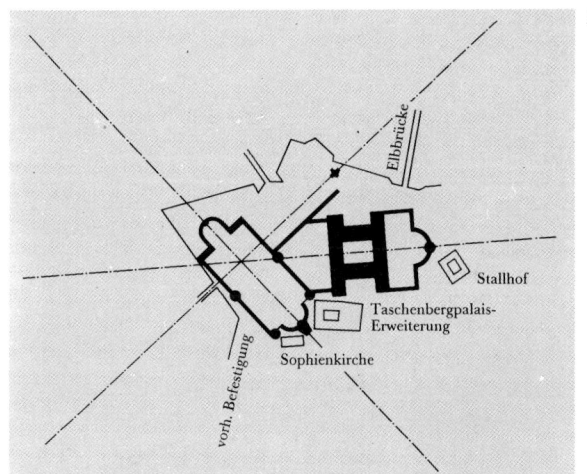

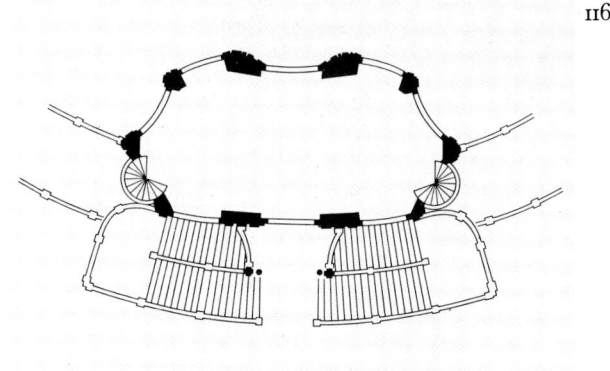

117 Die Architektur des Wallpavillons nimmt die Arkadenform auf. Der große, aus der Blickrichtung vom Zwingerhof aus das Mansarddach überragende Blendgiebel steigert die dominierende Wirkung ins Theatralische.

118 Der große Giebel des Wallpavillons ist mit dem von reicher Dekoration eingefaßten königlichen Wappen versehen und trägt als einigermaßen weitgehende Apotheose Augusts des Starken den Herkules mit der Weltkugel.

119 Johann Georg Schmidt stellt für das Kupferstichwerk über den Zwinger den hofseitigen Eingangsbereich des Wallpavillons dar und legt auf die richtige Wiedergabe der Einzelheiten großen Wert.

118

119

79

120 Die Satyrhermen von Balthasar Permoser, Paul Heermann und Paul Egell an den Pfeilern zwischen den vier Vestibülöffnungen des Wallpavillons bilden einen Höhepunkt der figürlichen Ausstattung. Wo sonst derartige Hermen meist nur zu zweit oder allenfalls zu viert ein Portal schmücken, wie an Fischer von Erlachs Böhmischer Hofkanzlei in Wien, dekoriert hier gleich eine Schar von zwölf Götterboten den Pavillonzugang. »Gleich tumben Tölpeln und gerissenen Narren, die trunken sind von Lebenslust, so heben die Satyrn hier am Wall im kreischenden Übermut als des Schalkes Permoser, des bärtigen Sonderlings Geschöpfe, die Last der Gebälke und Gesimse. Schwere wandelt sich den Trunkenen zur Leichtigkeit«[33] beschreibt sie Sigfried Asche.

121

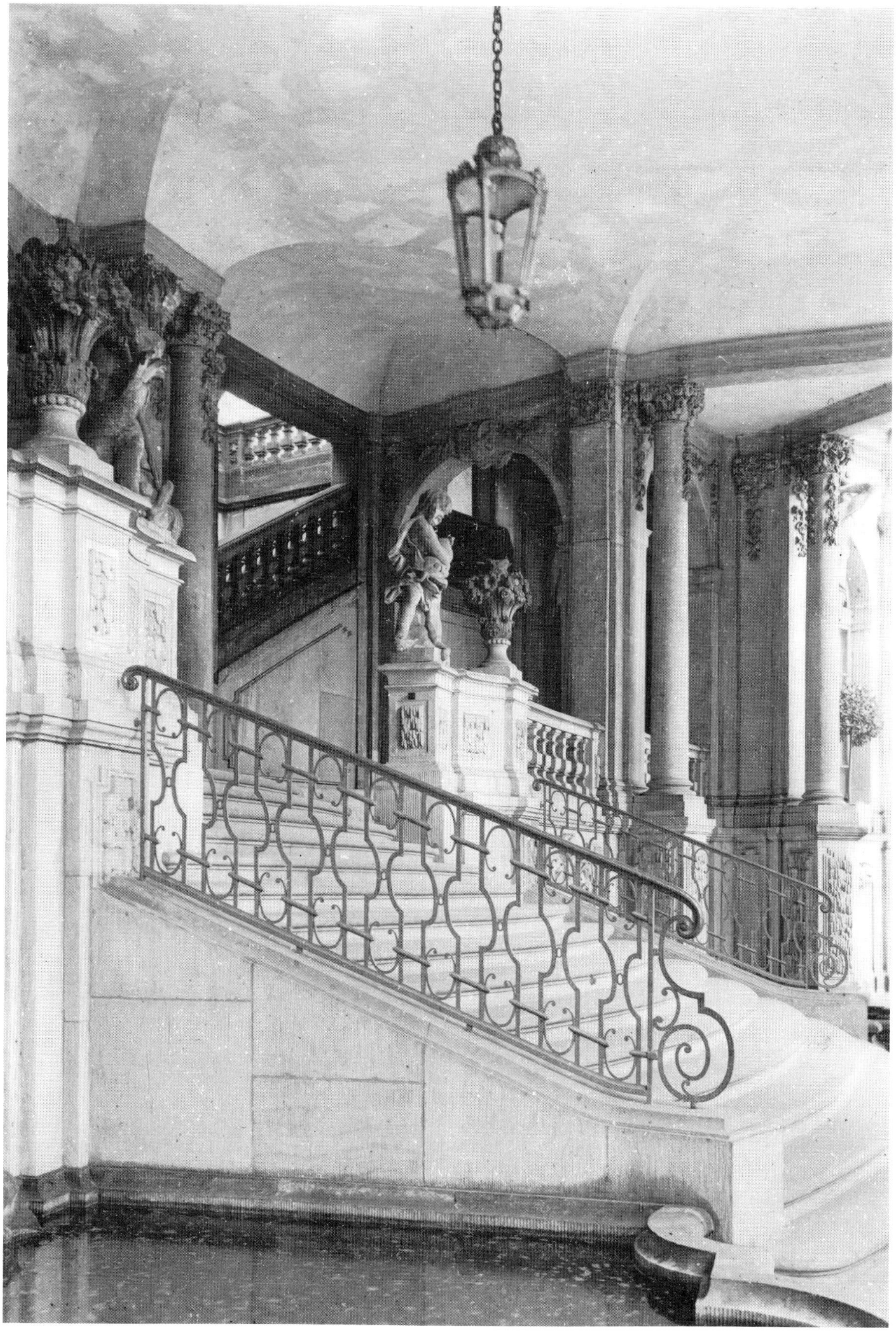

121 Der unterste Treppenlauf des Wallpavillons führt zwischen zwei Wasserbecken aus der offenen Halle in das eigentliche Vestibül hoch.

122 Auf den meisten
Schloß- und Zwingerer-
weiterungsplänen zeich-
net Pöppelmann mehrge-
schossige quadratische
Pavillons ein. Dieser frei
stehende Pavillon kann
als Prototyp gelten. Alle
Einzelheiten sind von den
Varianten der Haupt-
schauseite des Schlosses
her bekannt. Mit der Ru-
stizierung des Unterge-
schosses erscheint die
Grottenarchitektur vom

Inneren des Mathema-
tisch-Physikalischen Sa-
lons und vom Nymphen-
bad. Die Instrumentie-
rung des Obergeschosses
mit hohen Säulen wirkt
monumentaler und stren-
ger als die ausgeführte
Zwingerarchitektur.

123 Auf dieser frühen
Vorstufe für das Kronen-
tor ist ein Pavillon in die
Zwingerarkade eingebun-
den. Wieder erscheinen

über der Grottenarchitek-
tur Einzelheiten von den
Entwürfen für die Haupt-
schauseite des Residenz-
schlosses.

124 Als Pöppelmann den
Torpavillon wie ein
Triumphtor gestaltet,
kommt der Charakter des
Torturmes zustande. Das
Grottenmauerwerk ist in
Pfeiler und Säulen aufge-
löst, aus Tür- und Ober-
geschoßfenstern sind
weite Arkaden, aus der
Kuppel ist ein von ge-
sprengten Verdachungen,
Wappenkartuschen und
Kronen dekoriertes, mo-
disch geschweiftes Posta-

ment geworden, das mit
theatralischer Gebärde
die Herkulesfigur trägt.
Alle zum Erreichen der
Arkadengalerie erforderlichen Stufen liegen außen
und unterstreichen op-
tisch die Bedeutung des
Torturmes.

125 Der Kupferstich von
Johann Georg Schmidt
im Kupferstichwerk über
den Zwinger zeigt das
Kronentor in der ausge-

führten Form. Anstelle
des Baldachins ist als
Spitze eine zwiebelartige
Kuppel getreten, wie sie
in Rom für Pavillonbau-
ten und Tabernakel in der
zweiten Hälfte des
17. Jahrhunderts schon
vorkommt.

126 Im Kupferstichwerk läßt Pöppelmann einen Torturm-Entwurf abbilden, bei dem er die Spitze als Baldachin ausgebildet hat und der daher eine geschlossenere Silhouette besitzt Unterhalb des Baldachins drängen sich Grazien mit Wappenkartuschen eng zusammen. Die Spitze ziert ein von vier Adlern umgebenes Postament, das einen Genius trägt. Auch diese Vorstufe zum Kronentor verrät die immense Phantasie, die hier am Werk ist, um eine originelle Lösung zu finden, und sich über alle Konventionen und alle architektonischen Regeln hinwegsetzt, die mit der künstlerischen Freiheit des Bildhauers ein Traumgebilde erfindet, in dessen Dekoration Architekturelemente nur noch eine untergeordnete Bedeutung besitzen.

dauert. Allein im Kupferstich ist es permanent, welch unglaublicher Phantasiereichtum! Namentlich der Vorschlag für den großen Kaskadenturm in der Mittelachse des Orangeriegartens gegenüber vom Wallpavillon stellt eine in der Barockarchitektur beispiellose Schöpfung dar. Architektur, Plastik, Wasser, Optik und Akustik sind zu einer einmaligen Symbiose verschmolzen.

Welchen Stand außerhalb Dresdens hat jetzt die Entwicklung der Architektur erreicht? 1714 ist das Todesjahr von zwei bedeutenden Architekten, die unterschiedliche Positionen in der Geschichte des europäischen Barocks einnehmen; im Süden von Carlo Fontana, dem letzten aus dem Kreis um Bernini; im Norden von Andreas Schlüter, dem ersten des norddeutschen Barocks. Die zweite Generation der deutschen Barockarchitekten setzt das Begonnene mit Bravour fort. Die begabten Söhne der großen Baumeisterfamilien Prandtauer, Beer, Greissing und Gumpp zeichnen sich aus, Josef Effner und Kilian Ignaz Dientzenhofer glänzen mit ersten Leistungen, Balthasar Neumann tritt auf den Plan. Alle Voraussetzungen für die Blüte des deutschen Barocks sind gegeben, nachdem sich in ganz Deutschland die politischen Verhältnisse konsolidiert, im Süden die Gegenreformation triumphiert und im Westen die durch den Spanischen Erbfolgekrieg ausgelösten Besetzungen, Plünderungen und Kontributionen aufgehört haben. Der wirtschaftliche Aufschwung bringt der Bevölkerung Wohlstand und öffnet Kirche und Aristokratie neue Möglichkeiten der Selbstdarstellung und Repräsentation.

Die kulturelle Entwicklung Österreichs gedeiht unter dem Schutz siegreicher Politik. Prinz Eugen setzt erfolgreich die Waffengänge gegen die Türken mit dem Sieg von Peterwardein und der Einnahme von Belgrad fort. Mit der »pragmatischen Sanktion« sichern die Habsburger die Unteilbarkeit ihrer Erblande bei der Thronfolge, verfolgen das Ziel, alleinige deutsche Großmacht zu werden und diesen Anspruch mit noch mehr Repräsentationsbauten sichtbar werden zu lassen. Fischer von Erlach baut das Palais Trautson, Hildebrandt das Palais Daun-Kinsky und das Untere Belvedere. Außerhalb der

Kaiserstadt entstehen kaum minder repräsentative Paläste: in Prag das Palais Clam Gallas nach Fischer von Erlachs Entwurf.

In den deutschen Fürstentümern gelangt die Profanarchitektur mit den Schloßbauten in Darmstadt, Poppelsdorf bei Bonn, Arolsen und Pommersfelden zur Reife. Die bayerischen Kurfürsten erweitern ihre Sommerresidenz Nymphenburg. Einige Planungen erreichen städtebauliche Dimensionen. Die bedeutendste ist die des Markgrafen von Baden-Durlach für Karlsruhe seit 1715, viele bleiben auf dem Papier, wie die des Landgrafen Karl von Hessen-Kassel für Wilhelmshöhe. Die höfische Baukunst Preußens hat dagegen den Elan der Jahrhundertwende eingebüßt, mit dem Regierungsantritt des Soldatenkönigs Friedrich Wilhelm I. im Jahre 1713 ist ein Wandel auf kulturellem Gebiet eingetreten. Um das heruntergewirtschaftete Land wieder zum Wohlstand zu bringen, konzentriert der preußische König alle Kraft auf das Notwendigste und spart vor allem im ersten Jahrzehnt seiner Regierung an Kunst und Ar-

chitektur. Er läßt zwar das Berliner Schloß vollenden, sonst aber nur Kirchen aufführen, die gemäß seiner puritanischen Einstellung einen schlichten Stil erhalten.

August der Starke besitzt eine gegensätzliche Veranlagung. Zwar kümmert er sich auch um seine militärische Macht – um die im Nordischen Krieg zutage getretene Schwäche der Armee zu beseitigen, verwandelt er die Söldnertruppen in ein stehendes Heer, orga-

127

128

127 Der Grundriß vom Kronentor läßt die unglaubliche Dynamik erkennen, die in den tragenden Wänden steckt. Durch Nischen in wilde Gegenbewegungen gebracht, die vorgestellte Säulen noch steigern, entspricht das Grundrißbild ganz dem in der Silhouette zum Ausdruck kommenden hochbarokken Formenjubel.

128 Das ausgeführte Kronentor ist ein Torturm, der organisch aus der Längsarkade herauswächst und vor der hochstrebenden Kupferdachfläche figürlichen Schmuck trägt. Darüber baucht sich die Zwiebelkuppel aus, um in ein kräftig profiliertes Postament einzumünden, aus dem, von Adlern umschlossen, die Königskrone hochsteigt. Ihr verdankt der Portalturm seinen volkstümlichen Namen. Rechts ist der Mathematisch-Physikalische Salon zu sehen, dessen Obergeschoß auf die den Hof einfassende Arkade aufgesetzt erscheint.

85

nisiert es 1715 nach einem selbstverfaßten »Dienst- und Exerzierreglement« und verstärkt es auf 30 000 Mann, wobei ihn neben dem Grafen Flemming auch der Graf Wakkerbarth berät, dessen Name daher in den Akten des Oberbauamtes weiterhin nur selten erscheint –, aber zugleich fördert er Kunst und Architektur stärker als der preußische Monarch und auch stärker als sein Vorgänger. Doch er verzettelt sich. Lange hält er sich in Polen auf und betreibt den Ausbau der Warschauer Residenz. Er erwirbt 1713 das Morsztynsche-Bielińskische Palais, um es in das Sächsische Palais umzuwandeln, legt bis 1720 den ersten Teil des Sächsischen Gartens an, plant seit 1715 das am Südrand von Warschau gelegene Ujazdów zum Landsitz um und läßt dort einen 600 Meter langen Kanal zum Weichselufer anlegen. Mit Naumann, Jauch und dem Generalmajor Burchard Christoph von Münnich bildet er einen Kreis von Baumeistern, der sich zum eigenen Bauamt in Warschau weiterentwickelt. In welchem Umfang er für Bauten in Polen Pöppelmann hinzuzieht, bleibt unklar. Pöppelmanns Arbeits-

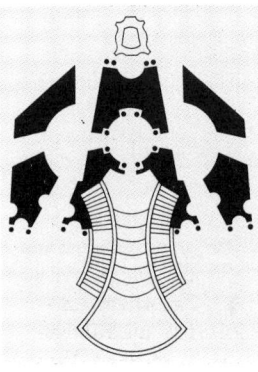

130

129

131

129 Der von Christian
Friedrich Boëtius in Kup-
fer gestochene Entwurf
für einen Kaskadenturm
neben dem Taschenberg-
palais zeigt anschaulich,
wie das Wasser in vielen
Stufen aus einer Muschel
im Turmschaft, von zwei
geschwungenen Treppen-
läufen begleitet, herabrauschen soll. Im bizarr auf-
gelösten Oberteil des Turmes hängt ein Glocken-
spiel, von der Turm-
spitze aus reckt Neptun
sein Zepter hoch.

130 Der Grundriß des
Kaskadenturmes läßt den
geschwungenen Verlauf
der Treppen erkennen. Er
offenbart, wie Wandun-
gen und Mauern in ein-
modellierte Halbrundni-
schen aufgelöst und mit
davorgestellten Säulen dekoriert werden; wie dazwi-
schen in den architektonischen Achsen angeord-
nete Gänge sich in Raum-
bildungen kreuzen und in
einer Rotunde in Turm-
mitte enden sollen.

131 In einem zweiten Ent-
wurf Pöppelmanns für
einen Kaskadenturm sind
Torturm und Kaskade
noch aufwendiger mitein-
ander vereinigt, Glocken-
spielpavillon und Kronen-
tor vorweggenommen –
ein phantastisches Zusam-
menspiel von Architektur
und Wasser, von Optik
und Akustik. Aus der Ar-
kade wächst der Torturm
zwei Geschosse heraus,
um in einer elegant hoch-
gezogenen Zwiebel zu en-
den. Die ihn flankieren-
den Kaskaden und die
Wassertreppen, denen
Treppenläufe folgen, bin-
den ihn in die Arkade ein
und verleihen ihm die
Wirkung eines majestä-
tischen Bauwerks.

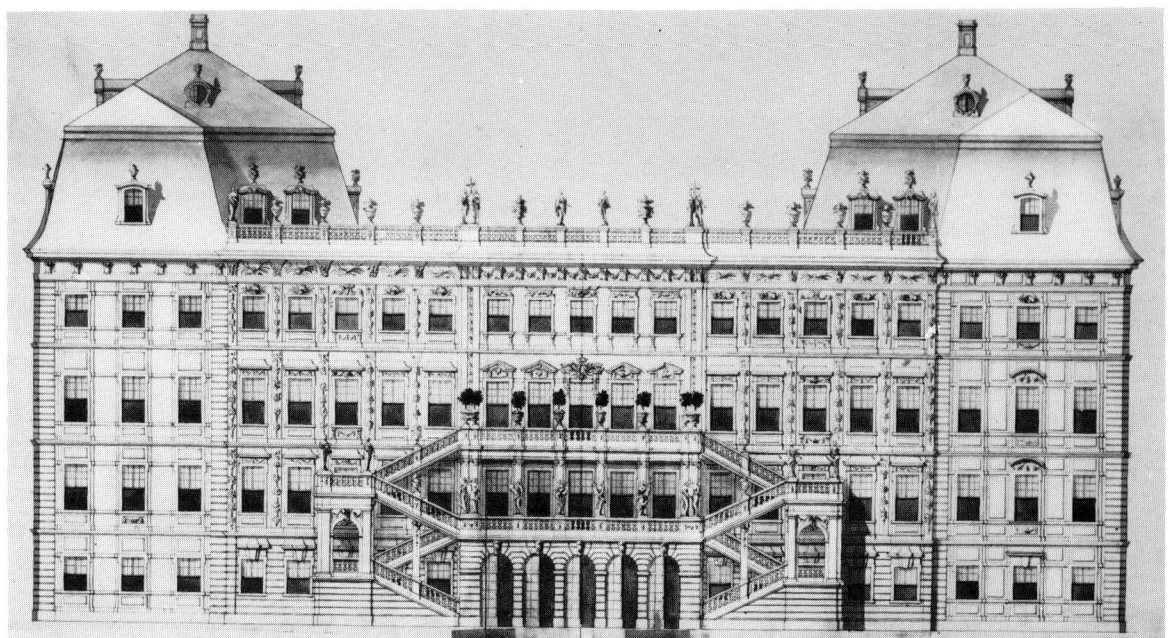

132 Auf der zum Orange-
riegarten gelegenen Front
des Erweiterungsentwur-
fes für das Taschenberg-
palais erscheint rechts die
Stirnseite eines wiederholten Gebäudes. Vor dem
Verbindungstrakt führt
eine repräsentative Frei-
treppe vom Garten in
mehreren Läufen zum
Festsaal im zweiten Ober-
geschoß hoch. Die Gegen-
läufigkeit der Treppen
und die Auflösung der
Podestkonstruktion in Bö-
gen verleihen ihr eine
großartige Plastizität.

133 Die Schnittzeichnung
vermittelt einen Eindruck
von der räumlichen Wir-
kung des Innenhofes. Der
Einblick in den Festsaal
zeigt, daß dessen Innenge-
staltung nicht mehr allein
mit den dekorativen Mit-
teln der alten Fassaden,
sondern mit der für die
Schloßentwürfe verwen-
deten Kolossalordnung
erfolgen soll. Der zur
Saalüberdeckung erfor-
derliche hohe Mansard-
dachstuhl entspricht nicht
der Ansichtszeichnung.

134 Dieser Vorschlag für die Erweiterung des Taschenbergpalais bezweckt die Unterbringung zweier Festsäle – der größere vermutlich ein Redoutensaal – und eines Hoftheaters als Ersatz für das in die Katholische Hofkapelle umgebaute Opern- und Komödienhaus. Ein Innenhof und zwei kleine Gartenhöfe ermöglichen die ausreichende Belichtung aller Räume.

kraft ist für das höfische Bauwesen in Sachsen ausgelastet.

Da der König inzwischen mit der Gräfin Cosel gebrochen hat und sie auf der Festung Stolpen festsetzen ließ, wo sie ihn um 32 Jahre überleben wird, sich inzwischen einer neuen Liaison mit der Gräfin Marie von Dönhoff, einer Tochter des polnischen Großmarschalls Bielinski, erfreut – »𝔉𝔯𝔞𝔲 𝔳𝔬𝔫 𝔇𝔬̈𝔫𝔥𝔬𝔣𝔣 𝔴𝔞𝔯 𝔳𝔦𝔢𝔩𝔩𝔢𝔦𝔠𝔥𝔱 𝔳𝔬𝔫 𝔞𝔩𝔩𝔢𝔫 𝔐𝔞̈𝔱𝔯𝔢𝔰𝔰𝔢𝔫 𝔡𝔢𝔰 𝔎𝔬̈𝔫𝔦𝔤𝔰 𝔡𝔦𝔢, 𝔡𝔦𝔢 𝔢𝔯 𝔞𝔪 𝔴𝔢𝔫𝔦𝔤𝔰𝔱𝔢𝔫 𝔤𝔢𝔩𝔦𝔢𝔟𝔱, 𝔞𝔟𝔢𝔯 𝔡𝔦𝔢 𝔦𝔥𝔫 𝔞𝔪 𝔪𝔢𝔦𝔰𝔱𝔢𝔫 𝔤𝔢𝔨𝔬𝔰𝔱𝔢𝔱 𝔥𝔞𝔱«[35] wie Pöllnitz sie charakterisiert –, steht das Taschenbergpalais zur Verfügung. Der König denkt sofort an eine Verwendung für festliche Zwecke und an eine Erweiterung. Diese ist auf allen Orangerie- und Schloßerweiterungsplänen als Vierflügelbau mit Innenhof eingezeichnet und bezweckt die Unterbringung zweier Festsäle und eines Hoftheaters. Die Erweiterungsplanung, die zwischen 1715 und 1718 entsteht und genau

den Stil der zehn Jahre alten Taschenbergpalaisfassade fortsetzt, obwohl sich Pöppelmanns Stil inzwischen erheblich gewandelt und verdeutlicht hat, wird jedoch nicht verwirklicht.

Gegenüber von der Orangerie läßt der König anstelle des bisher in U-Form gedachten Schlosses einen Zentralbau entwerfen. Wie bei Serlios Poggio-Reale-Entwürfen betonen quadratische Vorbauten die Gebäudeecken. Die Fassade, die vom Grundriß etwas abweicht, zeigt zwar Pöppelmanns Stil, der Grundriß aber nicht. Er könnte vom König angeregt sein oder auch von einem Architekten stammen, der sich seit 1715 in Dresden aufhält und zehn Jahre später ein Museum mit fast derselben Konzeption entwerfen wird: von Zacharias Longuelune, 46 Jahre alt, Schüler der französischen Akademie unter Lepautre, dann Mitarbeiter de Bodts am Berliner Schloß; ein hervorragender Zeichner.

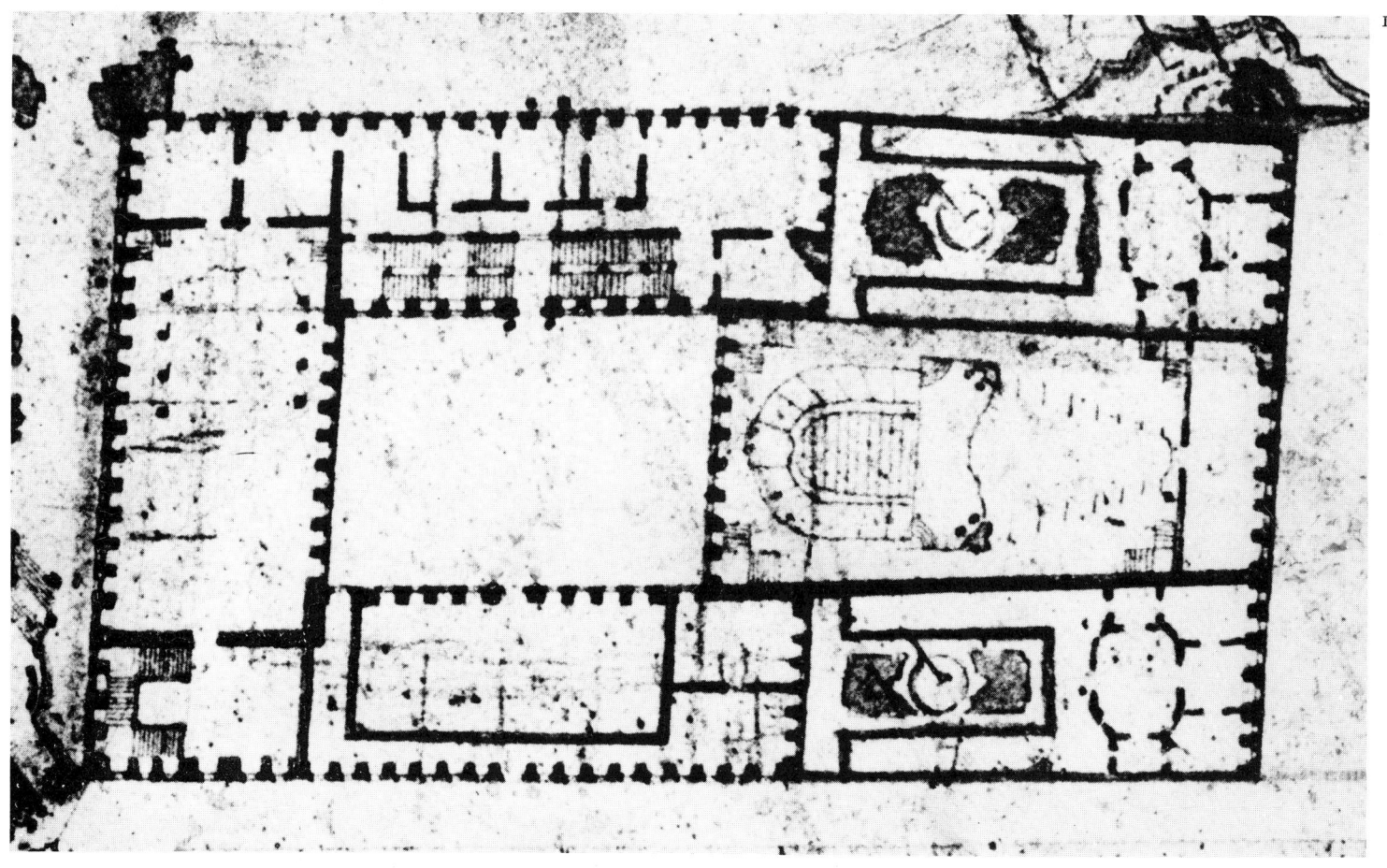

134

135

136

137

135/137. Die Vergröße-
rung von Fassadenaus-
schnitten verrät einen ge-
übten Zeichner, der alle
dekorativen Einzelheiten
mit sicherer Hand so ge-
schmackvoll dargestellt
hat, wie es selten selbst
auf den Architekturent-
würfen des 18. Jahrhun-
derts zu finden ist.

138/139 Auf einem Deckblatt wird der auf Abb. 114/115 wiedergegebene Schloßerweiterungsentwurf mit einem schloßartigen Museumsgebäude im Zwingergarten bereichert. Gebogene Arkaden sollen es mit dessen Arkaden verbinden und neue Freiraumerlebnisse bieten.

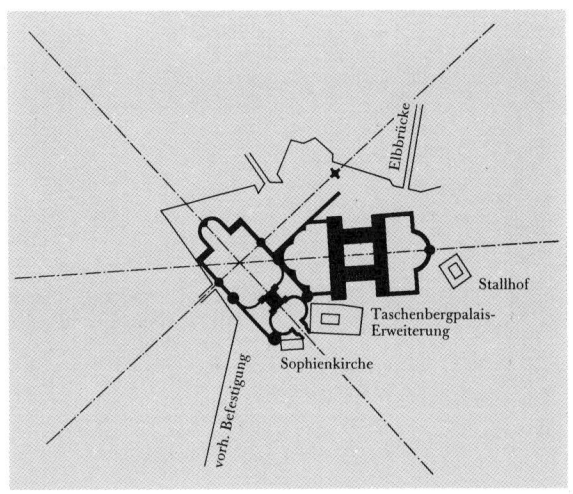

138

Da um die Mitte des zweiten Jahrzehnts an allen deutschen Residenzen französische Kultur und Baugesinnung als vorbildlich gelten, überrascht es nicht, daß der König einen französischen Architekten hinzuzieht, daß er den Bildhauer François Coudray aus Paris beruft, um von ihm ein Reiterstandbild zu erhalten, und daß er Pöppelmann am 20. Februar 1715 den Auftrag für eine Reise nach Paris erteilt, ihm wiederum 1000 Taler Reisekosten bewilligt und zusätzlich 72 Dukaten als Geschenk aushändigen läßt.

Über die einzelnen Etappen von täglich 60 Kilometern per Postkutsche, über die Zwischenstationen, die Besichtigungen und die Einzelkosten informiert die Reisekostenabrechnung; hier die wichtigsten Stationen: Pöppelmann reist am 18. März 1715 über Pretzsch, Leipzig, Mühlhausen nach Kassel, um dort die 383 Meter lange Kaskadentreppe und die Orangerie von Francesco Guerniero kennenzulernen, weiter über Fritzlar, Gießen, Frankfurt (Main), Darmstadt, Heidelberg bis

139

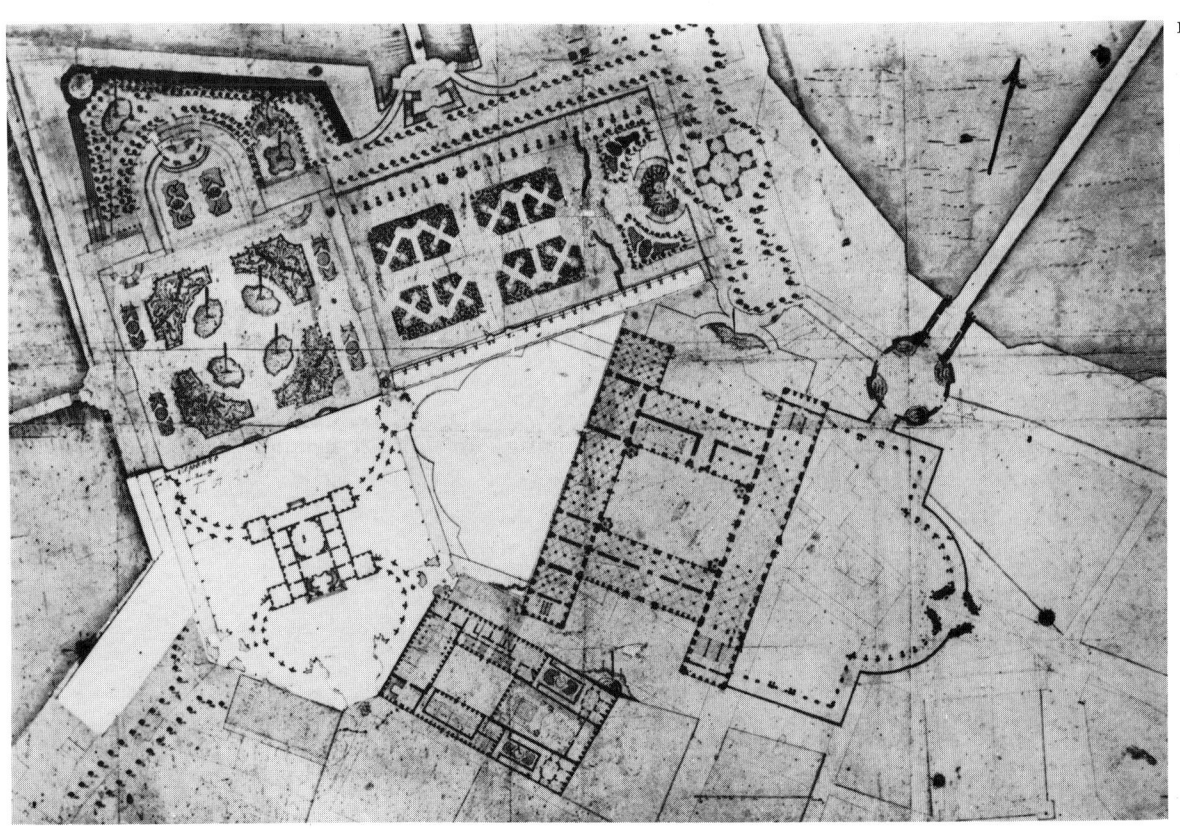

90

Kehl am Rhein. In Rastatt interessiert ihn die Schloßerweiterung durch Domenico Egidio Rossi und Michael Rohrer, in Mainz die Favorite. In Zabern besichtigt er wieder einen Schloßneubau. Über Pfalzburg, Hommardingen, Saarburg, Lunéville und Nancy erreicht er Toul an der Mosel, fährt über die Maas und kommt durch die Täler der Ornain und Marne über St. Aubin, Bar le Duc, Chalons, Epernay, Dormans, Jouarre, Lizy-sur-Ourcq, Moneuil und Meaux nach Paris. Hier hält er sich einen vollen Monat lang auf. Er besichtigt den Louvre, das Invalidenhaus, das Palais Luxembourg und steigt auf den Turm von Notre-Dame. Die Trinkgelder, die er zahlt, sind erstaunlich hoch: für den Besuch des Louvre 4 Taler, 8 Groschen; für den dreimaligen Besuch des Invalidenhauses 3 Taler, 8 Groschen; für die Besteigung des Westwerkes von Notre-Dame 1 Taler und 8 Groschen. Schon am 6. April begibt er sich nach Versailles. Er wiederholt den Besuch mehrmals und verweilt dort auch mehrere Tage, bildet doch das Schloß mit dem Theater, der Kapelle, den Parkanlagen mit Wasserspielen, der

Orangerie und der Menagerie das eigentliche Ziel der weiten Reise. Hier sieht er auch das Schlößchen Grand Trianon, 1687/88 von Hardouin-Mansart für die Madame de Maintenon erbaut, eingeschossig und in feinsten Proportionen mit Pilastern gegliedert. Die großen Schöpfer der französischen Architektur des 17./18. Jahrhunderts Marot, Blondel, Perrault und Le Brun sind längst verstorben, auch Jules Hardouin-Mansart ist seit 1708 nicht mehr am Leben. Aber sein Schüler und Nachfolger Robert de Cotte steht auf der Höhe seines Schaffens. Er hat den Säulengang zum Grand Trianon erbaut, das Schloß ausgestattet und Chor und Hochaltar im Notre-Dame dekoriert. Er wird der Hauptmeister des Régence. Neben ihm wirken die ebenfalls aus dem Kreis um Hardouin-Mansart kommenden Germain Boffrand und Pierre-Alexis Delamaire, Erbauer berühmter Hôtels in Paris. Daß Pöppelmann sie aufsucht und die eigenen Pläne begutachten läßt, liegt nahe und wird vom König sogar erwartet. Als acht Jahre später Balthasar Neumann nach Paris kommt, bespricht er mit

140 Dem Brunnenhaus auf der Festung Königstein gibt Pöppelmann durch den vergiebelten Mittelrisalit, durch Dachaufbauten und durch Dekorierung des Portals einen zusätzlichen ästhetischen Wert und damit die Gediegenheit eines kleinen Palais. Es wird schon 1735 durch einen Neubau von de Bodt ersetzt.

141 Im Jahre 1715 schließt Johann Rudolph Fäsch mit der Hauptwache die Nordostseite des Neumarktes. Als August der Starke 16 Jahre später den Entwurf der Frauenkirche begutachtet, befiehlt er Carl Friedrich Pöppelmann und George Bähr, »zum Hr. General-Feld-Marschall Grafen von Wackerbarth zu gehen und ihm zu sagen, wie Sie resolviret wären, daß die Hauptwache weg solte.« Er will die Fassade der Kirche voll zur Geltung bringen. Der Hauptwache bleibt jedoch eine Galgenfrist. Canaletto kann sie 1748–1750 noch auf seinen Bildern vom Neumarkt darstellen. Während der Beschießung Dresdens im Jahre 1760 brennt sie aus und wird 1766 abgetragen.

Boffrand und Delamaire die Würzburger Schloßbaupläne ein Vierteljahr lang so ausführlich, daß man fast den Eindruck einer Lehrer-Schüler-Beziehung erhält.

Zum Hofleben bekommt Pöppelmann schon wegen des Standesunterschiedes und wegen mangelnder Sprachkenntnisse – er benötigt in Paris ständig einen Dolmetscher – nur wenig Kontakt. Frankreich hat eben den Spanischen Erbfolgekrieg überstanden, und Krankheiten künden das Lebensende des 77jährigen Ludwig XIV. an. Auch ist erst am 4. Mai 1714 mit dem jungen Herzog von Berry der vierte Anwärter auf den Königsthron innerhalb der letzten fünf Jahre verstorben, so daß sich Pöppelmann aus Anlaß der noch bestehenden Hoftrauer schwarze Kleidung verschaffen muß. Die unerwartete Ausgabe von 68 Talern reißt ein großes Loch in seine Reisekasse, denn nur das Doppelte dieses Betrages braucht er, um sich einen Monat lang in Paris zu beköstigen.

Von Paris aus unternimmt er Ausflüge in die Umgebung. Er fährt nach Marly-le-Roi südlich von St. Germain, um dort die gewaltigen Bewässerungsvorrichtungen zu besichtigen, mit denen das Wasser stufenweise durch 14 Wasserräder und 221 Pumpen 162 Meter hoch gefördert wird. Die berühmten Wasserspiele und weiträumigen Gärten und die aus Pavillons gebildete Freiraumarchitektur Hardouin-Mansarts müssen ihm geradezu als Bestätigung seiner Zwingererweiterungspläne erscheinen. In St. Germain-en-Laye sieht er ein Renaissanceschloß, in Choisy an der Seine ein Schloß von 1682, in Sceaux eins von Colbert und in Meudon wieder eins von Hardouin-Mansart. In St. Cloud dürften ihn im Park Le Nôtres Wasserspiele besonders interessiert haben.

Am 6. Mai tritt er die Rückreise über die Niederlande an. Der Umweg führt über Senlis und Cambrai nach Brüssel. Den Weg nach Antwerpen legt er auf einer »Treck-Schüte«, also auf einem von Pferden gezogenen Schiff zurück. Dann gelangt er über Rotterdam,

Delft, Leiden und Haarlem nach Amsterdam, von dort über Harderwijk nach Deventer, wo er dem von Daniel Marot Ende des 17. Jahrhunderts erbauten Schloß Het Loo einen Besuch abstattet, dessen Bauweise mit langen Flügeln und pavillonartigen Eckbauten von Interesse ist. Bei Deventer überschreitet Pöppelmann die Ijssel. Weiter reist er entlang der heutigen E 8 bis Osnabrück und dann nach Herford, seiner Geburtsstadt, die er zum ersten Male nach 35 Jahren besucht. Eine der letzten wichtigen Stationen ist Hannover, wo er sich nach Herrenhausen hinausfahren läßt, um Schloß und Park zu besichtigen. Der von Martin Charbonnier mit Wasserspielen, Kas-

kaden, Irrgärten, Orangeriegärten, Bosketts, Gartentheater und Pavillons angelegte Park gilt als einer der modernsten Deutschlands. Dann besichtigt er das von Lauterbach und Hermann Korb errichtete Schloß Salzdahlum bei Braunschweig. Über Halberstadt, Aschersleben, Halle, Leipzig und Pretzsch erreicht er am 1. Juni 1715 wieder Dresden. Dem Grafen Wackerbarth meldet er, »daß ich von meiner Reyse aus Frankreich zurücke gelanget, wobey den ein undt das andere Profitieret zu haben, die Hoffnung lebe.«[36]

Wiederum muß Karcher während seiner Abwesenheit die Geschäfte im Oberbauamt allein führen, obwohl er schon so kränkelt

142 Die 15 Achsen lange Fassade des viergeschossigen Wohnhauses An der Kreuzkirche Nr. 2 ist über den Portalen durch zwei Erker und eine dekorierte Fensterachse untergliedert. Der rechteckige Grundriß der Erker ergibt wie bei George Haases »Schiffsmühle« in Verbindung mit den glatten Putzspiegeln an den Fensterbrüstungen ein strenges Äußeres. 1945 zerstört

142

143

daß Wackerbarth sich Gedanken um einen Nachfolger macht. Er legt im Großen Garten den Teich vor dem Palais an. Im Italienischen Garten wird das Lusthaus umgebaut und im orientalischen Stil eingerichtet. Ein Vorschlag Pöppelmanns zur Verbindung der Dreiergruppe zu einem einzigen Baukörper kommt nicht zur Ausführung, nur eine mehrläufige Freitreppe.

Noch kurz vor der Reise war Pöppelmann mit dem Hofmarschall von Löwendal nach Waldheim gefahren, um das Schloß, das zum ersten »Zucht-Armen- und Waisenhaus« Sachsens umgebaut werden soll, damit »darinnen dem ganzen Lande zum Besten die Notdürftigen und Unvermögenden versorgt, die Boshaften aber zu gewisser Arbeit angehalten werden sollten«[37], zu besichtigen. Jetzt besucht er die Festung Königstein, auf der es immer wieder Aufgaben gibt, die über die Kompetenzen der Ingenieuroffiziere hinausgehen. Inwieweit er zur Planung von Kasernen und Magazinen hinzugezogen wird, ist im einzelnen nicht belegt. Belegt ist dagegen, daß er das seit Jahren baufällige Brunnenhaus nach eigenem Plan neu bauen läßt; ein kleines, palaisartiges Gebäude mit Mansarddach.

Inzwischen werden zwei Ingenieuroffiziere mit wichtigen zivilen Bauvorhaben betraut. Der 29jährige Johann Georg Maximilian von Fürstenhoff, ein natürlicher Sohn des Kurfürsten Johann Georg II., beginnt mit dem Bau des 1701 niedergebrannten Georgenbaus des Schlosses auf der Seite zur Brücke in einer ungewöhnlich schlichten Lisenenarchitektur, die angesichts der Pöppelmannschen Schloßentwürfe den Charakter des Provisoriums trägt, tatsächlich zu Ende des 19. Jahrhunderts durch einen Neo-Renaissancegiebel ersetzt und in dieser Form nach 1945 wiederhergestellt wird. Johann Rudolph Fäsch baut in einem malerischen, Pöppelmanns Auffassung viel näher stehenden Stil die Wache am Neumarkt; ein palaisähnliches, schön proportioniertes zweigeschossiges Bauwerk mit Arkaden, das später auf den berühmten Gemälden Canalettos vor der Frauenkirche zu sehen sein wird; außerdem wahrscheinlich das Palais für den Grafen Flemming in Alten-Dresden, denn er veröffentlicht Einzelheiten in seinem Architekturlehrbuch.

143 Selbst die kurze Front
von nur drei Achsen des
Wohnhauses Große Brü-
dergasse Nr. 10 erhält
einen über alle Geschosse
reichenden Erker und zu-
sätzlich noch die Dekora-
tion aller Fenster. 1945
zerstört

144 Der Erker des Wohn-
hauses Große Brüdergasse
Nr. 39 wirkt durch abge-
schrägte Seiten stärker in
die Fassade eingebunden,
die an Fenstergewänden,
Brüstungsspiegeln und
-konsolen sowie Schluß-
steinen viel Dekoration
nach Vorbildern an höfi-
schen Bauten enthält.
1945 zerstört

145 Auch dem schmalen Wohnhaus An der Frauenkirche Nr. 16 verleihen der leicht vorgewölbte Erker und die Fensterdekoration ungewöhnlichen Charme. 1945 zerstört

Den Bürger regt die wirtschaftliche Konsolidierung ebenfalls zu vermehrter Bautätigkeit an. Überall in Dresdens engen Straßen entstehen neue Wohnhäuser, allesamt mit gediegenen Fassaden, an denen man das hohe künstlerische Niveau des Bauhandwerks ablesen kann. Als Blickpunkt erscheint häufig ein über mehrere Geschosse reichender Erker, wie er auch schon im 17. Jahrhundert die stattlichsten Häuser schmückt. Viele Fassaden ähneln sich; Fenster- und Portalverdachungen, Konsolen und Brüstungsspiegel haben häufig gleiches Aussehen. Auch mit der höfischen Architektur bestehen Übereinstimmungen. Die Ähnlichkeit geht so weit, daß die Häuser An der Frauenkirche Nr. 16, Schießgasse Nr. 10, Alleegäßchen Nr. 2, Große Brüdergasse Nr. 31 und 39, Töpfergasse Nr. 3 und Klostergasse Nr. 2 Pöppelmann zugeschrieben werden, ohne daß sich dies belegen läßt. Dazu gehört auch das sogenannte Dinglingerhaus am Neumarkt Nr. 18 (früher Jüdenhof Nr. 5), dessen Namen auf Christoph Georg, den Bruder des Goldschmiedes zurückgeht, der es 1716 »von Grund aus neu erbaut«[38] kauft; eins der schönsten Bürgerhäuser Dresdens mit viergeschossiger, pilastergeschmückter Fassade und leicht vorschwingender Mittelachse. Angeblich baut Pöppelmann ein Palais auf der Schießgasse Nr. 10, das 1747 in den Besitz der Familie Brühl gelangt und daher unter dem Namen Brühlsches Palais bekannt wird; ein zweigeschossiges, zwanzig Fensterachsen langes Gebäude mit Mittelrisalit. Ob der mit so vielen Aufträgen des Königs beschäftigte Landbaumeister im zweiten Jahrzehnt wirklich Zeit für private Arbeiten findet, bleibt fraglich, zumal er schon 1711 ausdrücklich darauf hingewiesen hatte, er habe auf sie verzichten müssen. Als Erbauer der Bürgerhäuser kommen in erster Linie Handwerksmeister in Frage, neben dem Ratszimmermeister George Bähr der Amtsmaurermeister George Haase, der um 1715 Rampische Gasse Nr. 3, 5 und 7 und An der Kreuzkirche Nr. 2 baut, oder der Ratsmaurermeister Johann Georg Fehre, der um 1715 Töpfergasse Nr. 1 baut.

Im Jahre 1716 reist Pöppelmann zum König nach Danzig, im gleichen Jahre aber auch nach Karlsbad, um seine angegriffene Gesundheit auszukurieren.

146 Der sonst so schlichten Fassade des Wohnhauses Große Brüdergasse Nr. 9 verleiht erst der bis ins Mezzanin hochgeführte Erker die besondere Note. Dessen schräg gestellten Pilaster mit der kanonischen Folge vom ionischen bis zum korinthischen Kapitell schmiegen ihn wellenförmig an die glatte Front. 1945 zerstört

147

147 Die beiden fünfach-
sigen Fassaden Töpfer-
gasse Nr. 1 und 3 sind Bei-
spiele für Wohnhäuser
ohne Erker. Sie zeigen unterschiedliche Gliederun-
gen: links die Betonung
der mittleren drei Achsen
zur ruhig-breit beherr-
schenden Wirkung der
Mitte, rechts mit größe-
rem Aufwand an Dekora-
tion die Betonung der je-
weils zwei äußeren Fen-
sterachsen zur dynami-
scheren Akzentuierung
der Seiten. Trotzdem
kommt eine harmonische
Nachbarschaft zustande,
da die Geschoßhöhen,
Proportionen und Putz-
spiegel sich ähneln. 1945
zerstört

148 Beim Dinglingerhaus
Jüdenhof/Ecke Sporen-
gasse teilen über der Erd-
geschoßzone sechs Kolos-
salpilaster die Fassade in
senkrechte Streifen. Der
mittlere, anstelle eines Er-
kers nur durch leichtes
Vorschwingen und kräfti-
gere Fensterverdachungen
hervorgehoben, findet
seine Fortsetzung in
einem Dachhäuschen.
1945 zerstört

148

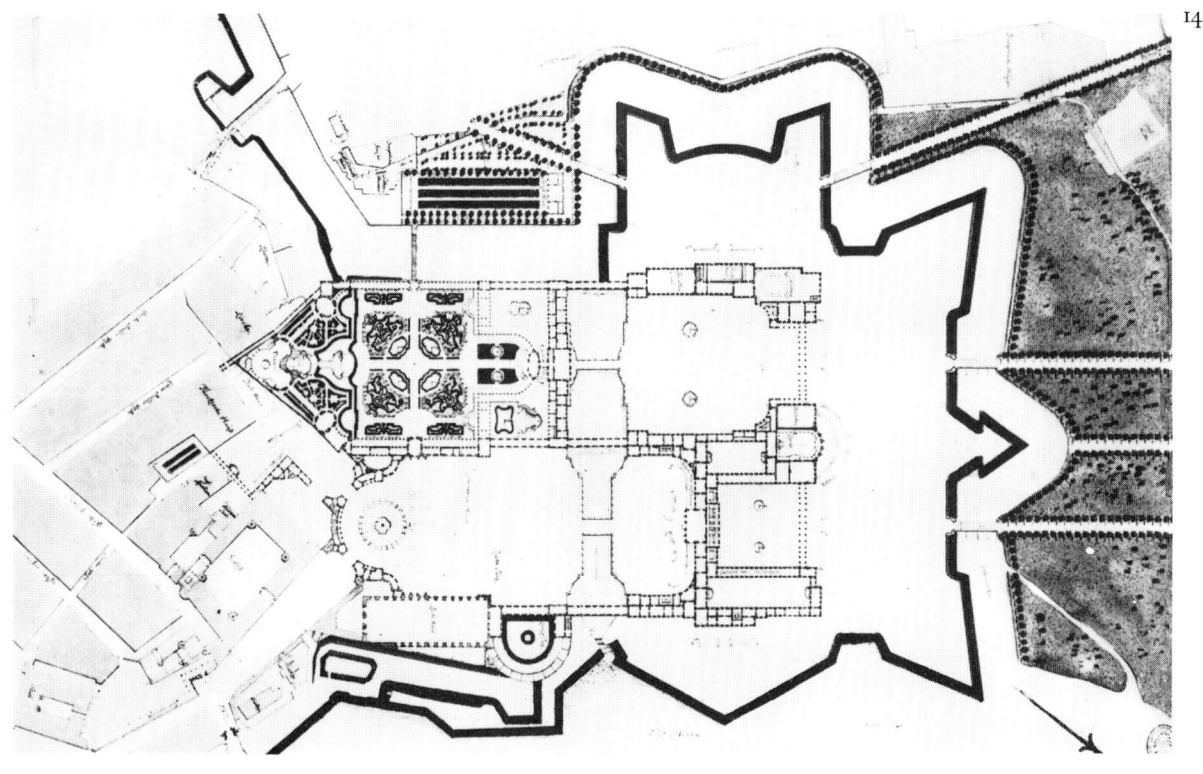

150

Dritter Vorentwurf für ein neues Residenzschloß

Beeinflussen die Reiseeindrücke die Weiterarbeit an der Schloßplanung? Der Orangeriebau hatte sie ja vollends durcheinandergebracht, indem er der gärtnerischen Gestaltung die primäre Rolle zuwies. Diese Tendenz bricht bei dem neuen Plan, den Pöppelmann zwischen 1716 und 1718 entwirft, abrupt ab. Pöppelmann stellt wieder die Schloßerweiterung in den Vordergrund und gibt der Orangerie die untergeordnete Bedeutung zurück.

Schon das Programm für das neue Schloß unterscheidet sich vom bisherigen: statt eines Wohnschlosses ein Staatsschloß, das zugleich als kulturelles Zentrum den hohen Stand der Wissenschaften und Künste manifestieren soll. Die Zufahrt erfolgt beiderseits des Altbaus durch zwei Tore in den fast 300 Meter tiefen Vorhof, an einem Obelisken vorbei, der als Zeiger einer riesigen Sonnenuhr und zugleich als Blickpunkt gedacht ist; dann über den alten Stadtgraben bis vor die

149/150 Dem dritten Schloßentwurf liegt eine völlig neue Konzeption zugrunde. Pöppelmann beläßt den Altbau und ordnet in zwei parallel verlaufenden Achsen über die Festungsmauer hinausgreifend auf der Elbseite die Masse der Erweiterung mit neuem Schloßgebäude, Marstall und Tierkampfarena an und daneben weitere dem Hofleben dienende Baulichkeiten wie das Theater. In der Mitte der nordwestlichen Schloßfront erhält die Hofkapelle eine Vorzugslage. Die Zwingerorangerie findet ein Pendant in einem Kaskaden-

Hauptschauseite des Schlosses, die sich in U-Form um einen Teil der cour d'honneur wie in Versailles schützend herumlegt. Die langen Flügel nehmen nach dem Vorbild der Louvreflügel, in denen schon seit 1693 Bilder und Plastiken ausgestellt werden, eine »Gallerie vor Schilderepen« und eine Bibliothek auf. In den anderen Bereichen der ausgedehnten Schloßanlage verzichtet Pöppelmann auf die großzügige Massenwirkung. Wichtiger erscheint ihm eine zweckmäßige und bequeme, mit Enfiladen versehene Raumeinteilung. Überall sieht er Treppen vor, mitunter allerdings wenig repräsentativ in eckausrundenden Zwickeln.

Die Fassadenbehandlung zeigt die Straffheit römischer Palazzi mit dem vertrauten Vokabular, aber manche von früheren Entwürfen her bekannte Einzelformen sind nach neuestem französischem Geschmack umgestaltet: Dockenbaluster zu weicheren Flaschenhalsbalustern oder die Riesenkonsolen unter kräftigem Kranzgesims zur Zierleiste. Wieder schmücken Säulen den Mittelrisalit, aber ihnen fehlt die konzentrierte Kraft der früheren Entwürfe. Statt Monumentalität überwiegt jetzt Musikalität, ja sogar Verspieltheit, was die von der Krone festgehaltene Tuchdraperie auf dem Risalitdach angeht. In Paris hat Pöppelmann Tendenzen zu zierlicheren Formen kennengelernt. Nach dem Tode Ludwigs XIV. im Jahre 1715 verwandelt sich der pompös-massige Louis quatorze

schnell zum eleganteren Régence, dem Stil der Regentschaft des Herzogs von Orleans, der zum Rokoko überleitet und zierlichere Dekorationen bevorzugt, Raumrundungen einführt und der verfeinerten Hofetikette Rechnung trägt. Galante Themen erhalten in Malerei und Poesie Bedeutung. Die derben Späße der Hoffeste weichen einer strengeren und gepflegteren Etikette.

Die Synthese der klassischen Fassadenstruktur und französischen Grundrißanordnung ergibt ein neues Erscheinungsbild. Die Aufgliederung, die im Gegensatz zu den bisherigen Entwürfen steht, weicht von der Regel ab, die Sturm noch 1718 in seiner »Vollständigen Anweisung großer Herren Paläste schön und prächtig anzugeben« aufstellt: Residenzschlösser mit gleich hoch geschlossener Umbauung, Landschlösser in einseitig geöffneter Bauweise. Mit der weiten cour d'honneur steht sie Versailles oder Boffrands Schloß Lunéville (1709–1719) nahe. Sie läßt sich mit dem zweiten Entwurf Fischer von Erlachs für das Schloß Schönbrunn vergleichen, bei dem ebenfalls italienische und französische Anregungen zur einladenden U-Form, zur Mittelbetonung mit einmaliger vertikaler Durchbrechung der Flachdachzone und mit Rampentreppen zum Hauptgeschoß und schließlich zur gleichen Hofeinfassung mit niedrigen Flügelbauten führen. An utopischer Weitläufigkeit kommt sie dem ersten Schönbrunn-Entwurf nahe, wie dieser eine

turm, hinter dem eine Voliere angeordnet ist. Im neuen Befestigungsgürtel sind die Bastionen in das Achsensystem der Schloßerweiterung eingeordnet.

151 Die Zentralperspektive des dritten Entwurfes für die Erweiterung des Schlosses läßt die Weite des Vorhofes ahnen. Ein vom alten Festungsgraben hergeleitetes Wasserbekken trennt die eigentliche cour d'honneur ab. Lange Rampen führen zur Beletage hoch. In der Gestaltung vom Mittelrisalit klingen Erinnerungen an Wallpavillon und Uhrenpavillon des Louvre nach, auf den auch eine Uhr in der Gesimszone hinweist. Die Tuchdraperie auf dem Mansarddach verrät noch einmal die malerische Auffassung des Hochbarocks. Den Dachabschluß bildet eine Krone. Das Reiterstandbild des Königs begrüßt den Besucher gleich am Portal.

152 Auf Veranlassung des Königs fertigt Karcher um 1716/18 einen Entwurf für das Schloß Weißenstein bei Kassel an, nachdem der Landgraf von Hessen-Kassel schon Architekten wie Francesco Guerniero (von dem die Große Kaskade bei Kassel stammt), Filippo Juvara, Louis Remy de la Fosse und Alessandro Rossini seit Beginn des Jahrhunderts Vorschläge abgeben ließ. Die auf der Gartenseite dominierende Kuppel verleiht dem Schloß einen pseudosakralen Charakter. Der Entwurf ist eins der wenigen authentischen Zeugnisse von Karchers Stil, und er zeigt, wie schwer er sich gegen Pöppelmanns Stil abgrenzen läßt.

153 Der Kupferstich von Johann Georg Schmidt stellt das Holländische Palais in Alten-Dresden um das Jahr 1718 dar, nachdem Pöppelmann es mit einem üppigdekorierten Mittelrisalit bereichert und mit zwei eingeschossigen Seitenflügeln erweitert hat. Zur Stadt hin faßt ein in konvexen und konkaven Schwüngen angelegtes Gitter die cour d'honneur ein.

154 Der Grundriß des Holländischen Palais entspricht einem bewährten Muster für kleine Stadt- und Landpalais. Im Erdgeschoß befinden sich Vestibül, »sala terrena« und Nebengemächer, im Obergeschoß der Festsaal. Die Seitenflügel enthalten Küchen und werden später zur Aufstellung der Porzellansammlung genutzt.

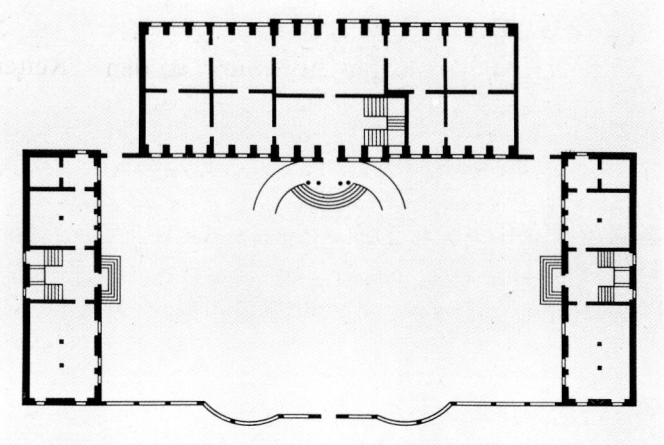

der »großen Visionen in der Geschichte der Architektur«. [39] Denn realisiert wird so ein gewaltiges Stadtschloß erst nach den zwanziger Jahren des 18. Jahrhunderts in Würzburg und in Mannheim, den Residenzen der Schönborns und des pfälzischen Kurfürsten.

Die Orangerie erschwert die Planung. Pöppelmann betrachtet sie als abgeschlossene Gartenanlage und gibt ihr nur wenige Zugänge. Er verzichtet auch auf eine Verbindung zum Taschenbergpalais, schließt vielmehr den Gartenhof mit einem großen Kaskadenturm und einer Volière vor Taschenbergpalais und Sophienkirche optisch ab.

Wie reagiert der König auf den neuen Vorschlag, der die in den vor der Frankreichreise entstandenen Entwürfen erkennbare Beschränkung völlig vermissen läßt? Sieht er in ihm noch einmal die Utopie, den Traum vom sächsischen Versailles? Daß er an der ausgedehnten Anlage Gefallen findet, erscheint fraglich, denn er bevorzugt die um einen Kern herum konzipierte Bauweise; läßt er doch gleichzeitig Karcher ein Zentralschloß für den Landgrafen von Hessen-Kassel entwerfen. Pöppelmann zeichnet keine Varianten mehr, detailliert keinen Ausschnitt weiter durch und faßt offenbar nie den schönen Entwurf – genau so wie die Fassadenstudien der vorangegangenen Schloßentwürfe – ernsthaft zur Veröffentlichung in einer Kupferstichfolge ins Auge.

Die Neigung des Königs, sich schnell neuen Ideen zuzuwenden, hat dessen Aufmerksamkeit auf ein vergleichsweise sehr kleines Objekt gelenkt, von dem er sich eine sofortige Nutzung verspricht. 1717 kann er das schon erwähnte Palais Flemmings in Alten-Dresden erwerben, weil der holländische Gesandte Graf Harsolde von Croneburg, an den es Graf Flemming vermietet hatte, verstorben ist. Zwei Geschosse hoch, 17 Achsen lang, zurückhaltend dekoriert und mit Mansarddach versehen, steht es am anderen Elbufer, stromabwärts vom Schloß. Den in mittleres Vestibül mit Treppe, Gartensaal und beiderseitig anschließenden Paradezimmern unterteilten Grundriß läßt der König durch Pöppelmann auf der Straßenseite mit zwei eingeschossigen Nebengebäuden erweitern, die eine cour d'honneur ergeben, dessen konvex-konkav

konvex gebogenes Gitter für Distanz zur Öffentlichkeit sorgt; außerdem dem schlichten Bauwerk ein Mittelrisalit vorsetzen, dessen reiche Dekoration an die Entwürfe zur Hauptschauseite des Schlosses erinnert, es damit als königliche Besitzung kennzeichnet und von den Adelspalästen der Stadt abhebt. Auf der Gartenseite legt Karcher einen Garten mit gegenüberliegenden Exedren an, der seinen besonderen Reiz in der unmittelbaren Lage am Wasser besitzt.

Die Feste zur Hochzeit des Kurprinzen im Jahre 1719 – Ernennung zum Oberlandbaumeister

Trotz Aufgabe der großen Schloßbaupläne befindet sich die Residenz zu Ende des zweiten Jahrzehntes im eindrucksvollen Aufblühen. Der König ist voller Pläne, vor allem politischer Relevanz. Durch die Verehelichung des Kurprinzen mit der österreichischen Erzherzogin Maria Josepha, der ältesten Tochter des 1711 verstorbenen Kaisers Joseph I., will er im Jahre 1719 die politische Verbindung des Hauses Wettin mit dem Hause Habsburg stärken. Die Hochzeitsfeier bietet Gelegenheit, dem Wiener Hof, ja ganz Europa, den Glanz der Residenz vorzuführen, was angesichts der Bedeutung des Wiener Hofes neben Paris und neben Madrid, dem Hof der spanischen Linie der Habsburger, ein höchst anspruchsvolles Vorhaben ist. Kein Wunder, daß zurückliegende Feste in Wien wie das Reiterballett Kaiser Leopolds I. von 1667 in der Hofburg, daß die Ehrenpforten Fischer von Erlachs von 1699 zu Vorbildern für die Festveranstaltungen werden, die der König nun plant.

Daß der Zwinger um jeden Preis wenigstens provisorisch fertig werden muß, versteht sich von selbst. Auch die letzten Brandschäden am Schloß müssen beseitigt, viele Räume für die illustren Gäste eigens umgebaut werden, nachdem Raymond Leplat den Thronsaal bereits instand gesetzt und auf den neu-

155/156 Johann Rudolph Fäsch empfiehlt in seinem Architekturwerk »… anderer Versuch seiner Architect. Wercke bestehend in allerhand Grund-Haupt-Rissen und Profile unterschiedlicher Gebäuden«, das zu den bekanntesten des Jahrhunderts zählt, den Grundriß vom Holländischen Palais als Vorbild für Gartenhäuser. Die Fassade gestaltet er mit Kolossalpilastern jedoch repräsentativer. Die Dekorationselemente sind straffer gefaßt als auf Pöppelmanns Schloßentwürfen. Der dreigeschossige Mittelrisalit, der im Mansarddach seine optische Fortsetzung findet, zeigt die durch zwei Geschosse reichende und mit Rundbogentüren und Kreisfenstern gut belichtete »sala terrena« an.

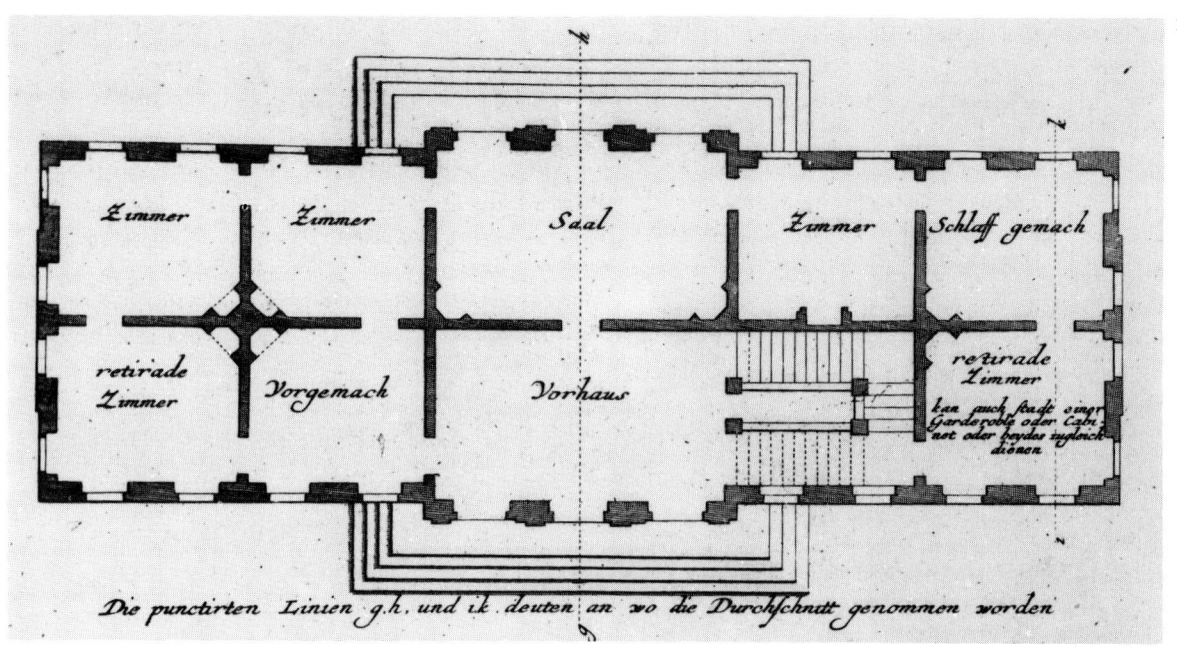

esten Stand der Mode gebracht hat. Zur Beschleunigung der Steinmetzarbeiten am Zwinger wird der 29jährige Bildhauer Matthäus Oberschall aus Görlitz eingestellt. Der König nimmt eine straffere Organisation des Oberbauamtes vor und verfügt, daß ihm alle »Risse im Plan, Aufzug und Durchschnitt, nebst nur erwehnten Anschlägen«[40] vorzulegen sind. Er teilt die Ressorts neu ein, beschränkt die Aufgaben des 68jährigen Karchers und weist Pöppelmann allein die wichtigsten Kompetenzen zu: »… ſo iſt in des Ober Landbaumeiſters Karchers Departement eigentlich dieſes was zum Gartenbau gehöret. In des Ober Landbaumeiſters Pöppelmanns Departement alle Schloſſ und dazugehörige, auch Land Gebäude, und in des Architecte Le Plat Departement gehen nebſt denen innerlichen Ausbauungen und Verzierungen derer Gemächer auch die Schloſſ Gebäude zugleich mit …

In des Theatraliſchen Architecte Mauro und Fritzſchens Departement gehöret alles dasjenige, was die Theatraliſchen Gebäude oder ſonſten einiger Bau, welchen vorhaben spectacula erfordern möchten …«[41] Maximilian von Fürstenhoff und Fäsch, die gerade das Weiße Tor umbauen, sind nicht erwähnt, weil sie als Ingenieuroffiziere dem Ingenieurkorps unterstehen; Zacharias Longuelune auch nicht. Er ist zwar als Architekt fest angestellt, betreut jedoch keinen eigenen Aufgabenbereich.

Pöppelmann erhält in einem weiteren Reskript ausdrücklich Verantwortung und Vollmacht für die für die Feierlichkeiten zu errichtenden Bauwerke: »... daß dem Geh. Cämmerierer und Land Bau Meister Pöppelmann die Führung des Zwinger Garthen Baues u. Reparaturen beym Schloß und Civil-Gebäuden anbefohlen worden.«[42]

Im Jahre 1718 wird er zum Oberlandbaumeister ernannt, dessen Gehalt er schon seit 1711 bezieht.

Johann Christoph Knöffel arbeitet trotz seiner 32 Jahre noch im niedrigen Rang eines Baukondukteurs, bekommt jedoch eine Gehaltsaufbesserung und aus diesem Anlaß die Beurteilung des Grafen Wackerbarth: »... und finde diesen Menschen nicht nur allein in einer bereits gar guten experienz und Geschicklichkeit, sondern auch besonderen Fleiß, wodurch er sich in denen Verrichtungen bey dem Ober-Bau Ambt gar fähig machet ...«[43] Ihn unterstützen die jüngeren Kondukteure Johann Jacob Rousseau und Friedrich Gottlob Maaß. Außerdem hat seit 1717 Pöppelmanns zweiter Sohn Carl Friedrich eine feste Kondukteurstelle inne, ist jedoch unmittelbar dem König unterstellt, muß »die königlichen Erfindungen, Desßeins und Projecte so dann ins Reine und zur Execution bringen«,[44] stellt also den idealen Adjutanten für die Festvorbereitung dar. Daß sie nicht sonderlich kontinuierlich vonstatten geht, kann man sich denken. Graf Flemming berichtet über die Unstetigkeit des Königs: »Er gibt gern Feste und Belustigungen, auf die er sich auch versteht. Da er aber bis auf Kleinigkeiten eingeht, hindert er sehr viele in ihrer Arbeit. Da er ferner nicht allem gewachsen ist, kommt oft Unordnung heraus, und er selbst macht sich, wie auch denen, die dafür zu sorgen haben, schreckliche Arbeit.«[45]

Für den Weiterbau des Zwingers bringt der Termindruck jedoch auch Vorteile. Endlich kommen die seit Jahren geführten Studien über die Schloßerweiterung in Richtung Elbe oder Taschenbergpalais zur Entscheidung, wenn auch auf Kosten der Großzügigkeit, denn für den Bau des Kaskadenturms reicht die Zeit nicht mehr aus. Die spiegelbildliche Erweiterung wird beschlossen. Sie erspart nicht nur Planungsvorbereitungen, sondern ergibt jetzt die räumliche Wirkung, die den Zwinger erst zum Festraum unter freiem Himmel macht, als der er in die Geschichte der Baukunst eingeht.

Überdeckte Festräume für die Aufführung von Opern und Redouten fehlen jedoch. In jeder Schloßplanung waren sie vorgesehen, nie aber verwirklicht worden. Das am Taschenberg gelegene Opern- und Komödienhaus Klengels und Starckes hatte 1707 Johann Christoph Naumann in die katholische Hofkapelle umgebaut. Das kleine Opernhaus westlich der Klengelschen Festbauten auf dem heutigen Theaterplatz ließ der König 1717 abbrechen. Am 23. August 1718 ordnet er in einem Schreiben aus Polen den Bau eines neuen Opernhauses an, und zwar am südwestlichen, dem späteren Zoologischen Pavillon. Aus Sorge um die rechtzeitige Fertigstellung widerruft er die Anordnung zweieinhalb Wochen später, aber Wackerbarth, der sich

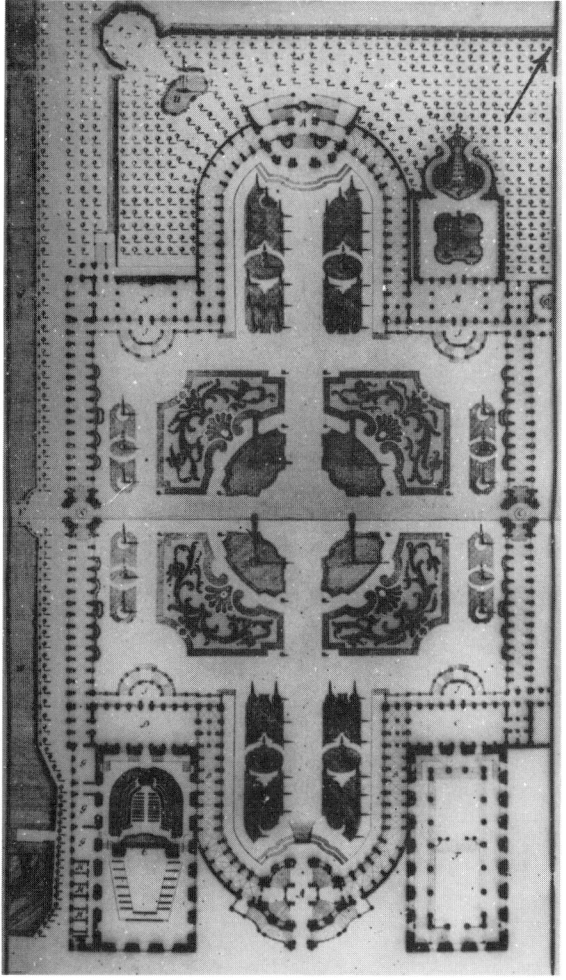

157 Der von Christian Friedrich Boëtius im Jahre 1729 gestochene Grundriß des Zwingers enthält eine gärtnerische Ausgestaltung, die Pöppelmann selbst nie erlebt, weil der Hof für Festveranstaltungen gebraucht wird. Mit Broderieparterres aus farbigem Kies, Buchsbaumhecken und Blumenrabatten geht sie mit der Dekoration der Architektur konform. Gartengestaltung und Architektur bilden ein einheitliches Gesamtkunstwerk. Die heutige Situation unterscheidet sich dadurch, daß Opern- und Redoutenhaus nicht mehr bestehen und Sempers Gemäldegalerie die nordöstliche Seite des Zwingerhofes schließt. Die gärtnerische Ausgestaltung ist anders.

157

158 Während das Opern-
haus außen wie ein Spei-
cher wirkt, erfüllt die
Pracht des Inneren alle
Ansprüche des absolutistischen Hoflebens. Der halbrunde Zuschauerraum
bietet im Parkett und in
vier Logenrängen Platz
für 2 000 Zuschauer. Über
der Königsloge zieht ein
als riesige Krone geform-
ter Baldachin den Blick
auf sich. Das von Halb-
säulen eingefaßte Büh-
nenportal nimmt fast die
Breite des Zuschauerrau-
mes ein, so daß die Kulis-
senbühne mit ihm zur
räumlichen Einheit ver-
schmilzt und der Zu-
schauer das Spiel unmit-
telbar erleben kann.

159 Die von J. F. Wenzell
stammende Darstellung
des Ehrentempels im
Birkholtzschen Garten
zum 49. Geburtstag des
Königs am 12. Mai 1718
schmeichelt durch reiche
Ausstattung, die man sich
aus kurzlebigen Materia-
lien, wie Holz, Stuck,
Leinwand, Laub, und viel
Farbe vorstellen muß.
Einen achteckigen, über-
kuppelten Pavillon flan-
kieren zwei rechteckige,
flachgedeckte Gartensäle.
Beiderseits des Einganges
ragen zwei Pylonen mit

jetzt intensiver um das Bauwesen kümmert,
hat inzwischen den Auftrag an Pöppelmann
weitergegeben und schon einen Entwurf erhalten, »... woraus Ew. Majt. abzunehmen geruhen
werden, wie ich die Symmetrie gegen den Garten durch
die Vorlegung des Salons erreichet und das Dach gleich=
wohl solchergestalt verstecket, daß es der Regularität
nichts Chockantes in Weg leget«[46] wie er dem König
umgehend antwortet. Im Gegensatz zur Ansicht Wackerbarths, der große Baukörper mit
dem massigen Walmdach würde nicht stö-
rend in Erscheinung treten, wirkt das Opernhaus in so enger Nachbarschaft zur grazilen
Zwingerarchitektur dann allerdings doch
reichlich fremd. Aller Aufwand kommt dem
Inneren zugute, das der 1717 nach Dresden berufene Italiener Alessandro Mauro mit seinem Bruder Giralomo ausstaffiert.

Das Opernhaus erhält sogar ein Pendant:
An den gegenüberliegenden, südöstlichen
Pavillon, der später als der Deutsche bezeich-
net wird, baut Pöppelmann das Redouten-

haus mit gleichem Aussehen wie das Opernhaus an, wegen der knappen Zeit nur aus
überputztem Holzfachwerk.

Während die Festvorbereitung das Oberbauamt voll in Anspruch nimmt, geht die Alltagsarbeit weiter. Und wenn sie auch mehr als
sonst auf den Schultern der subalternen Mitarbeiter liegen mag, so hat Pöppelmann die
wichtigsten Anordnungen selbst zu treffen.
Er veranlaßt Deichinstandsetzungen bei
Pretzsch und verfaßt nach zeitraubenden Besichtigungen, für die ihm »4 Vorspannpferde
nebst Vorleg Wagen« zur Verfügung stehen,
eine Denkschrift zu Hochwasserschäden. Er
hat sich gelegentlich um Straßen zu kümmern, für deren Vermessung der seit 1716 an-
gestellte Hofgeograph Adam Friedrich Zürner zuständig ist. Er begutachtet Schäden am
Schloß Sitzenroda bei Torgau und läßt in der
Nähe Wohnhaus und Gestüt Graditz instand
setzen.

Zu allem Überfluß erhält er den Auftrag

159

Obelisken zur Begrüßung der Gäste hoch. Wenn von dieser so reich dekorierten Architektur in einer kleinen Erinnerungsschrift steht: »... erigé par le Sr. Pöppelmann premier Architecte du Roy«, so scheinen die Einzelheiten mehr Erfindungen des Zeichners als Pöppelmanns zu sein.

160 Der Blick ins Innere des »Tempels« zeigt den König an der gedeckten Tafel inmitten der Hofgesellschaft. Auch hier mangelt es nicht an Dekoration: allegorische Figuren, Ziervasen, Wappenkartuschen, Karyatiden. Auf den Emporen unter der Deckenmulde wird musiziert.

zum Bau eines achteckigen, überkuppelten »Temple d'honneur« nebst zwei kleinen Nachbarsalons für ein Fest im Birkholtzschen Garten, das die Gräfin Dönhoff, seit drei Jahren Nachfolgerin der Cosel, am 12. Mai 1718, dem 49. Geburtstag des Königs, gibt. Das Fest besteht aus Theateraufführung, Konzert, Ball und Festmahl, das Ende kritisiert der Reiseschriftsteller Loën: »... daß die Menschen ihrer Lust nicht eher Schranken setzen können, als bis die Unlust dazu kommt...«[47] Der Aufwand nutzt der Gräfin wenig, sich die schwindende Gunst des Königs zu bewahren, sie gilt bald jüngeren Frauen: einem Fräulein von Dieskau und einem Fräulein von Osterhausen.

Pöppelmann kann nur mit Mühe seiner Verantwortung für das Bauwesen in Sachsen nachkommen. Als er einen Entwurf des Zwickauer Maurermeisters Jeßnitzer für den Umbau der Zwickauer Niedertorbrücke überarbeitet, um »mit Wenigem eine große Parade, zu des Königs andenken und Zierde der Stadt« zu erreichen, muß er mitteilen: »Die vielen vorhabenden Baue haben nicht zu laßen wollen, mehren Fleiß anzuwenden.«[48]

Schließlich wird Pöppelmann sogar mit einem jetzt entstehenden Palaisbau in Verbindung gebracht. Sein Name steht unter dem Kupferstich von J. G. Schmidt vom Pa-

160

lais des Grafen Friedrich Vitzthum von Eckstädt auf der Kreuzgasse/Ecke Weiße Gasse, obwohl in den Bauakten nur von George Bähr und dem Maurermeister George Haase die Rede ist. Wahrscheinlich berät Pöppelmann, der einer Kommission zur Überprüfung der beantragten Überbauung der Bauflucht angehört, als maßgebender und einflußreichster Baubeamter die Gemahlin des Bauherren, der sich nicht in Dresden aufhält. Im Jahre 1726 fällt er im Duell. Graf Flemming kauft der Witwe das Palais ab, und nach dessen Tod übernimmt es der Graf Rutowski. Daher erscheint es unter verschiedenen Namen. 1786 brennt es ab.

Bevor Dresden im Spätsommer 1719 in den Festtaumel des kurprinzlichen »Beilagers« gerät, feiert es ein Präludium: Die Einweihung des erweiterten Holländischen Palais am 15. August. Höhepunkt des Festes ist die Darstellung des Kampfes um das Goldene Vlies aus der Argonautensage. Die von Pöppelmann errichtete Nachbildung vom Palast des Aites in Kolchis geht in Flammen auf, ein Feuerwerk steigt in den Nachthimmel hoch. Die Themenwahl ist Dank und Huldigung Augusts des Starken an den Kaiser für die Verleihung des Ordens vom Goldenen Vlies.

Vierzehn Tage später, am 2. September 1719, findet in Wien die Hochzeit statt. Das neuvermählte Paar wird in Pirna mit dem Prunkschiff »Bucentaurus« abgeholt und unter dem Jubel des am Ufer versammelten Volkes bis nach Dresden gefahren, wo der König es auf der Vogelwiese begrüßt. Den Einzug in die Stadt führt der Generalhofpostmeister Baron Mordeux mit seinen Postbedienten an. Ihm folgen 150 Jäger, dann der Oberkammerherr von Vitzthum mit den Landständen, begleitet von »einem Schwarm von rot gekleideten Läufern, von Heiducken, Schweizern mit Hellebarden, Türken und Mohren in den polnischen Farben scharlach und weiß, Pagen in spanischer Tracht, Bajotten in ungarischer Kleidung«, dann der Generalmajor Münnich mit seinen Soldaten und schließlich 1500 Mann der Bürgerschaft. Der Kurprinz hoch zu Roß, seine Frau in einem achtspännigen goldenen Galawagen, vor ihm »auf weißem Pferd, wie das Symbol einer exotischen Sommernacht, der Leibmohr in leuchtendes Orange gekleidet.« Hinter ihm »Mohren in weißem Atlas, mit Talaren aus Scharlachstoff«.[49]

In der Stadt hat Pöppelmann drei Ehrenpforten errichten lassen, von denen nur das Aussehen der am Schwarzen Tor gelegenen – etwa dort, wo sich heute der Platz der Einheit, der ehemalige Albertplatz, befindet – durch eine Entwurfszeichnung erhalten hat.

Die Feste ziehen sich über einen vollen Monat hin. Am 8. September läßt der König das Opernhaus am Zwinger mit der Oper »Giove in Argo« vom Venezianer Antonio Lotti, mit dessen Berufung im Jahre 1717 er die italienische Oper, die seine Vorgänger zugrunde gehen ließen, in Dresden neu begründet hatte, eröffnen. Dazu engagiert er aus Italien und Frankreich Sängerinnen und Tänzerinnen. Das Plafond malt der Italiener Johann Baptist Grone. Am 12. September veranstaltet der König auf dem Altmarkt ein Reit- und Fahrtournier, für das Pöppelmann Holztribünen mit Ehrentoren und Ehrenlogen errichtet. Am Abend des darauffolgenden Tages läßt er die Oper »Theophano« aufführen. Am 15. September weiht er vor Tausenden von Zuschauern den Zwinger mit dem Jupiterfest ein, dessen Höhepunkt das Reiterballett »Carussell der vier Elemente« ist. Der König erscheint als »Feuer« in feuerrotem Atlas gekleidet, der Kurprinz als »Wasser« in Blau, der Herzog von Sachsen-Weimar als »Erde« in Erdbraun und der Herzog zu Württemberg als »Luft« in »bleu mourant«, jeder hinter sich 16 Reiter in farbig passender Aufmachung. Am 17. September findet ein Nachtschießen im Türkischen (ehemals Italienischen) Garten statt, am 20. September wird im Zwinger ein Nationenfest gefeiert. An der Spitze eines großen Festzuges zieht das Königspaar als Herbergsvater und -mutter durch die dekorierte Stadt, hinter sich alles, was Rang und Namen hat, in den Trachten der verschiedenen Nationen, wie beim Fasching von Spaßmachern begleitet. Der Festzug endet im illuminierten Zwinger, in dessen Hof Verkaufsstände aufgebaut sind. Am 23. September veranstaltet der König im Großen Garten ein Venusfest mit einem Damenringrennen, einem Fischstechen, einem Nachtschießen und mit Theateraufführungen, im Plauenschen Grunde schließlich noch ein nächtliches Bergwerksfest. In einer provi-

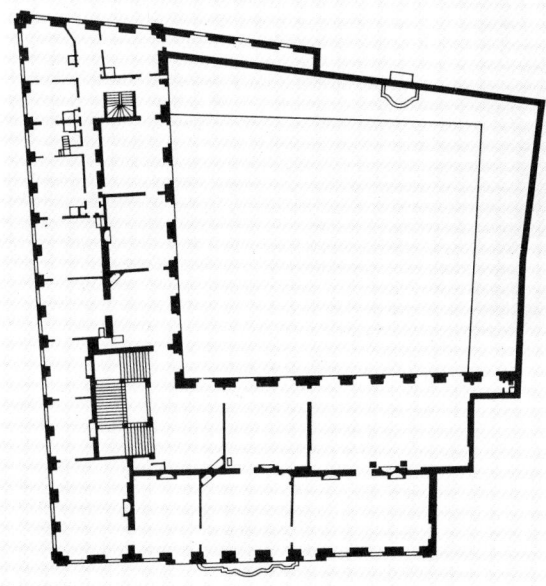

161 Der Kupferstich von Johann Georg Schmidt bildet die Fassade des Vitzthumschen Palais Kreuzgasse/Ecke Weiße Gasse als Kavaliersperspektive ab. Den Mittelrisalit, auf den sich alle Dekoration konzentriert, überdeckt ein flacher Dreiecksgiebel, in dem sich zwei schräg gestellte Wappenkartuschen an ein Ovalfenster lehnen. Die Gestaltung des Haupteinganges erinnert an die Wiener Palastarchitektur. Die fast doppelt so lange Fassade an der Weißen Gasse enthält nur den Nebeneingang und bleibt schmucklos.

162 Die beiden Flügel des Vitzthumschen Palais umschließen einen Hof, der mit Wasserbecken und einer Orangeriearkade ausgeschmückt ist.

sorischen Arena am Jägerhof in Alten-Dresden findet ein Kampfjagen statt.

Um die Festveranstaltungen der Nachwelt zu überliefern, läßt er ein Kupferstichwerk vorbereiten. Alessandro Mauro soll das Schiff »Maria Josepha«, die Oper und das Redoutenhaus, Pöppelmann die drei Ehrenpforten, das Feuerwerk auf der Elbe und die Feste im Zwinger, Zacharias Longuelune eine Wasserjagd auf der Elbe und Karcher, Jauch und Longuelune zusammen sollen das Damenfest im Großen Garten darstellen. Doch das mit 62 Blättern umfangreich konzipierte Werk kommt – von Einzelblättern abgesehen – nie zustande.

An Alltagsaufgaben fallen 1720 der Bau eines Jagdgebäudes mit Hundezwinger im Jägerhof und die Einfriedung des großen Gartens an. Pöppelmann wirkt an einer Bauordnung mit und gibt auf Ersuchen des Fürsten Friedrich Anton zu Schwarzburg ein Gutachten über die Standsicherheit des Gewölbes über der Zufahrt zur Heidecksburg in Rudolstadt ab. Zur Ortsbesichtigung schickt er seinen Sohn Carl Friedrich und Knöffel, der sich inzwischen zum selbständigen Architekten entwickelt hat, das Vertrauen Wackerbarths genießt und für diesen – wohl in Abstimmung mit Pöppelmann – in Großsedlitz, zehn Kilometer südöstlich von Dresden gelegen, die Friedrichsburg, ein U-förmiges, zweigeschossiges Landschloß, sowie die Obere Orangerie baut. Wahrscheinlich reist Pöppelmann im Jahre 1720 nach Warschau, denn Entwürfe aus diesem Jahr für den Sächsischen Garten und für eine vom Schloß Ujazdów zum großen Kanal führende Treppen- und Kaskadenanlage lassen ihn als Verfasser vermuten.

163 Pöppelmanns Dekoration für das Feuerwerk vor dem Holländischen Palais am 15. August 1719 soll das Schloß in Kolchis darstellen, um das die Argonauten wegen des Goldenen Vlieses kämpfen. Die klassische Instrumentierung mit Säulen und die Überkuppelung verleihen ihm den Eindruck eines Lustschlosses, wie es Hardouin-Mansart oder Fischer von Erlach entworfen haben.

164 Der mit toskanischen Säulen versehene Unterbau der am Schwarzen Tor aufgebauten Ehrenpforte verrät das Vorbild des römischen Triumphtores. Der über ihm hochragende Blendgiebel mit der gekrönten und von Engeln gehaltenen Wappenkartusche über der Rundbogenöffnung wiederholt das von den Schloßentwürfen her bekannte Blendgiebelmotiv.

165 Die Darstellung des Reit- und Fahrturniers auf dem Altmarkt am 12. September 1719 läßt auch die Tribünen erkennen, von denen aus rund 2000 Zuschauer den Veranstaltungen folgen können. In den orthogonalen und diagonalen Achsen sind Ehrenlogen und Torbauten als architektonische Akzente eingefügt.

166 Das Bühnenbild für die Oper »Theophano«, die am 13. September 1719 im Opernhaus am Zwinger aufgeführt wird, gestaltet der italienische Theaterarchitekt Alessandro Mauro. Für die erste Szene stellt er als Kulisse eine mit Reiterstandbildern auf korinthischen Säulen reich ausgestattete Architektur auf, die mit Baldachinen festlich-farbenprächtig ausgeschmückt ist.

163

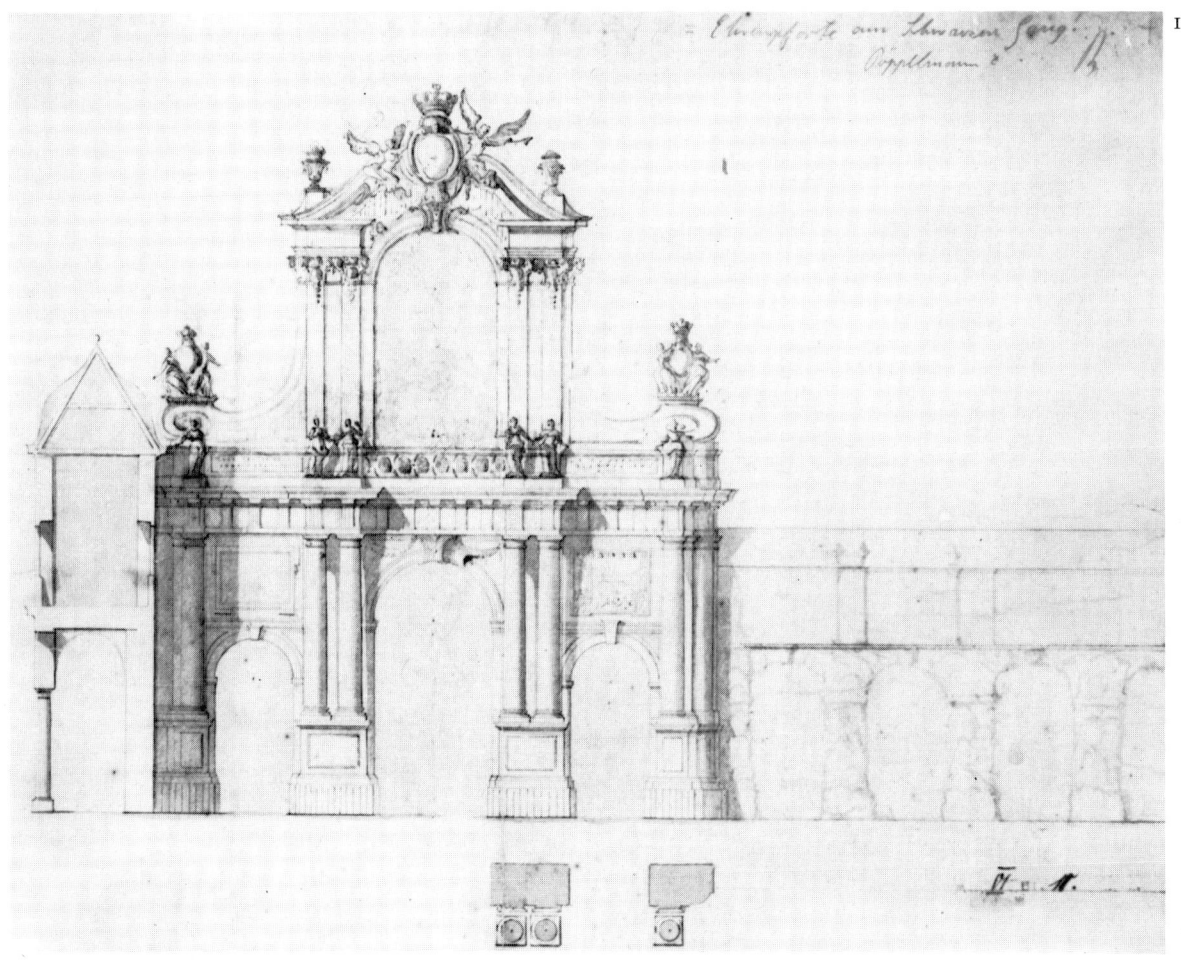

164

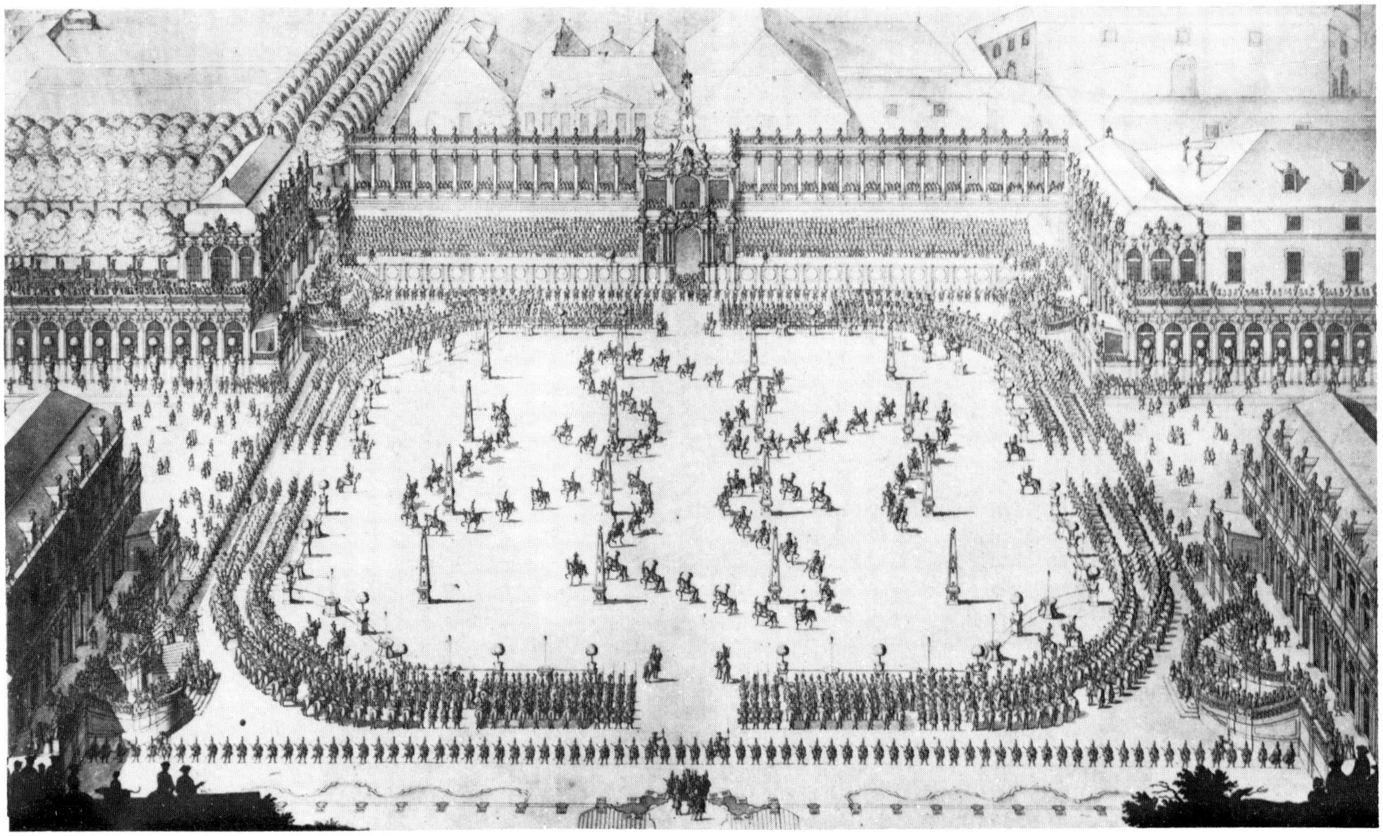

167

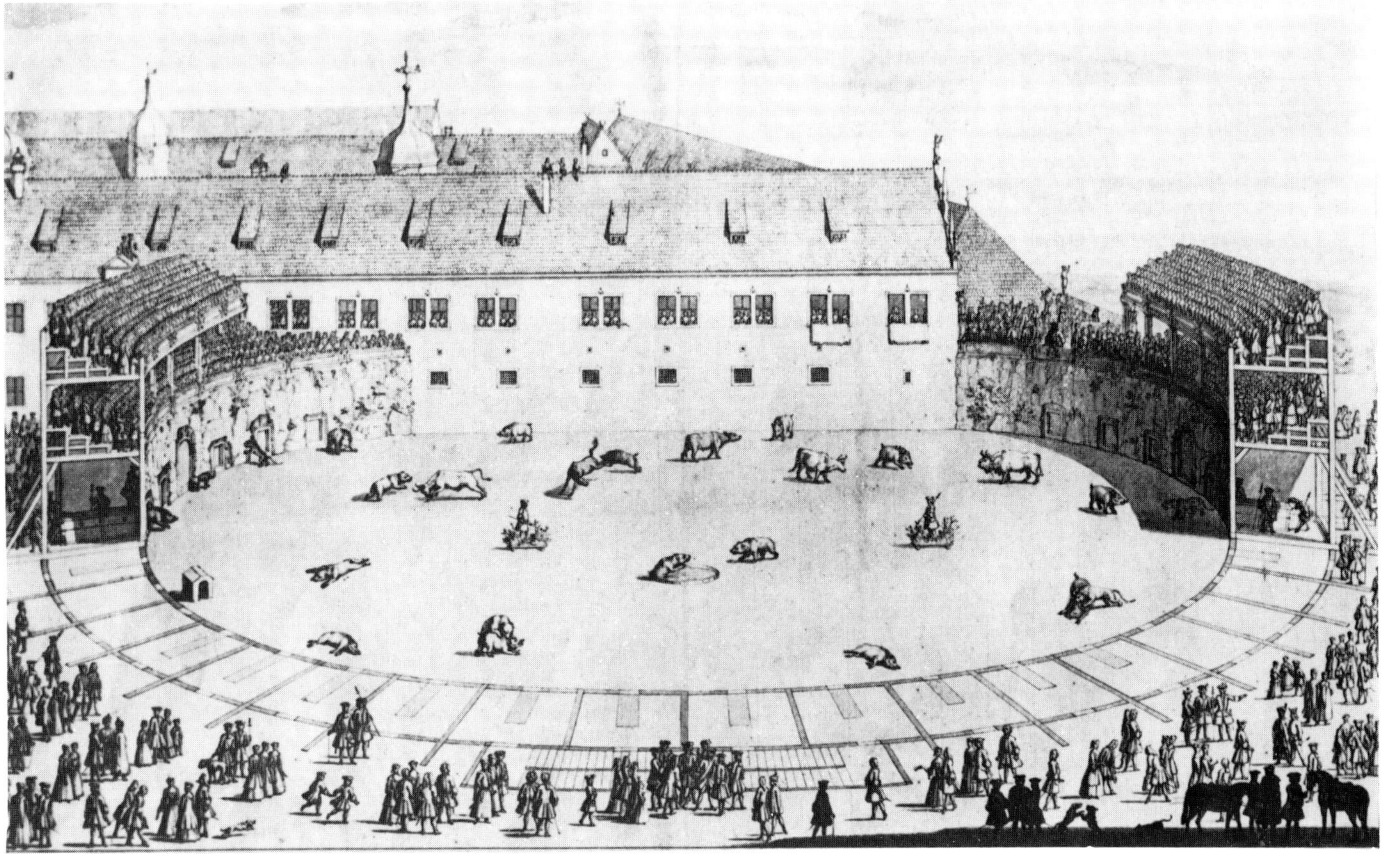

168

167 Am 15. September 1719 findet im Zwingerhof das »Karussell der vier Elemente« statt. Eingerahmt von Militär führt ein Reiterballett zwischen hölzernen Pyramiden ein Wechselspiel von Figuren vor. In der Mitte der provisorischen Holzkolonnade hinter der Tribüne baut sich der in sie eingefügte Portalpavillon über dem bereits für die Längsarkade gemauerten Steinsockel auf. Im unteren Bereich übernimmt er die Säulenarchitektur vom Kronentor, im oberen Bereich ist er als Herrschaftsloge ausgebildet. Über der mittleren Eingangsöffnung steigt ein Obelisk als Pendant zum gegenüberliegenden Kronentor auf.

168 Der Maler Carl Heinrich Jacob Fehling überliefert neben anderen Festen des Jahres 1719 auch die in der provisorischen Arena neben dem Jägerhof in Alten-Dresden veranstaltete Kampfjagd. Den vorderen Teil der hölzernen Tribüne deutet er nur im Grundriß an, um den Blick auf das Geschehen in der Arena frei zu halten.

169 Vor das 1668–1672 von Starcke im Türkischen (ehemals Italienischen) Garten errichtete Palais baut Pöppelmann für die Festlichkeiten eine mehrläufige Freitreppe. Im Garten findet am 17. September 1719 ein nächtliches Schießen statt.

170 Für das Venusfest am 23. September 1719 wird im Großen Garten hinter dem Teich gegenüber vom Palais der achteckige Venustempel errichtet, der im Ehrentempel der Gräfin Dönhoff von 1718 einen Vorläufer hat. Die Illumination macht die abendliche Veranstaltung zum unvergeßlichen Erlebnis.

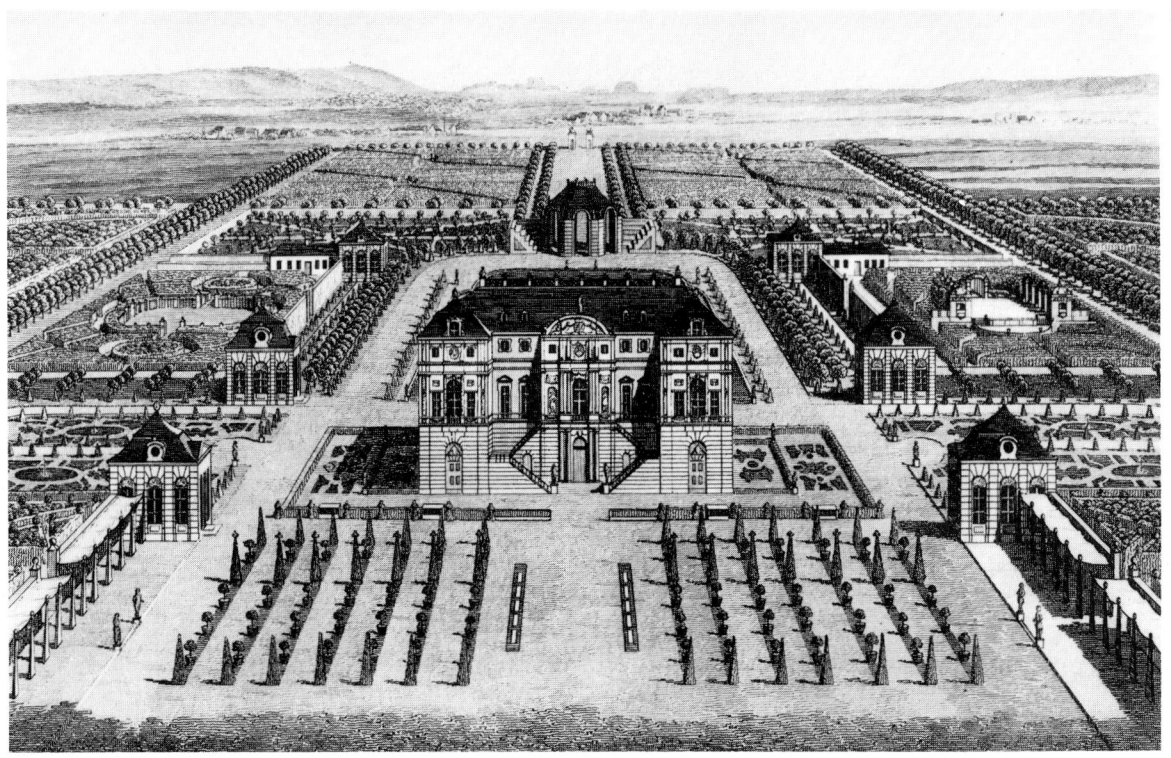

171 Zwei ehemalige Kava-
liershäuschen an der Her-
kules-Allee im Großen
Garten im jetzigen, um
ein Mezzanin aufgestock-
ten Zustand.

172 Die Darstellung des
Großen Gartens im Zu-
stand von 1719 zeigt die
Eingangsseite des Palais;
rechts und links die Kavaliershäuschen, in der
Hauptachse hinter dem
Palais, das den Teich fast
völlig verdeckt, der Ve-
nustempel. Von ihm aus
führt die Hauptallee nach
Nordwesten zum Garten-
tor. Die beiden seitlichen
Alleen haben sich in Süd-
Allee und Herkules-Allee
bis heute erhalten.

173 Die Schnittzeichnung vom Entwurf Knöffels für das Schloß des Grafen Wackerbarth in Großsedlitz läßt an der Pilastergliederung und Dachgestaltung noch den Einfluß Pöppelmanns erkennen.

174 Auch der Entwurf von Knöffel für die Obere Orangerie in Großsedlitz ist noch ganz im Stil Pöppelmanns gehalten: Mittelrisalit mit Steinvase auf dem Dreiecksgiebel, Eckrisalite und Mansarddach.

Die zeitgenössische Darstellung des Pillnitzer »orientalischen Lustgebäudes« am Elbufer gibt die Malereien so wieder, wie sie in den achtziger Jahren unseres Jahrhunderts restauriert worden sind.

Lustschloß Pillnitz

Der König, ständig auf der Suche nach neuen Möglichkeiten, dem Hofleben Glanz und Ruhm zu verschaffen und es mit Festen attraktiver zu gestalten, erinnert sich des einige Kilometer elbaufwärts gelegenen Schlosses Pillnitz, das er im Jahre 1707 der Gräfin Cosel überlassen hatte und das ihm nun wieder zur Verfügung steht. Nicht das dreigeschossige, aus dem 17. Jahrhundert stammende Gebäude ermuntert ihn, hier Feste zu feiern, sondern die einzigartige Lage des Grundstücks am Elbufer. Hier können Feste durch Bootsfahrten einen besonderen Reiz erhalten, hier genügen kleine Lustpavillons, bescheidener als sie Pöppelmann für den Zwingergarten entworfen hat.

Im Jahre 1720 läßt er unmittelbar am Ufer, vielleicht beiderseits eines schon vorher errichteten Pavillons, durch Pöppelmann zwei zweigeschossige Pavillons bauen. Er verlangt einen »orientalischen Stil«, wie er seit Ende des 17. Jahrhunderts am französischen Hof mit dem Trianon de Porcelain für solche kleine Baulichkeiten Mode ist, ähnlich wie er im ersten Jahrzehnt des 18. Jahrhunderts als »türkischer« Stil mit der Ausstattung des Taschenbergpalais (während der Siege Prinz Eugens über die Türken) und mit dem Ausbau des Palais im Türkischen Garten in Dresden und als bekannte Chinoiserie endlich im zweiten Jahrzehnt mit Josef Effners Schleißheimer Pagodenburg Eingang in Deutschland fand. Der König denkt nur an ein Provisorium, da er sich an fast gleicher Stelle ein neues Schloß als Ersatz für das alte Renaissancegebäude vorstellt. Da er sich während der Bauzeit in Warschau aufhält, muß er seine Wünsche in Briefen an Wackerbarth äußern, der eigene Vorstellungen entwickelt und es leid ist, daß der König so sprunghaft immer wieder Neues beginnt: »Was Nachtheil und Schaden, ohne Erwirkung des mindesten Nutzens entstanden wäre, daß bisher mehrmals Gebäude mit großen Unkosten angefangen, welche nachgehends liegen geblieben und durch Witterung vernichtet oder auch gar wieder weggerissen, statt dessen was anderes erbaut, auch dieses wiederum abgetragen und abermals an dessen Stelle was neues vorgenommen worden, sodaß mit diesen vielfältigen

Veränderungen, daß man die Defseins in Execution gebracht hätte, bevor man dieselbe nach allen erfordernden Umständen in reife Überlegung gezogen, ohne daß er dergleichen Bewerckstelligungen zu hindern vermochte confiderable Summen Geldes, ohne daß hiervon etwa nußbares, commodes oder zur Zierde und Ansehen gereichendes jemahls vollständig dargestellt, verthan worden.«⁵⁰ Wackerbarth ist es zu verdanken, daß von vornherein ein Massivbau und damit der Beginn der heutigen Schloßanlage entsteht.

Änderungswünsche des Königs, auf die einzugehen der Baufortschritt und der Fertigstellungstermin nicht mehr erlauben, lassen schon ahnen, daß er mit dem Ergebnis nicht zufrieden ist, als er im Sommer 1721 zum Stiftungsfest des »Weißen Adlerordens« eintrifft. Gleich nach dem Fest ordnet er die

Unterkellerung des Mittelbaus an, um einen versenkbaren Tisch einbauen zu können; außerdem zwei wesentliche Veränderungen am Äußeren, die sein sicheres Formgefühl verraten: zum einen die Erhöhung des Mittelpavillons, durch die die Dreiergruppe erst Harmonie erhält, zum anderen einen Säulenportikus auf der Gartenseite, der dem zierlichen Bauwerk Würde und sogar eine gewisse Monumentalität verleiht, die es über den Charakter des üblichen Lustgebäudes herausheben, wogegen die farbige Behandlung der Fassaden mit chinesischen Motiven modische Verspieltheit zeigt.

Schon während der Bauzeit entstehen Entwürfe für ein endgültiges Schloß; für einen quadratischen Zentralbau mit vier Ecktür-

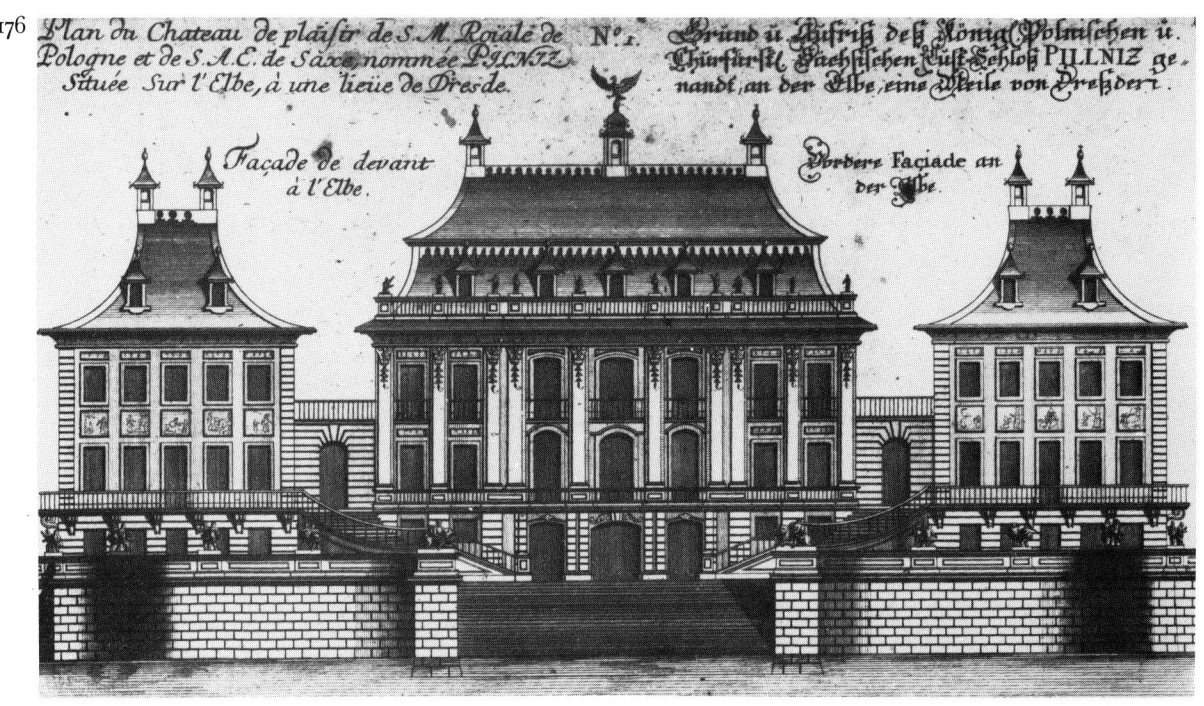

176 Plan du Chateau de plaifir de S. M. Roüale de Pologne et de S. A. E. de Saxe nommée PILNIZ Situeé Sur l'Elbe, à une lieüe de Dresde.   N.° 1.   Grund u Aufriß deß Königl Polnischen u Churfürstl Sächsischen Luft Schloß PILLNIZ genandt, an der Elbe, eine Meile von Dreßden.

Façade de devant à l'Elbe.

Vordere Façade an der Elbe.

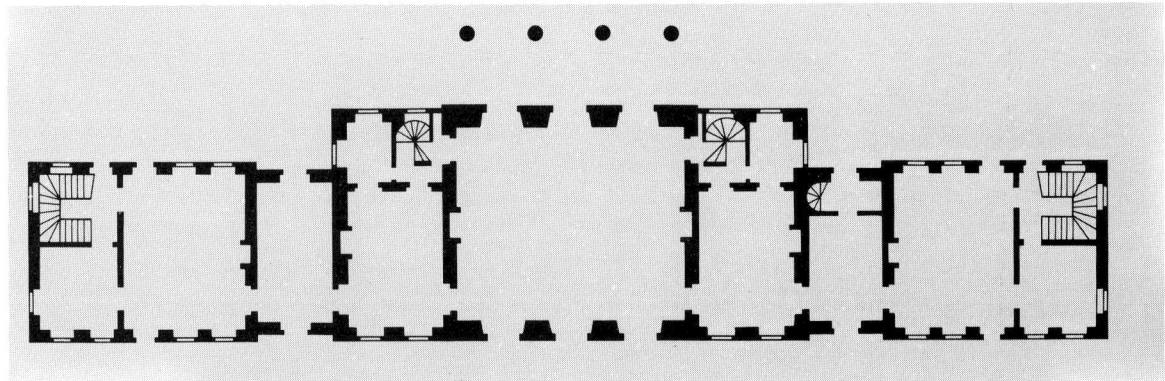

177

176 Auf einem um 1730 im Architekturwerk von Martin Engelbrecht veröffentlichten Kupferstich ist die Fassade vom Mittelpavillon des Wasserpalais nach einer Zeichnung von B. C. Anckermann mit Kolossalpilastern vertikal unter Verzicht auf den durchlaufenden Altan anders gegliedert und auch mit einem Balustradengitter anders hervorgehoben, als sie ausgeführt ist.

177 Im Erdgeschoß des Wasserpalais befinden sich der große Gartensaal, in dem der König einen versenkbaren Tisch wünscht, seitliche Nebenräume und in den Seitenpavillons Schlafzimmer und Kabinette.

178 Die heutige Erscheinung des Wasserpalais besitzt nicht mehr den ursprünglichen Pavilloncharakter, weil die Verbindungsglieder erhöht worden sind.

179 Über der Bogenöffnung zum Souterrain auf der Elbseite des Wasserpalais ist als Schlußstein das von Muscheldekor eingefaßte und gekrönte Medaillon mit den Insignien des Königs angebracht. Die Pilasterkapitelle sind ähnlich wie an der Zwingerarkade ausgebildet.

men und hoher, von einem Obelisken betonter Mittelkuppel; mit rings um das Schloß angeordneten zweigeschossigen, durch Gitter miteinander verbundenen Pavillons, die einen Hof einschließen, der sich nach Westen parallel zur Elbe zwischen langen, zweigeschossigen Flügeln fortsetzt. Die weiträumige Baukörperverteilung und die Vorliebe für Pavillons erinnern wieder an Marly und die Zwingererweiterungspläne. Alle Entwürfe berücksichtigen das »orientalische Lustgebäude«. Zu einem Entwurf hatte Graf Wakkerbarth schon am 19. April 1721 Stellung genommen: »... solches Project aber ist nur mit Bleystifft verlohren entworffen, und hat derentwegen noch nicht in einen förmlichen Riß, so Ew. Majt. vorzuzeigen, gebracht werden können, daß der Ober Land Baumeister Pöppelmann, der Conducteur Knöffel, und der Conducteur Pöppelmann zu unumbgänglichen Besichtigungen der Landgebäude worauf Ihro Königl. Majt. Interesse und Dienst berühret, abgesendet werden müssen also niemand mehr, als der Conducteur Maaß, welcher aufm Großen Garten zu thun hat, und der Conducteur Roußeau, welchen ich jetzo beständig zu Pillnitz habe, da ich

180 Die Freitreppen vor dem Wasserpalais führen vom Gartensaal und vom Souterrain zum kleinen Gondelhafen hinunter, den die hohe Brüstungsmauer, auf der Sphinge wachen, einrahmt.

181 Auch vom Schloßpark aus wirkt das Wasserpalais durch die 1788–1791 von Weinlig und Exner angefügten Seitenflügel als geschlossene Baugruppe. Sie verbindet sich großartig mit der reichen Vegetation.

182 Auf einem der ersten Erweiterungsentwürfe für Schloß und Garten Pillnitz ist neben dem vom König so geschätzten Zentralschloß und den von langen Seitenflügeln eingefaßten Höfen ein großes Angebot an Gartengestaltungsmöglichkeiten dargestellt: Broderieparterres, Wasserbecken und Kanäle, Spielflächen, Menagerie, Labyrinth, Gartentheater, Heckenquartiere und Alleen. Hätte der König den Entwurf realisieren können, wäre eine der großartigsten europäischen Schloß- und Gartenanlagen entstanden.

183 Im Architekturwerk von Engelbrecht ist der Stich einer Zeichnung B.C.Anckermanns für ein Ringrennengebäude veröffentlicht, dessen Fassade bis ins Detail der Zwingerarkade gleicht. Erbaut wird es zunächst von Pöppelmann viel schlichter aus Holz auf oblongem Achteck-Grundriß für das Stiftungsfest im Jahre

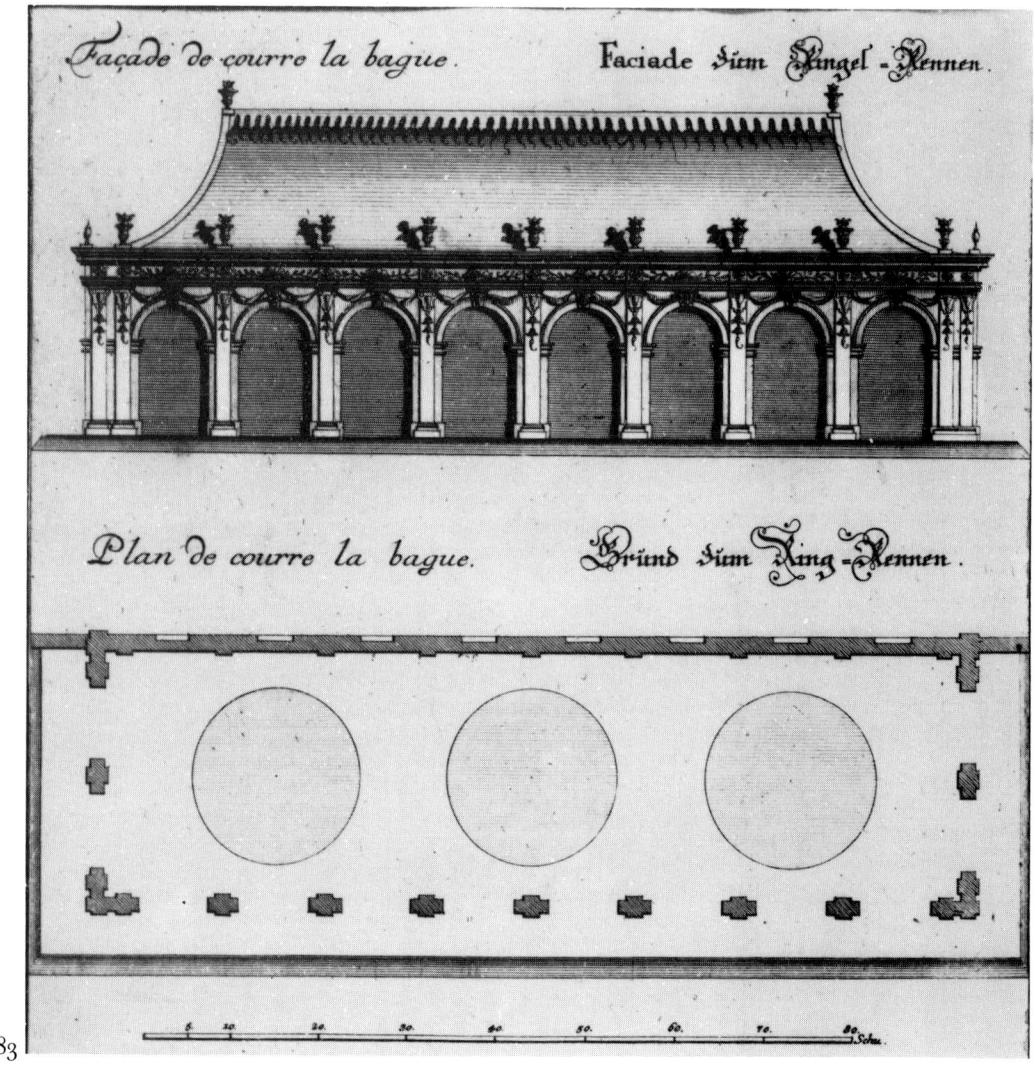

Façade de courre la bague.   Facade zum Ringel-Rennen.

Plan de courre la bague.   Grund zum Ring-Rennen.

183

dermahln in Abwesenheit der andern die Ober Land Bau=
meisterstelle versehen muß, gegenwärtig denn ich solches
Project verfertigen laßen können . . .«[51]

Außer der Dreiergruppe des »orientalischen Lustgebäudes« sind in regelmäßiger Anordnung rings um das geplante Schloß drei weitere gleiche Baugruppen vorgesehen. Von diesen wird als Pendant zum Wasserpalais ab 1723 das Bergpalais erbaut.

Am 5. März dieses Jahres wird in Pillnitz der Namenstag des Königs gefeiert, im April findet ein Schützenfest statt, am 12. August die Geburtstagsfeier des Königs, im Sommer eine Bauernhochzeit, im September eine Wasserjagd und am 2. November ein Winzerfest.

Um Platz für den Venustempel zu gewinnen, der nach Longuelunes Entwurf ein Jahr später gebaut wird, läßt der König im Jahre 1723 die unmittelbar neben dem alten Schloß stehende Schloßkapelle abbrechen. Als Ersatz denkt er zunächst an eine Vergrößerung der kleinen Fischerkirche im benachbarten Hosterwitz, bewilligt dann aber 2000 Taler für einen Neubau, der in Pillnitz am Hang der Weinberge zustande kommt. Im gleichen Jahr wird auch die von zwei Sphingen gerahmte Freitreppe vom Wasserpalais zur Elbe fertig, die der Hofgesellschaft das bequeme Besteigen der Gondeln bei jedem Wasserstand ermöglicht.

Inzwischen arbeitet Longuelune an den Schloßplänen weiter und entwirft Varianten, deren Grundrisse sich weiterhin an Serlios Vorschläge für das Lustschloß Poggio Reale bei Neapel anlehnen; also der italienischen Renaissance verhaftet sind und der Vorliebe des Königs für Zentralbauten entsprechen, die außen jedoch mit Lisenen der Kühle des französischen Vorklassizismus Ausdruck geben. Dann zeichnet er nach einer Ideenskizze des Königs einen Entwurf in H-Form, dessen Grundriß nicht mehr von so konsequenter Geometrie bestimmt wird und dessen Äußeres durch vorgelegte Freitreppen ebenfalls malerischer und der Dresdner Tradition stärker verhaftet ist. Am 10. Januar 1724 wählt der König einen dieser Pläne zur Ausführung. Sie beginnt jedoch nie.

Für einen kleinen Festplatz in den Weinbergen denkt sich Longuelune einen Bacchustempel in Form eines Weinfasses mit vier Eckpavillons aus, die ebenso naturalistisch als Flasche, Lyra, Kelch und Melone ausstaffiert sind. Frei von architektonischen Regeln kann er hier Ideenreichtum und malerisches Talent entfalten – auf dem Papier jedenfalls, denn von einer Realisierung ist nichts bekannt. Pöppelmann plant ein Ringrennengebäude, das als Provisorium errichtet wird, als endgültiger Steinbau jedoch erst im 19. Jahrhundert die heutige Form erhält.

1721. Aus einem erst später in Stein errichteten Gebäude entsteht durch Anbauten 1874 das heutige Orangeriegebäude, bei dem die Formensprache Longuelunes vorherrscht.

184 Anstelle der alten Schloßkapelle läßt der König einen Speisesaal mit Seitenflügeln bauen, der den Namen Venustempel erhält, weil in ihm Porträts von Hofdamen und Mätressen aufgehängt werden. Die mit Ziegeln ausgefachten und verputzten Holzwände erhalten nicht die »orientalische« Dekoration von Wasser- und Bergpalais. Zacharias Longuelune untergliedert sie in der strengen Auffassung des Vorklassizismus mit umlaufenden Lisenen und rechteckigen Feldern.

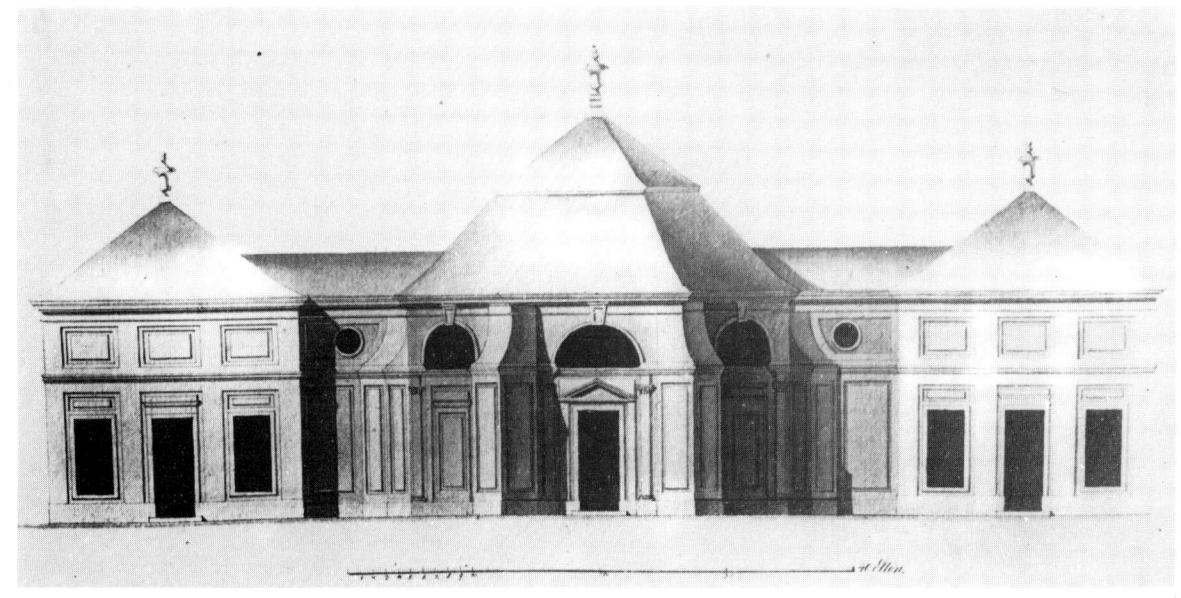

184

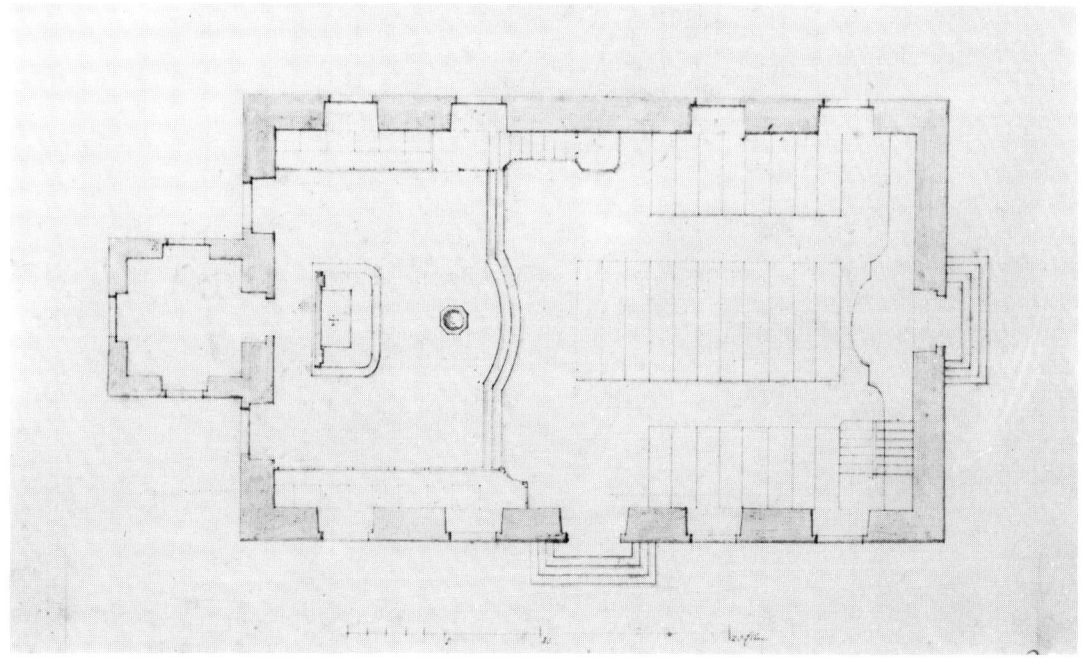

185 Pöppelmann entwirft
die Pillnitzer Weinberg-
kirche zunächst für einen
Standort in der Ebene,
wahrscheinlich sogar im
Hochwassergebiet der
Elbe, da er vier Stufen vor
die Eingänge legt. Mit der
Dekoration des hohen
Dachreiters gibt er ihr
etwas von der festlichen
Ausstattung der Schloß-
entwürfe.

186 Die Weinbergkirche
soll nach dem Entwurf
Pöppelmanns die Innen-
abmessungen von
18,70 m x 10,80 m erhal-
ten, auf der Ostseite mit
einer Sakristei und gegenüber vom Altar mit einer
schmalen Orgelempore
versehen werden. Bei der
Ausführung kommt die
Sakristei an die Längs-
seite gegenüber vom Ein-
gang.

185

186

187

188

189

187 Die schließlich am Hang oberhalb des Dorfes Pillnitz errichtete Weinbergkirche erhält auf der Talseite eine Betonung durch die zweiläufige Freitreppe. Der Dachreiter ist wesentlich schlichter ausgeführt als von Pöppelmann geplant. Die Fassaden werden als Ersatz für eine kostbare Gliederung aus Sandstein ähnlich wie die von Was-

ser- und Bergpalais mit einer Illusionsarchitektur aus aufgemalten Gewänden mit Schattenkanten, Verdachungen und Wandpfeilern mit lisenenartigen Farbfeldern in Rosa und Hellgrau bemalt, später jedoch übertüncht.

188 Das Portal wird erst 1726/27 vom Bildhauer Benjamin Thomae mit

dem Sächsisch-Polnischen Doppelwappen bereichert.

189 Die Innenausstattung der Weinbergkirche mit doppelten Emporen, Orgelprospekt und Flachdecke ist nach Pöppelmanns Entwurf ganz im Charakter einer dörflichen Kirche ausgeführt. Der Taufstein stammt aus der alten Schloßkirche.

Bauten des Hofes zu Beginn des dritten Jahrzehnts

Schon am 19. April 1721 hatte Graf Wackerbarth dem König mitgeteilt, daß Pöppelmann, dessen Sohn und Knöffel außerhalb der Residenz tätig seien und keine Zeit hätten, an der Pillnitzer Schloßplanung weiterzuarbeiten. Pöppelmann weilt in Pretzsch an der Elbe, wohin sich die Gemahlin des Königs, am protestantischen Glauben festhaltend, in das aus dem 16./17. Jahrhundert stammende Schloß zurückgezogen hat. Schloßräume und Schloßgarten sind auszubauen und Straßen und Deiche in der Umgebung anzulegen. Der ständige Aufenthalt der Königin erfordert den Einbau einer eigenen Loge in die im 17. Jahrhundert erweiterte, im Kern

spätgotische Stadtkirche, da keine Schloßkapelle existiert. Geschickt nutzt Pöppelmann einen Gewölbezwickel an der nördlichen Längswand des Chores für sie aus und bringt mit ihr den Glanz des Hofes in die kleinstädtische Kirche. Außerdem schlägt er eine Umgestaltung des Kirchenäußeren vor. Es wird jedoch nur der Turmhelm mit Kuppel und Zwiebelspitze erneuert und reich dekoriert. Das Kirchenschiff erhält nicht die von ihm empfohlene waagerechte Nutung, nicht die Fensterverdachungen und Dachhäuschen. 1727 wird Eberhardine in »ihrer« Kirche beigesetzt.

In Leipzig beginnt 1722 der Bau des Peterstores, das die Petersstraße am Südende gegen den Stadtgraben abschließt. Da die im Jahr zuvor vom Leipziger Rat eingereichten

190 Pöppelmann deko-
riert die Eberhardinen-
loge in der Kirche zu
Pretzsch ähnlich wie die
Zwingerarkaden. Die ge-
krönte Wappenkartusche
über der Mittelsäule und
der sie bedeckende Balda-
chin würden den Blick
noch stärker auf sich lenken, lägen sie nicht im
Schatten des Gewölbe-
zwickels.

191 Nur der obere Teil
des Turmes wird nach
Pöppelmanns Entwurf
umgestaltet und bleibt so
bis heute erhalten.

192 Auch das Äußere der
Pretzscher Kirche will
Pöppelmann barockisie-
ren; vor allem den Turm
mit Dekorationen, die
ebenfalls von Zwinger-
und Schloßentwürfen her
geläufig sind: Tuchdra-
pien, Blütenketten und
ovalen Dachfensterchen.
Die Wetterfahne enthält
die Anfangsbuchstaben
von »Christiane Eberhar-
dine Königin«.

193

193 Mit dem Entwurf für das Leipziger Peterstor versucht Pöppelmann einen Abglanz der höfischen Repräsentation in die sächsische Handelsmetropole zu bringen. Er erreicht es mit gekoppelten toskanischen Kolossalsäulen beiderseits der Durchfahrt, der Gewändeeinfassung der seitlichen Durchgänge und darüberliegenden Fenster, dem Triglyphengesims und den drei reich dekorierten Wappenkartu-

schen im Mezzanin- und Giebelbereich.

194 Als Alternative entwirft Pöppelmann die stadtseitige Fassade des Peterstores mit flächigen Pilastern statt Säulen und verzichtet auf die seitlichen Türen, um Kosten zu sparen. In dieser Form wird das Torgebäude ausgeführt.

195 Die Wasser- oder Landseite des Peterstores besteht – so wie auf dem

Entwurf dargestellt – aus einer Blendgiebelwand, die einen Innenhof abschließt, in dem die Kontrolle und Zollabfertigung der Durchreisenden erfolgt. Die rustikale Behandlung bewirkt einen fortifikatorischen Eindruck, den auch die Trophäen und anderen militärischen Embleme unterstreichen.

Pläne nicht die Zustimmung des Königs gefunden hatten, mußte Pöppelmann mit dem für die Finanzen im Oberbauamt zuständigen Appellationsrat Carl Wilhelm Gärtner zur Ortsbesichtigung nach Leipzig reisen und selbst das Tor entwerfen; ein Stadttor, das auf der Stadtseite mit Mansarddach und reicher Pilasterinstrumentierung, für die Pöppelmann alternativ auch Säulen vorgeschlagen hatte, an das Bild der Innenstadt anknüpft und auf der Landseite den Charakter der italienischen Stadttore des 17. Jahrhunderts zeigt. Ganz ähnlich im Aufbau – Durchfahrtsgeschoß rustiziert, schmaleres Oberteil als segmentbogig geschlossener Blendgiebel mit Trophäenschmuck – hatte Arnold Nering 1683 das Leipziger Tor in Berlin gestaltet, und Johann Rudolph Fäsch übernimmt dasselbe Prinzip im »... Versuch seiner Architect. Wercke«. Im Jahre 1860 muß das Tor dem Fahrzeugverkehr weichen, Leipzig verliert ein Kleinod barocker Profanarchitektur, das einundeinhalb Jahrhunderte lang den Reisenden bei der Ankunft in der an gediegenen Kaufmannsfassaden so reichen Messestadt gebührend begrüßt hat.

Eine nicht ganz alltägliche Bauaufgabe nimmt Pöppelmann auf der Festung Königstein in Anspruch. Schon im Jahre 1709 hatte er sich mit dem Vorsteher der kurfürstlichen Weinbergs- und Kellereiverwaltung Grahl um die Dichtung des Großen Weinfasses in der Magdalenenburg bemühen müssen. Es gilt als größtes Weinfaß Europas und steht hinsichtlich der Größe seit dem 17. Jahrhundert in Konkurrenz zum berühmten Heidelberger Faß. Die seit 1717 eingeleiteten Vorbereitungen für eine gründliche Erneuerung führen im Juni 1722 zum Instandsetzungsvertrag mit dem Kellereimeister Johann Barthold Michaelis aus Weimar und dem Oberküfergesellen Johann Philipp Hölbe aus Durlach. Um dem Faß die ihm zukommende stattliche Dekoration zu geben, läßt Pöppelmann durch Benjamin Thomae an der Stirnseite einen Bacchus zwischen zwei Satyren und zwei Hermen, das Sächsisch-Polnische Doppelwappen, Kartuschen mit den Insignien des Königs und der Jahreszahl 1727 sowie Weinranken anfertigen und auf das Faß eine Galerie aufbauen, wie sie bereits existiert

hatte. Der König erwägt sogar einen völligen Neubau für das Faßgehäuse; es bleibt jedoch bei einem Umbau der Magdalenenburg und der Verbesserung der Belüftung.

Zu Beginn der zwanziger Jahre befindet sich die sächsische Residenz im hellsten Glanz. Das Land lebt im Frieden, die Wirtschaft blüht, die Feste von 1719 haben Gästen aus ganz Deutschland ein Bild von der Pracht des Hofes vermittelt. Der König erfreut sich noch der Gesundheit und hat den Kopf voller Ideen für Verschönerungen der Residenz, der Schlösser in der Umgebung und in Polen. Die Bebauung Dresdens wird von den Festungsmauern zwar noch in Grenzen gehalten, gewinnt jedoch zusehends an Pracht, und der Bereich nordwestlich des Schlosses hat sich seit dem Baubeginn des Zwingers schon erheblich verändert. Ähnlich durchgreifende Veränderungen bahnen sich in Alten-Dresden an.

Am 17. Februar 1722 findet im Zwinger ein Karussellfest statt. Dessen Darstellung nimmt

der Maler Alexander Thiele zum Anlaß, die von Pöppelmann geplante, aber nicht durchgeführte Erweiterung innerhalb langer, zweigeschossiger Gebäudeflügel bis zum Elbufer, an dem ein Pavillon als Pendant zum Kronentor einen Blickpunkt bilden soll, der Nachwelt zu überliefern. In dieser Richtung wäre die Hauptachse der ganzen Anlage verlaufen, und das heute als Hauptachse anzusehende Gegenüber von Wallpavillon und Glockenspielpavillon wäre die Querachse geworden.

An den Flachdächern der Zwingergalerien sind inzwischen Durchfeuchtungsschäden entstanden. Ursache ist die wegen der Eile vor dem Fest von 1719 nur mit Holzbalken ausgeführte Konstruktion. Jetzt werden nachträglich Gewölbe eingezogen, was auch Veränderungen des Inneren zur Folge hat. Im Schloß ist unter Pöppelmanns Leitung durch Leplat die Ausstattung der acht Prunkräume des Grünen Gewölbes zur Aufnahme der Schatzkammer der Wettiner im Gange.

Facades 2er Desseins auff Stadt=Thore

Facades 2er Desseins auff Stadt-Thore

196/197 In seinem Architekturbuch veröffentlicht Johann Rudolph Fäsch das Muster eines Stadttores, das ähnlich konzipiert ist wie das Peterstor in Leipzig. Der ebenfalls mit toskanischen Säulen ausgestatteten Stadtseite fehlt jedoch ein zum Wohnen bestimmtes Obergeschoß. Die Landseite ist wie die des Peterstores rustiziert.

198 Der Kupferstich von Lorenzo Zucchi zeigt das Königsteiner Riesenfaß in ganzer Größe. In Wirklichkeit bieten sich dem Betrachter in der engen Magdalenenburg jedoch nur Ausschnitte aus der Nähe. Das Faß wird 1819 beseitigt, nur Teile der Dekoration bleiben erhalten.

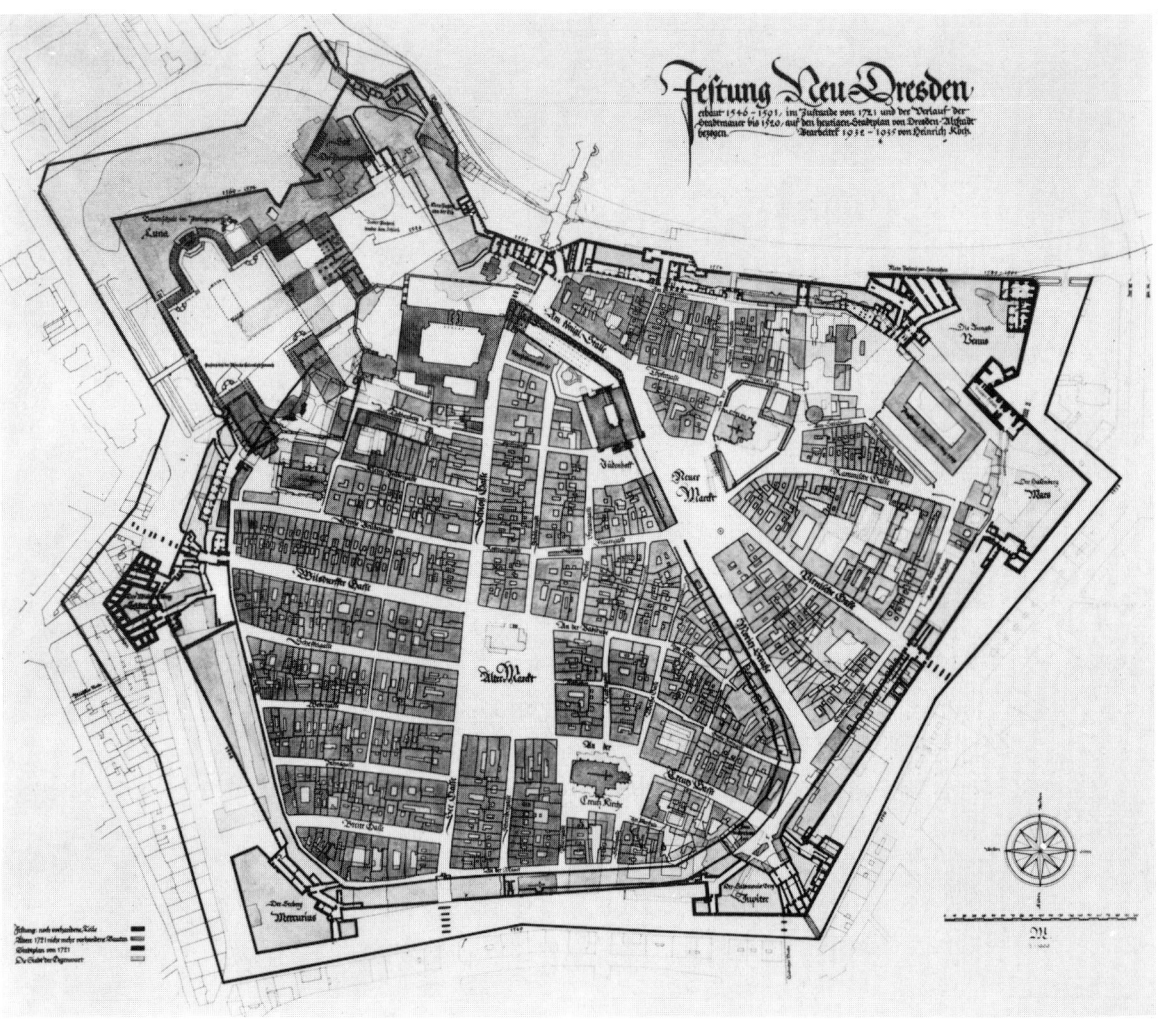

lichen Zwingerhof trennt
sie der 1719 angelegte Sokkel der Längsgalerie, auf
dem die Zuschauertri-
büne provisorisch errich-
tet wurde. Im Hinter-
grund ist ein Pavillon mit
hoher Spitze als weit ent-
ferntes Pendant zum Kro-
nentor zu erkennen;
rechts der Schloßturm
über dem dunklen Ge-
mäuer des alten Schlosses.

201 Die Unterschriften
der anläßlich der Instand-
setzung der Flachdächer
der Zwingerarkaden im
Jahre 1722 eingesetzten
Oberbauamtskommis-
sionsmitglieder: des Hof-
rates Johann Christian
Benemann, des Appel-
lationsrates Matthäus
Gärtner, der Architekten
M. D. Pöppelmann, R. Le-
plat, Z. Longuelune und
Johann Christoph Knöffel
sowie des Bauschreibers
Christian Andreas Siegert

202 Der nach dem Titel-
bild von Pöppelmanns
»Kupferstichwerk über
den Zwinger« rekon-
struierte Lageplan läßt die
Verbindung der Erweite-
rung mit dem alten
Schloß erkennen. Lange
zweigeschossige Flügel
fassen den Gartenhof zur
Elbe und einen zweiten
Hof zum Schloßaltbau ein
und bilden die ganze
Schloßerweiterung. Ein
Pavillon ist mit Arkaden
an sie angeschlossen und
beschließt die lange Gar-
tenanlage als Blickpunkt.
Genausowenig wie dieser
Plan werden Schloßbau-
pläne von Longuelune,
Knöffel und Chiaveri und
ein Jahrhundert später
dann der Forumplan
Sempers verwirklicht, die
alle auf eine Verbindung
zur Elbe hinzielen.

199 Dresden um 1721.
Die Rekonstruktion von
Heinrich Koch zeigt den
in den Stadtplan von
1935 eingezeichneten
Zustand, als Klengels
Reithaus und Schießhaus
abgebrochen sind und der
Zwinger bereits in der
endgültigen Form, wenn
auch teilweise nur provi-
sorisch, errichtet ist.
Deutlich kommt der Un-
terschied zwischen der
vom Altmarkt regelmäßig
ausgehenden Straßenfüh-
rung und dem unregelmä-
ßigen Stadtbild um den
Neumarkt zum Ausdruck.
Im Nordosten verläuft die
Befestigung längs des Elb-
ufers, landwärts schützen
die vorspringenden Ba-
stionen Luna, Sol, Venus,
Mars, Jupiter, Merkur
und Saturn die Stadt. Am
Neumarkt steht noch die
alte Frauenkirche, die
sechs Jahre später abge-
brochen wird, um Bährs
Neubau Platz zu geben.

200 Seitdem die endgül-
tige Form des Zwingers
gefunden ist, bleibt für
die Erweiterung der Gar-
tenanlage nur die noch
offene Nordostseite zur
Elbe. Der Hofmaler
Thiele stellt sie auf einem
Ölbild vom Karussellfest
im Zwinger am 17. Februar
1722 dar. Vom eigent-

200

201

Elbbrücke
Stallhof
Taschenbergpalais
Sophienkirche
vorh. Befestigung

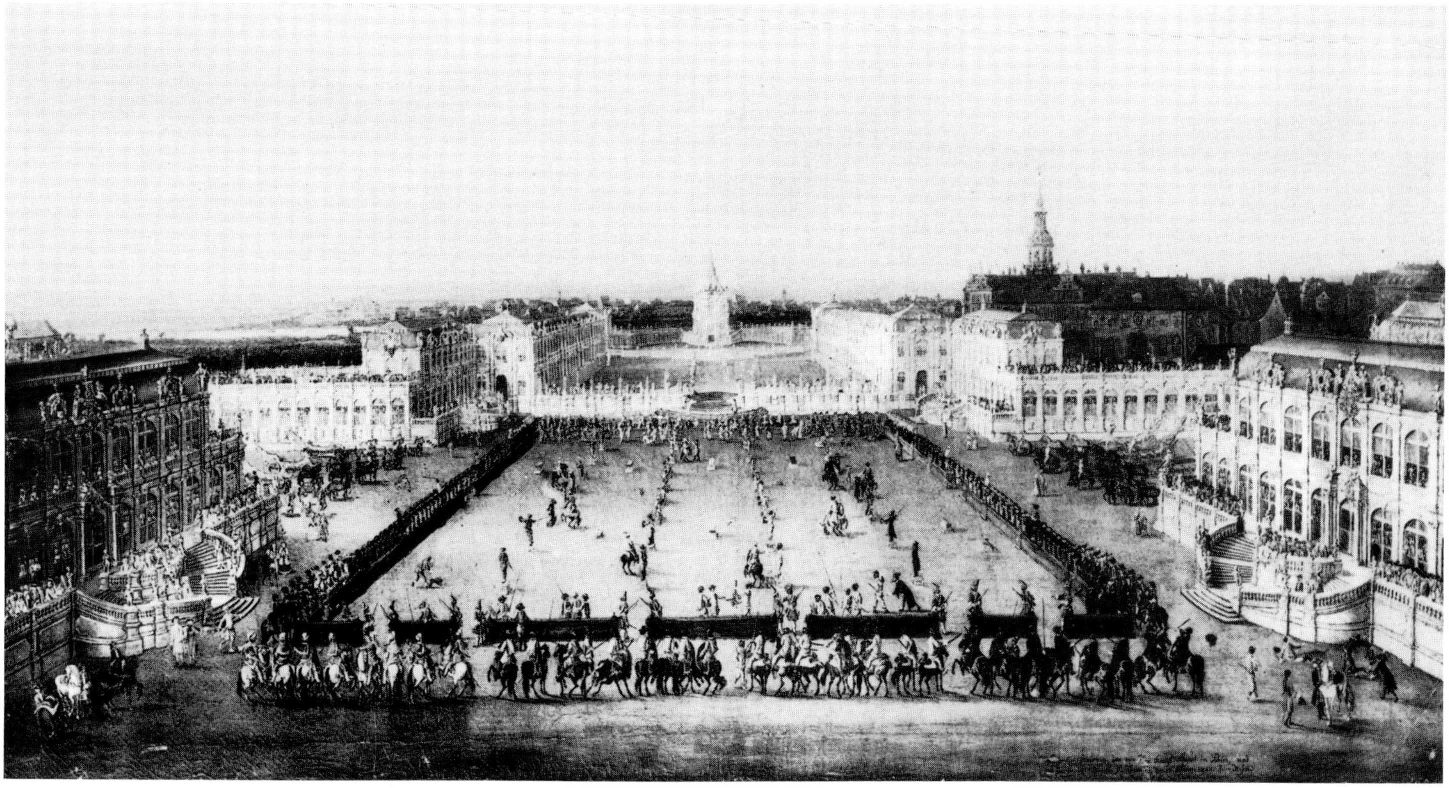

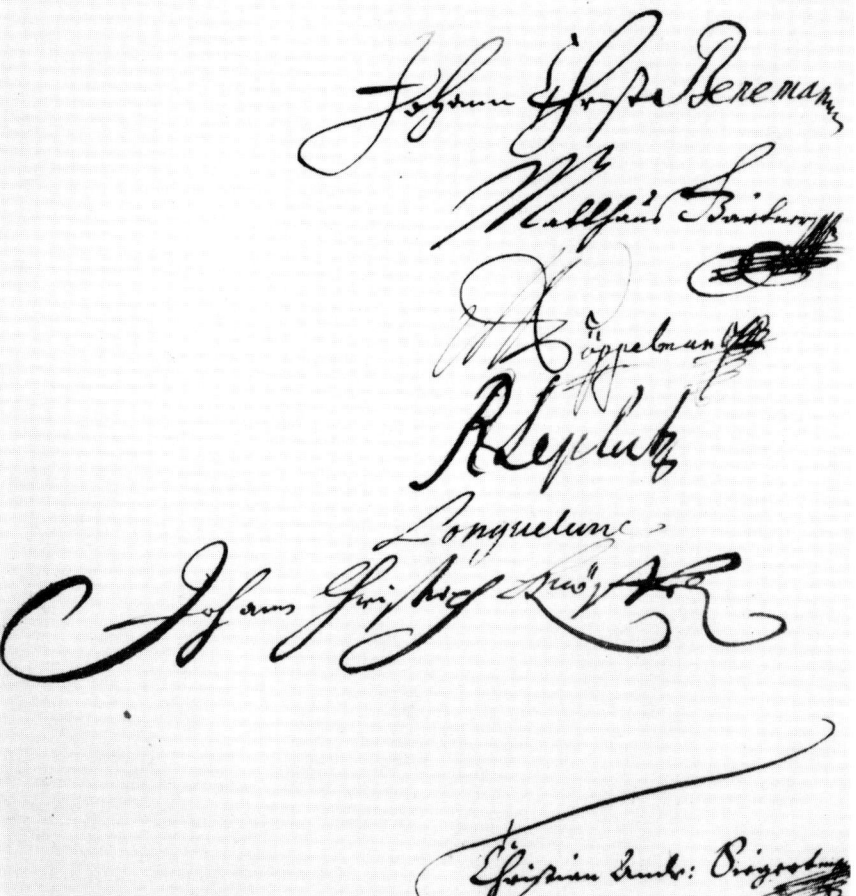

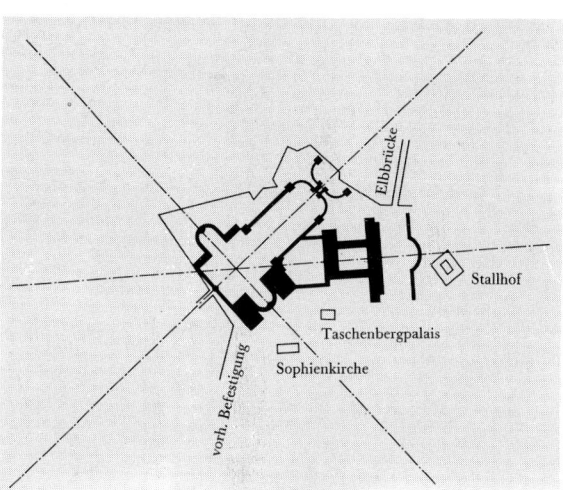

202

203 Das Turmzimmer im zweiten Obergeschoß des Residenzschlosses stattet Longuelune schon vor den Festen von 1719 mit Porzellanvasen aus. Auch in anderen Prachträumen, wie Elfenbein-, Emaille-, Juwelenzimmer und Pretiosensaal wird eine überwältigende Fülle an Schmuckstücken aufgestellt. 1945 zerstört

203

204 Die im Jahre 1692 von Starcke und Beyer im Residenzschloß anläßlich der Verleihung des Hosenbandordens an den Kurfürsten Johann Georg IV. durch eine englische Gesandtschaft angelegte Englische Treppe wird 1718 erneuert und zeitgemäß dekoriert.

204

Die Erweiterung des Holländischen Palais in Alten-Dresden

1722 ist Pöppelmann erneut mit Erweiterungs-
plänen für das Holländische Palais in Alten-
Dresden beschäftigt. Da es sich bei den Festen von 1719 so glänzend bewährt hatte, be-
absichtigt der König, mit ihm einen Teil des
Bauprogramms für das Schloß zu verwirkli-
chen, dessen Neubau er nicht mehr ernsthaft
im Sinn hat. Er hat die Hoffnung aufgege-
ben, ein neues Residenzschloß zu bauen: »Wir haben Unser großes Deßein wegen gäntzlicher Ab-
brechung Unsers hiesigen Schloßes und Aufführung
eines gantz neuen in Ansehung des Zustandes Unserer Caf-
sen nunmehro geändert und das Schloß stehen zu laßen,
und nur die innere und äußerliche Facade deßelben nach
den Reguln einer Architectur in eine Symmetrie bringen,
aus puzen, die Gemächer verzieren, und nach den von Uns
approbirten Rißen bequem adaptiren, die Englische
Treppe aber wieder neu zu erbauen zu laßen entschlo-
ßen ...«[52]

Wieder ein Beispiel, wie er sich verzettelt,
während nicht einmal der Zwinger fertiggestellt ist. Zum repräsentativen Ausbau des Palais wird ihn auch der Baubeginn großer
Stadtschlösser an anderen deutschen Höfen
bewogen haben: 1720 hat der Fürstbischof Johann Philipp Franz von Schönborn den
Grundstein zum Würzburger Schloß gelegt,
das unter Balthasar Neumanns Leitung mit
Beratung von Maximilian von Welsch, Johann Dientzenhofer und Lukas von Hildebrandt und sogar den Franzosen Boffrand und
de Cotte zu einem im ganzen Reich beachte-
ten Bauvorhaben wird und zur Vollendung
zwei Jahrzehnte benötigt. 1720 hat Kurfürst
Karl Philipp den Bau des noch größer konzipierten Schlosses in Mannheim begonnen,
wahrscheinlich unter Beteiligung von Louis
Remy de la Fosse, der auch für den Landgrafen Ernst Ludwig von Hessen-Darmstadt ein
Stadtschloß entwirft.

Der König bezieht den Bau eines Reithauses in die Planung mit ein. Ein vermutlich
von Pöppelmann entworfener Lageplan trägt
rückseitig die Beschriftung: »Diese Deßeins zu
Einem Reithauß in alt Dreßden sind von Monf. Longuelune abgegeben worden derer 3 Stück von Monf. Pöppelmann 2 Stück von Monf. Longuelune, und (3 Stück von
Ihro) Königl. Majt. Eigenhändig ...«[53] Er reicht bis
zur am Marktplatz wiederaufgebauten Dreikönigskirche. Die Fassaden der zweieinhalb-
geschossigen Reithausfront und der zweigeschossigen Galerien setzen die Aufstockung
des Holländischen Palais voraus. Zweige-
schossig und mit eingeschossigen Seitenflügeln hätte es jetzt kümmerlich gewirkt. Wakkerbarth macht sich zum Fürsprecher der
Aufstockung und weiß an die vom König an-
geordnete Aufstockung des Pillnitzer Wasserpalais zu erinnern: »Wann ich ferner in pflichtmä-
ßige Betrachtung ziehe, daß auch die Zierde nicht einst in
erfordernder Harmonie zu erlangen ist, angesehen die beyden Flügel des Gebäudes weit größer und ansehnlicher alß
das Corps de Logis kommen und auf solche Weise ge-
wißlich nicht in erfordernde Harmonie und Proportion zu
bringen stehen; So setze mich in Besorgnüß, daß wenn
auch das Werck zur Execution kommen solte, Ew. Königl.
Majt. eben so wenig Gefallen finden dürfften, alß in dem
Pillniizer Bau, da die beyden Pavillons ansehnlicher, als
das Mittel Gebäude waren, welches dann bekannter maaßen veranlaßte, es wieder abzutragen und ein größers und
proportionirters wieder auffzubauen; bekannt ists, und
Ew. Königl. Majt. unverborgen was vor Critiquen Ver-
failles eben der Uhrsachen halber, daß die Flügel größer,
alß das Corps des Logis gerathen, unterworffen.«[54]
Tatsächlich wird die Erhöhung noch im Jahre
1722 durchgeführt, obwohl der Bau des Reithauses nicht zustande kommt. Trotzdem läßt
der König den Platz vor dem Palais freiräu-
men. Die Dresdner Chronik berichtet am
5. Januar 1723 darüber: »Altdresden auf der Meiß-
nischen Gaße der Anfang zur Wegreißung sechs neu erbauten Häuser gemacht, so dem Königlichen Japanischen
Palais den Prospect versperret. Die Eigentümer bekamen
solche baar bezahlt.«[55]

Schon hat der König sich anderen Projek-
ten zugewandt. Seit 1721 baut der 1714 zum
Oberstleutnant beförderte Johann Christoph
Naumann für den Kurprinzen Friedrich
August ein Jagdhaus bei Wermsdorf westlich
von Oschatz, das später den Namen Hubertusburg erhält. Zwischen 1722 und 1724 baut
Johann Georg Maximilian von Fürstenhoff
das Stallgebäude um. Ein offenbar von Pöppelmann gleichzeitig entworfenes benachbar-
tes Palais kommt nicht zur Ausführung.

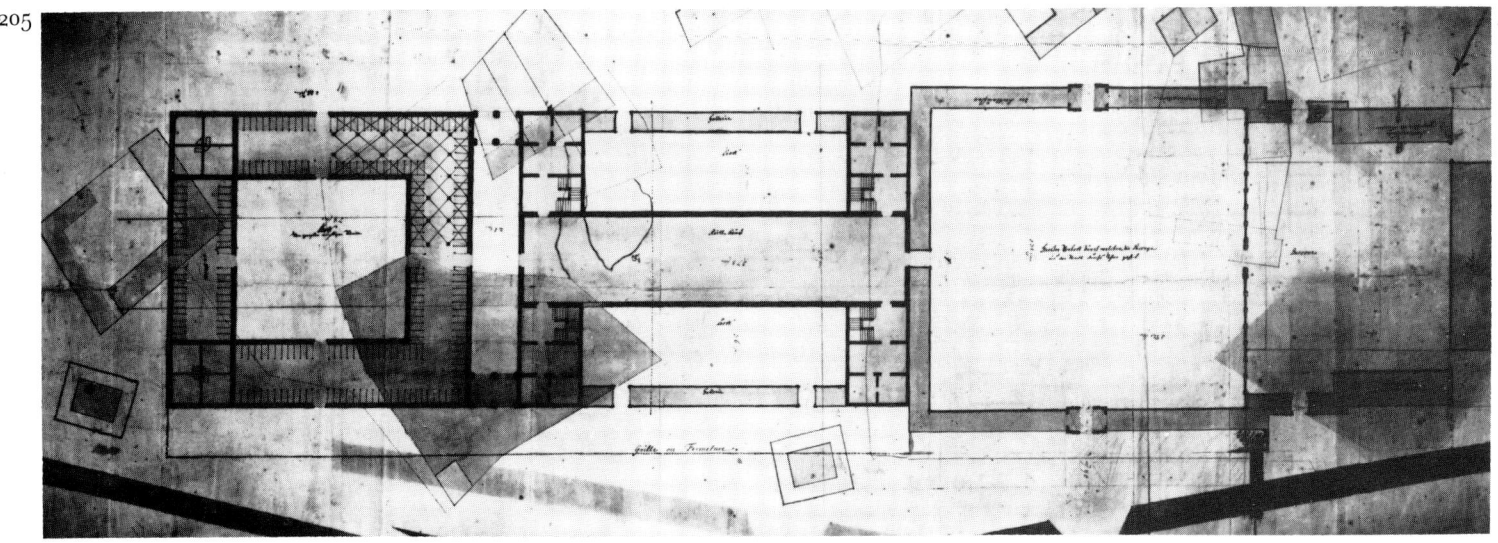

205 Die Erweiterung des Holländischen Palais mit einem Reithaus soll nach einem vermutlich auf Pöppelmann zurückgehenden Plan im Anschluß an einen »Vorhof, durch welchen die Passage aus der Stadt durchs Tor gehet« aus dem Reithaus mit Querflügeln und aus einem Stall für 200 Pferde bestehen.

206 Die Hauptschauseite des Reithauses gegenüber vom Holländischen Palais fügt sich auf dem Entwurf Pöppelmanns zwischen die als Schnitt dargestellten Umfassungen des Vorhofes ein. Im Sockelgeschoß setzen sich deren Arkaden fort, darüber entwickeln sich Hauptgeschoß und Mezzanin mit schlichter Dekoration. Nur der Mittelrisalit, der die Breite der dahinterliegenden Reithalle anzeigt, ist mit Fensterumrahmungen und -verdachungen, mit Pilastern und vor allem mit einem geschweiften Blendgiebel, der beiderseits kreisförmiger Ausschnitte die gekrönte Wappenkartusche zeigt, reicher ausgestattet.

207 Auf der von Johann August Corvinus in Kupfer gestochenen Vogelschau aus Richtung Elbe auf das aufgestockte Holländische Palais ist im Vordergrund die von Karcher gestaltete Gartenanlage zu sehen. Von einem Gondelhafen aus führt eine breite Allee über mehrere Treppen bis zur »sala terrena« des Palais. Ein von Säulen getragener Altan betont die Mittelachse, ein mit der Wappenkartusche geschmückter flacher Dreiecksgiebel bedeckt den Mittelrisalit straffer, als man ihn von Pöppelmann bisher gewohnt ist und als er ihn für das Reithaus entworfen hat. Der enge Fensterabstand ergibt eine skeletthafte Wirkung der Fassade und weist zusammen mit den niedrigen Brüstungen auf den Einfluß der französischen Architektur hin.

207

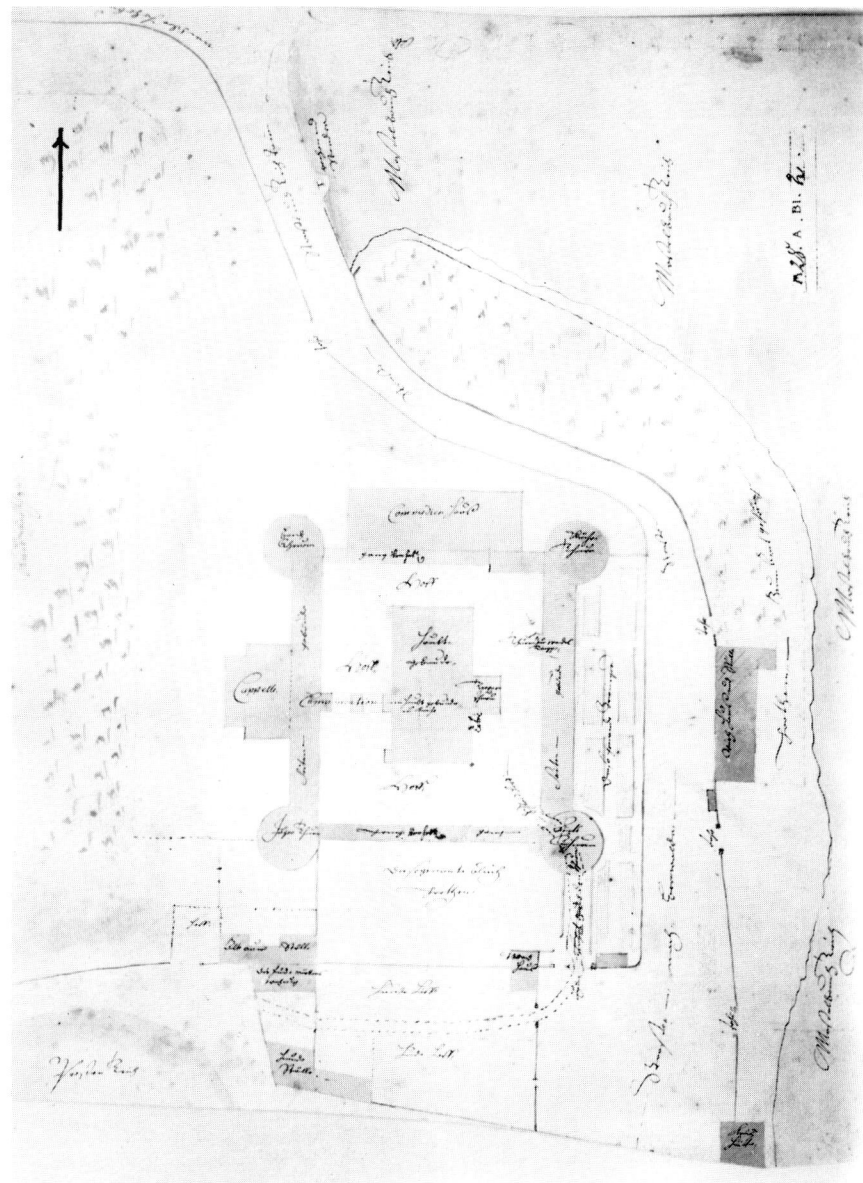

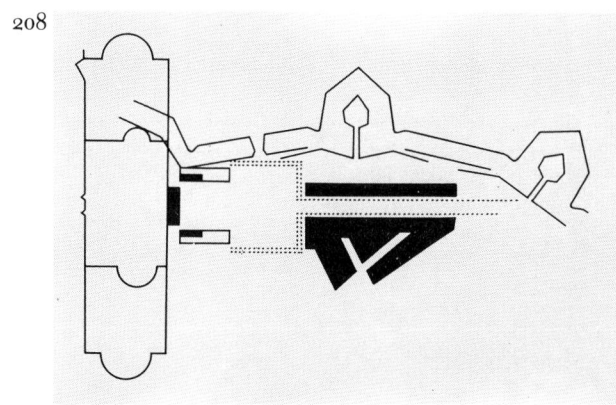

208

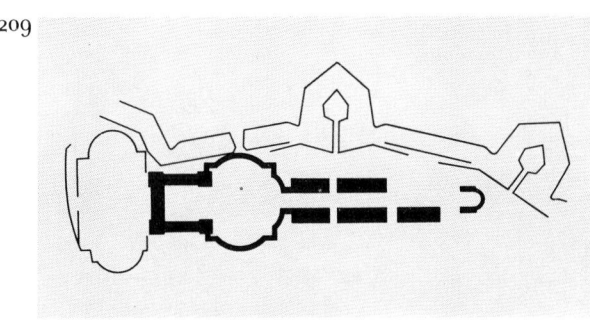

209

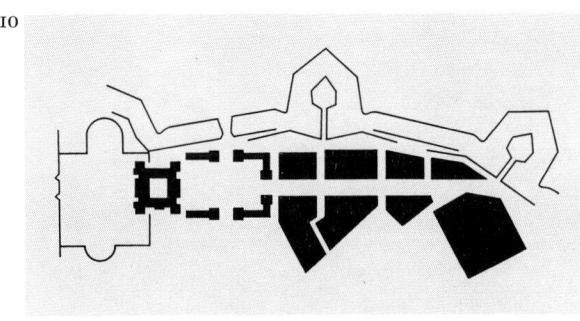

210

211

208/210 Die städtebauli- tigten Bau eines Reithau- Kapelle führt. Auf der
che Gestaltung des Gebie- ses keine Rücksicht. Nordseite lehnt sich
tes nordöstlich vom Hol- außen an die Umbauung
ländischen Palais längs 211 Der Lageplan des das Komödienhaus an.
der Befestigung beschäf- Jagdhauses Moritzburg
tigt den König seit dem vor der Erweiterung
Erwerb des Palais. Ver- durch August den Starken
schiedene Vorschläge für zeigt die quadratische
die Straßen- und Platzein- Umbauung mit runden
fassung zeigen den Pla- Wehrtürmen rings um das
nungszustand des Palais Hauptgebäude, von dem
zwischen 1719 und 1727 ein Gang zu der
und nehmen auf den an 1661–1666 von Klengel an
gleicher Stelle beabsich- der Ostseite angebauten

137

212 Auf einem frühen Entwurf zur Umgestaltung des Jagdhauses Moritzburg ersetzt Pöppelmann die vier runden Wehrtürme durch quadratische Eckbauten, übernimmt deren Kuppelüberdeckung und dekoriert sie wie bei den Schloßerweiterungsentwürfen mit Dachhäuschen, Lambrequins und Steinvasen. Ähnlich gestaltet er die neue, aus dem Mittelrisalit hochwachsende Kuppel, die er mit Uhr und Dachreiter schmückt. An der Fassade fällt die gleichmäßige Befensterung auf, zwischen der Putzspiegel eine Straffheit bewirken, wie sie für Fassaden Knöffels und mancher Bürgerhäuser in den dreißiger, vierziger Jahren typisch wird.

Jagdschloß Moritzburg und Gestüte auf dem Lande

Seit 1722 interessiert sich der König wieder für das etwa 12 Kilometer nördlich von Dresden gelegene Jagdhaus Moritzburg, ein Gebäude mit einem von vier runden, geduckten, mit Wehrgängen und Seitengebäuden verbundenen Türmen umschlossenen Hof. In wildreicher Gegend auf einer Landzunge in einem Waldsee gelegen, hatte es Kurfürst Moritz im Jahre 1542 erbaut, dann Johann Georg II. durch Wolf Caspar von Klengel mit einer Kapelle und einem Komödienhaus bereichern und schließlich durch Johann Georg Starcke innen und außen der Zeitmode anpassen lassen. Zwar hatte es August der Starke schon zu Beginn seiner Regierungszeit für Jagdfeste benutzt, sich auch Gedanken über eine Erweiterung gemacht und Karcher und Dietze mit Entwürfen beauftragt, aber dann war es durch den Nordischen Krieg, die

Planungen für die Warschauer und die Dresdner Residenz und die Vorbereitungen der Feste von 1719 in Vergessenheit geraten.

Als Pöppelmann sich jetzt der Erweiterungsplanung annimmt, sieht er ein Zentralschloß mit neuen Eck- und Mittelbetonungen vor, wie es der König bevorzugt. Davon kommt er wieder ab, weil der Umbau zu aufwendig erscheint. Er beläßt die runden Ecktürme, stockt sie lediglich auf vier Geschosse auf, hebt das Schloß durch eine ringsum laufende Terrasse optisch aus dem See hervor und bildet Eingangs- und Gartenseite U-förmig als cour d'honneur aus, wie es Dietze schon vorgeschlagen hatte. Die Türme erhalten keine plastische, sondern aufgemalte Dekoration; plastischer Schmuck kommt nur an die Portalachse, von den Figuren auf der Terrassenbalustrade abgesehen. Die Ausgestaltung des Mittelrisalits mit einem Blendgiebel oder Uhrentürmchen, für die Pläne im Stile Pöppelmanns existieren, unterbleibt.

Ähnlich wie schon beim Palais im Großen Garten werden rings um das Jagdschloß acht Wach- und Kavaliershäuschen errichtet und regelmäßige Gartenanlagen geschaffen. Auf der Ostseite wird die Zufahrt von Dresden aus über einen Damm und eine kleine Brücke angelegt, auf der Gegenseite in gleicher Art eine Verbindung zum Wald; außerdem zu einem hufeisenförmigen Garten mit weiteren Pavillons. Vom Seeufer, das durch baumbestandene Straßendämme begradigt wird, werden strahlenförmig vom Schloß aus Schneisen in den Wald geschlagen.

Pöppelmann muß immer wieder nach Moritzburg reisen, um sich der Bauarbeiten am Schloß und außerdem der Gestaltung der Umgebung, der Ansiedlung von Handwerkern, der Einzäunung des Schloßgebietes und gemeinsam mit Leplat der Innenausstattung anzunehmen. Diese erleidet 1945 Schäden, aber ansonsten bleibt das Schloß, weit außerhalb der Residenz gelegen, vor der Zerstörung bewahrt und enthält heute eine Gedächtnisstätte für Käthe Kollwitz, die am 22. April 1945 im Moritzburger »Rüdenhof« stirbt, Kunsthandwerk aus dem 18. Jahrhundert und eine Geweihsammlung.

Von der Tätigkeit Pöppelmanns außerhalb Dresdens ist noch der Bau eines neuen Hauptgebäudes im Gestüt Graditz bei Torgau im Jahre 1722 zu erwähnen. Als Liebhaber schöner Pferde verfolgt der König die Absicht, in der fruchtbaren Elbniederung sechs Güter zu Gestüten umzubauen und sie durch 19 Alleen mit Torgau und untereinander zu verbinden. Er verfügt am 4. März 1722: »Wir sind gemeynet bei unserm Forwerge Gratiß ein neu Gestüt anlegen und ein steinern Gebäude dazu nach beigefügtem Riß aufführen zu laffen, und befehlen hiermit, Du, der Oberlandbaumeister wollteft Dich aus denen dieferwegen ergangenen und hierbey kommenden Commiffions-Aftis genüglich informieren und ohnverzüglich nach Gratiß Dich begeben, alles felbft in Augenfchein nehmen, einen gewöhnlichen Bauanfchlag darüber verfertigen, und woher die dazu erforderten Bau-Materialien aus Holz, Steinen, Kalk, Ziegeln, Leim und was fonften dazu nöthig ift, am nächften zu bekommen und am wohlfeilften zu haben, Dich erkundigen, an die Örter Dich felbft verfügen

213 Auf weiteren Entwürfen für den Ausbau des Schlosses Moritzburg beläßt Pöppelmann die runde Turmform, erhöht die Türme und nimmt die alte Haubenform wieder auf. Für den Mittelrisalit der nach Dresden gerichteten Eingangsseite entwirft er mehrere Varianten. Bei der hier abgebildeten trägt ein aus der Zwingerarkade entwickelter Blendgiebel reiche Dekoration und wiederum eine Uhr.

213

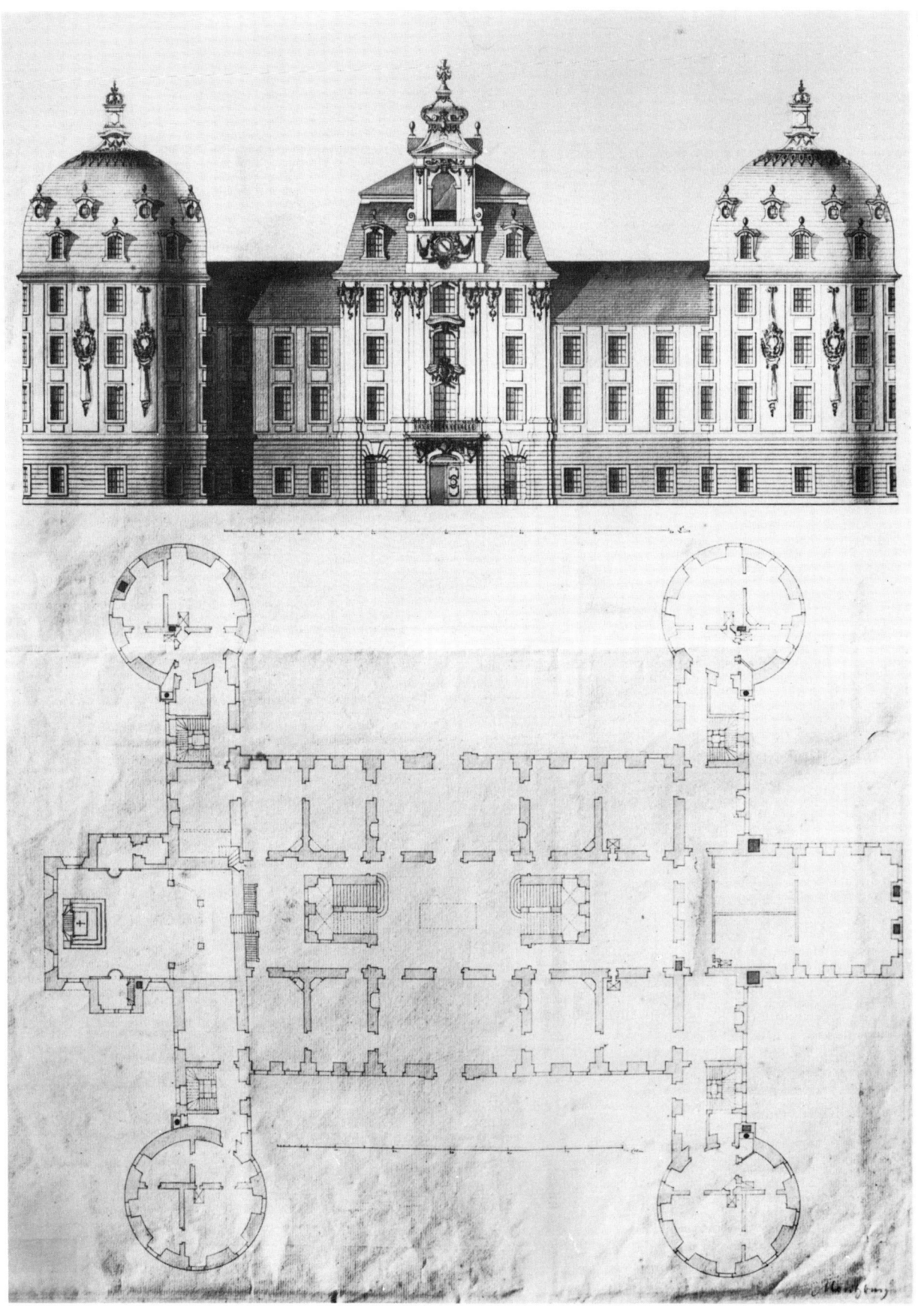

214 Ein Dachtürmchen mit einer vom Kronentor abgeleiteten Spitze stellt eine weiteren Dekorationsversuch der Eingangsfront dar. Im Grundriß besticht die klare axiale Einteilung. Aus der

zwischen zwei Eingangshallen gelegenen Mittelhalle führen Treppen zu den Sälen im Obergeschoß. Die Seitenräume dienen im Erdgeschoß der Unterbringung des Dienst- und Wachperso-

nals, im Obergeschoß der Gäste.

215 Die Vogelschau auf das Jagdschloß Moritzburg läßt die aus der Umwehrung des alten Jagdhauses entwickelte

Grundform mit den vier aufgestockten Türmen, dem alten Kern und der Klengelschen Schloßkapelle erkennen, die auf der Ostseite ein Pendant erhalten hat. Eine mit Treppen und Rampen

regelmäßig ausgestattete Terrasse hebt das Schloß aus dem feuchten Inselgrund heraus.

216 Die umliegenden Tei-
che ermöglichen einen
freien Blick aus allen
Himmelsrichtungen auf
das Jagdschloß. Die
Abbildung zeigt die
Fassade nach
Rekonstruktion der
aufgemalten Dekoration.

und folche Materialien auf das genaueste zu behandeln, nicht minder mit denen sämtlichen Handwerksleuten ein Gedinge treffen und Alles also veranstalten, das ehestens der Bau wirklich angefangen und womöglich in diesem Jahr zur perfection gebracht werde, . . .«[56]

Drei Alleen bei Graditz kommen zustande, dann verliert der König das Interesse an der weiteren Verwirklichung dieser für das 18. Jahrhundert so typischen Idee. Die Verschönerungsplanungen Pöppelmanns für die Stutereien Neu Bleesern, Döhlen und Burschütz gelangen teilweise zur Ausführung.

In einem ganz anderen Teil Sachsens, in Stolpen, etwa 20 Kilometer östlich von Dresden, hat ein Brand in der am Fuße der Festung gelegenen Stadt am 4. März 1723 an drei Stellen das Schloß angegriffen. Pöppelmann

hält sich mehrere Tage lang dort auf, fertigt Aufmaß und vermutlich Vorschläge für den Wiederaufbau an.

Auch andere Dienstreisen mögen den König zu folgendem Reskript an den Grafen Wackerbarth veranlassen: »... gleichwohl seither Unserer jetiger hiesiger Anwesenheit sich zu mehr mahlen zugetragen, daß Wir Unsern Ober-Land-Baumeister und geheimen Cämmerier Pöppelmann gebraucht, und doch selbiger sich nicht zugegen gefunden, welches ihn zu verweisen, Wir Unserm Cabinets Minister, würkl. geheimen Rath, General und Gouverneur, Grafen von Wackerbart gnädigsten Befehl ertheilet, der aber Uns in Unterthänigkeit vorzustellen gewußt, wie selbiger nicht minder, als wenn er gegenwärtig wäre, zu Unserem Dienst gebraucht würde, indem er von euch mit gewißer Commission aufs Land verschicket wäre ...«[57]

217 Der Haupteingang des Jagdschlosses Moritzburg wirkt, gemessen an Pöppelmanns Vorschlägen für die Eingangsgestaltung des geplanten Residenzschlosses, bescheiden. Ein von kräftigen Konsolen statt Säulen unterstützter Altan schützt die Dekoration der Supraporte. Die Dekoration setzt sich in den Obergeschossen mit Fensterverdachungen und Schlußsteinen fort. Abbildung vor 1984

218/219 Steinvasen und Figuren von Piqueuren schmücken die Postamente der Sandsteinbalustraden der Terrasse und der Treppenbrüstungen.

220 Im Speisesaal, der wie die gegenüberlie-gende Kapelle durch zwei Geschosse reicht, zieren viele Jagdtrophäen die Wände.

221 Die Wände vieler Gä-stezimmer sind mit Leder-tapeten bespannt, die mit ornamentalen Mustern versehen, mit Blattsilber belegt oder goldgetönt und farbig bemalt sind. Seit 1714 besteht die »Kö-nigliche conzessionierte Tapetenmanufaktur« von Pierre Mercier.

222 Der Steinsaal ist der Vorsaal zum Audienzsaal des Königs. Jagdtrophäen schmücken die Wände.

223 Das erste Oberge-schoß des Jägerturmes ist heute als Porzellanquar-tier eingerichtet. Hohe Konsolspiegel lassen die kleinen Räume weiter wir-ken. In der Ecke steht ein gußeiserner Ofen mit Por-zellanaufsatz. Der Hahn stammt von Johann Joachim Kändler, dem Modellmeister der Meiß-ner Porzellanmanufaktur.

224 Vor das Hauptge-bäude des Gestütes Gra-ditz bei Torgau baut Pöp-pelmann eine repräsenta-tive Freitreppe, die den Festsaal im Obergeschoß erschließt, wie es die Bau-aufnahme vom Jahre 1774 überliefert. Fünf Jahre später wird die Treppe ins Innere verlegt. Als dann auch noch die Seitenflü-gel aufgestockt werden, geht der noble Charakter des Herrenhauses voll-ends verloren.

222

223

224

225 Vor dem Glocken-
spielpavillon finden wäh-
rend der Feste von 1719
Vorführungen statt. Hin-
ter dem Deutschen Pavil-
lon (links) das Redouten-
haus, hinter dem Zoologi-
schen Pavillon (rechts)
das Opernhaus

Der Einfluß Longuelunes und der Aufstieg Knöffels

Im Jahre 1723 wird mit dem Glockenspielpavillon der letzte Teil des Zwingers begonnen.
Als Pendant zum Wallpavillon wiederholt er
dessen Grundkonzeption, folgt jedoch mit
weniger dynamisch gekurvtem Grundriß und
zurückhaltenderer Fassadendekoration dem
gewandelten Zeitgeschmack.

Bei den bürgerlichen Baumeistern Dresdens wirkt die barocke Einstellung länger
nach als bei den Architekten des Hofes, die
über die letzten internationalen Entwick-
lungstendenzen besser auf dem laufenden
sind und stärker animiert werden, diesen zu
folgen. Die Fassadengliederung besteht immer wieder aus Betonung der Mitte durch gebogene, geknickte und gerade Fensterverdachungen und ornamentalen Brüstungsdekor,
wogegen die übrigen Fenster nur mit schlichten Sandsteingewänden und glatten Putzspiegeln versehen werden. Ein Gurtgesims trennt
das Erdgeschoß optisch ab, sonst bestimmt
eine vertikale Tendenz die Fassadengliederung. Erker fehlen.

Pöppelmanns Stil besitzt nicht mehr die
einstige Bedeutung. Der Einfluß der französischen Architektur hat sich am Hofe durchge-
setzt, und der König bevorzugt mehr und
mehr Longuelune als Architekten, während
Pöppelmann für die Amtsleitung und Bau-
durchführung verantwortlich bleibt. Seit etwa

1722 zeichnet Longuelune nicht nur für Pillnitz und das Japanische Palais Entwürfe, sondern auch für ein neues Residenzschloß zwischen Zwinger und Elbe und hat damit ein
Monopol Pöppelmanns übertragen bekommen. Der König wünscht »... den Schloßbau in
ein vom Zwinger Garten gesondertes á partes Werck,
doch so, daß es mit selbigem eine commode und zierliche
Communication erlange, zu bringen.«[58]

Longuelune entwickelt nicht die Dynamik,
mit der Pöppelmann die Fassaden gegliedert
hatte. Ihm genügt zur Akzentuierung ein
Kuppelbau, dessen weich geschweifte Haube
die Problematik der Angleichung seiner Auffassung an den Formenreichtum des Zwingers zeigt.

Knöffel wird im Jahre 1722 zum Landbaumeister ernannt und tritt mit selbständigen
Arbeiten hervor. Seit 1723 baut er im Auftrage des Grafen Wackerbarth die Ritterakademie, einen kasernenartigen Komplex in Alten-Dresden, nordöstlich vom Marktplatz, in
dem Kadetten ausgebildet werden sollen.
Sein Stil läßt nunmehr die Schule Pöppelmanns kaum noch spüren, er tendiert eindeu-
tig zu Longuelunes Lisenenarchitektur, in der
plastische Dekoration nur mit großer Zurück-
haltung, fast reliefartig flach und streng in
die Architekturgliederung eingefaßt, vorkommt.

Seit 1722 lebt mit Johann Friedrich Nilsson
Eosander von Göthe ein erfahrener Ingenieuroffizier und Architekt in Dresden, der

vom preußischen Hof kommt, an dem er nach dem Sturz von Schlüter den Schloßbau fortgeführt hatte. Für den Grafen Flemming errichtet er Schloß Übigau, das der König im Jahre 1726 übernimmt. Während eines Aufenthaltes in Stockholm hatte er den Einfluß römischer Palazzoarchitektur durch Tessin d. J. kennengelernt, orientiert sich jetzt jedoch an der französischen Hofkunst, die er von einer Studienreise her ebenfalls aus eigener Anschauung kennt. Er verzichtet auf kräftige Dekorationen und läßt Rundbogenfenster dominieren.

Von den Architekten des Dresdner Barocks treten die ersten ab: 1725 stirbt mit dem Amtsmaurermeister George Haase einer der tüchtigsten bürgerlichen Baumeister, 1726 mit Karcher einer der verdienstvollsten Hofarchitekten. Seit 1724 fehlt dem Oberbauamt die Arbeitskraft von Pöppelmanns Sohn, da dieser nach Warschau abkommandiert ist, wo der König sich jetzt ständig aufhält. Infolge Zuckerkrankheit bleibt er ans Bett oder den Rollstuhl gefesselt, eine Zehe mußte amputiert werden. Am 23. Februar 1726 schreibt Carl Friedrich Pöppelmann aus Białystok: »Nach den Berichten der Ärzte bessert sich die Krankheit S. Majt. ständig, es könnten höchstens unvorhergesehene Vorfälle eintreten, die Gott verhindern wolle, und die Sorgen machen könnten, meinen sie. Davon abgesehen, erhoffen wir mit Gottes Gnade eine glückliche Wiederherstellung um so mehr, als S. Majt. beginnt, besseren Appetit zu bekommen. Indessen befindet sich S. Majestät noch sehr schwach und die Fußschmerzen haben noch nicht gänzlich nachgelassen. Wir suchen S. Majt. soweit wie möglich mit Zeichnungen zu unterhalten, und ich habe Dero ganzes Zimmer nach Dero neuen Vorschlägen möbliert. Ich hoffe, daß Ew. Majt. mit der ersten gewöhnlichen Post eine Verfügung absenden wird, welche Bauten nächstes Jahr ausgeführt werden sollen.«[59] Dem Sohn und Kurprinzen läßt der kranke König – bereits als eine Art Vermächtnis – mitteilen: »Ich habe mehrere Bauten projektiert zur Verschönerung der Hauptstadt und ihrer Umgebung und zur Satisfaktion meiner Nachfolger. Ich wünsche sehr, daß Ihr diese Pläne ausführt. Ihr könnt dazu die 100 000 Tlr. verwenden, die ich pro Jahr für Bauten ausgesetzt habe. Meine Gedanken und Intentionen gehen aus Zeichnungen hervor, die der junge Pöppelmann hat. Er wird sie Euch zurückstellen.«[60]

Zu den beabsichtigten Baumaßnahmen ge-

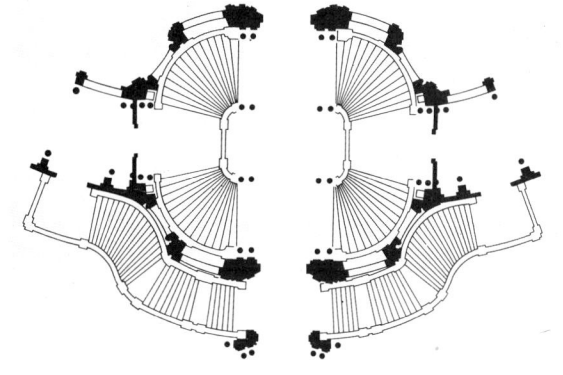

227

226/227 Der Kupferstich von Christian Albrecht Wortmann im Kupferstichwerk vom Zwinger stellt die Straßenseite des Glockenspielpavillons dar. Sie soll durch die große zweiläufige Freitreppe, die die Arkade mit der Beletage des Pavillons auf der Terrasse verbindet, eine repräsentative Wirkung erhalten, die sonst beim Zwinger fehlt. Die Treppe wird jedoch nicht ausgeführt.

228 Der Blick in die zwischen 1723 und 1734 in dieser Form bebaute Große Meißner Gasse erlangt durch die harmonische Wirkung der leicht geschwungenen Häuserfront Berühmtheit. 1945 ausgebrannt, wird sie später abgebrochen. Heute verläuft hier die breite Köpckestraße.

229 Die Fassade vom Wohn- und Brauhaus Große Meißner Gasse Nr. 5 wirkt in vertikale Streifen zerlegt, weil Außenachsen und Mittelachse durch Dekoration sowie Fensterverdachungen und -brüstungen hervorgehoben sind. 1945 zerstört

hört der Ausbau von Großsedlitz, über den Carl Friedrich Pöppelmann dem Grafen Wackerbarth im November 1726 berichtet: »Weilen nunmehro erlaubet ist zu wissen, indem Ihro Königl. Maj. nun selbsten gesaget, daß Sie Zetlitz von Ew. Excell. abgekaufet, so beklage nichts mehr als das dero so schöne gedanken zu befürchten nicht zur perfection kommen möchte, in dem es ein recht vollkommenes Werk seyn würde, wenn solches wie das letzte von Ew. Excell. überschickte project ausgeführt würde.«[61] Er kann ihm jedoch die zur Ausführung bestimmten Pläne nicht senden: »Mit denen Rissen von Sedlitz, so ich in meinem vorhergehenden versprochen, haben wir allhier noch nicht zum Stande kommen können, weylen Ihro Königl. Maj. immer noch daran zu ändern etwas gefunden ...«[62] Es geht um die gärtnerische Ausgestaltung, die zur Anlage der »Stillen Musik«, einem Wasserbecken mit Freitreppeneinfassung, führt, und um den Bau eines neuen Schlosses. Longuelune, M. D. Pöppelmann

und Knöffel sollen Entwürfe ausarbeiten. Wackerbarth muß in seiner Antwort vom 1. Januar 1727 ebenfalls Verzögerungen melden: »... Longuelune kann wegen seines Augenleidens noch nicht wieder arbeiten und Ihr Vater ist noch mit den Bauarbeiten in Moritzburg beschäftigt. Sie haben ihn davon abgehalten, den Plan für Sedlitz zu vollenden, mit dem beide schon begonnen haben. Ich lasse gegenwärtig an den Kopien des Generalplanes von Sedlitz arbeiten, um jedem eine zu geben, damit die Ideen S. Majt. um so besser verwirklicht werden können. Wenn Knöffel nicht so beschäftigt wäre, wären diese Zeichnungen längst fertig.«[63]

Während der König sich in Polen aufhält, gilt sein Interesse verstärkt dem Ausbau der dortigen Schlösser und Palais. Er läßt für die Sitzung des polnischen Reichstages im Jahre 1726 in Grodno durch den zum Ingenieur-Major beförderten Joachim Daniel Jauch das Sapieha Palais instand setzen und den Senatorensaal in ihm einbauen und durch den

1724 zum Ingenieur-Oberst beförderten Johann Christoph Naumann und Carl Friedrich Pöppelmann neue Projekte für die Erweiterung des Sächsischen Palais in Warschau erarbeiten.

Mit den umfangreichen Plänen will der König auf den polnischen Adel Eindruck machen, aber was tatsächlich zustande kommt, nimmt sich bescheiden aus. Mit Jauch und dem Kondukteur Deybel baut Carl Friedrich Pöppelmann das sogenannte »Blaue Palais« für die Gräfin Orzelska, eine Tochter des Königs, in unmittelbarer Nähe des Sächsischen Gartens. Den Vergleich mit der Prachtentfaltung an anderen deutschen Höfen, mit den Schlössern in Bruchsal und Brühl beispielsweise, hält es nicht aus.

Ende 1726 läßt sich der König die Pläne von der Frauenkirche schicken, deren Bau begonnen hat, nachdem die Planung mehrmals geändert worden war. Zum ersten Entwurf George Bährs, der bereits bei den Kirchen in Loschwitz, Schmiedeberg, Königstein, Forchheim und Hohnstein Erfahrungen mit der Zentralraumbildung gesammelt hatte, mußte Knöffel auf Veranlassung Wackerbarths einen Gegenentwurf aufstellen, der die Zentralisierung verstärkt und Bähr zur endgültigen Form führt. Es kommt der bedeutendste Zentralbau des Protestantismus zustande, der das Können der bürgerlichen Baumeister Dresdens in sich vereinigt und seine Vollkommenheit aber auch dem maßvollen Einfluß der zur Formberuhigung drängenden höfischen Architekten verdankt. So, wie der Zwinger den Höhepunkt der höfischen Baukunst des Barocks in Dresden darstellt, entsteht ein Jahrzehnt später mit der Frauenkirche der Höhepunkt der bürgerlichen Baukunst dieser Epoche.

Pöppelmann befaßt sich nicht mit Planungen von ähnlicher Bedeutung, seine Zeit ist mit den Alltagspflichten im Oberbauamt ausgefüllt. Im Jahre 1726 überarbeitet er die ihm vom Rat der Stadt Zwickau vorgelegten Entwürfe für die Veränderung der dortigen Frauentorbrücke und der Obertorbrücke. 1727 erhält er im Zusammenhang mit der Veränderung der Kirchenstände im Dom zu Freiberg, einer der berühmten obersächsischen Hallenkirchen aus der Spätgotik, den Auftrag

229

zur Erneuerung der beiden Fürstenemporen. Er überarbeitet den Umbauvorschlag eines einheimischen Meisters (vermutlich Elias Lindner, Erbauer des Prospektes der Silbermannorgel im Dom), veranschlagt ihn jedoch mit 502 Talern doppelt so hoch. Trotzdem werden die Emporen nach seinem Entwurf, vielleicht in sparsamerer Ausführung, errichtet und erhalten sich unverändert bis heute.

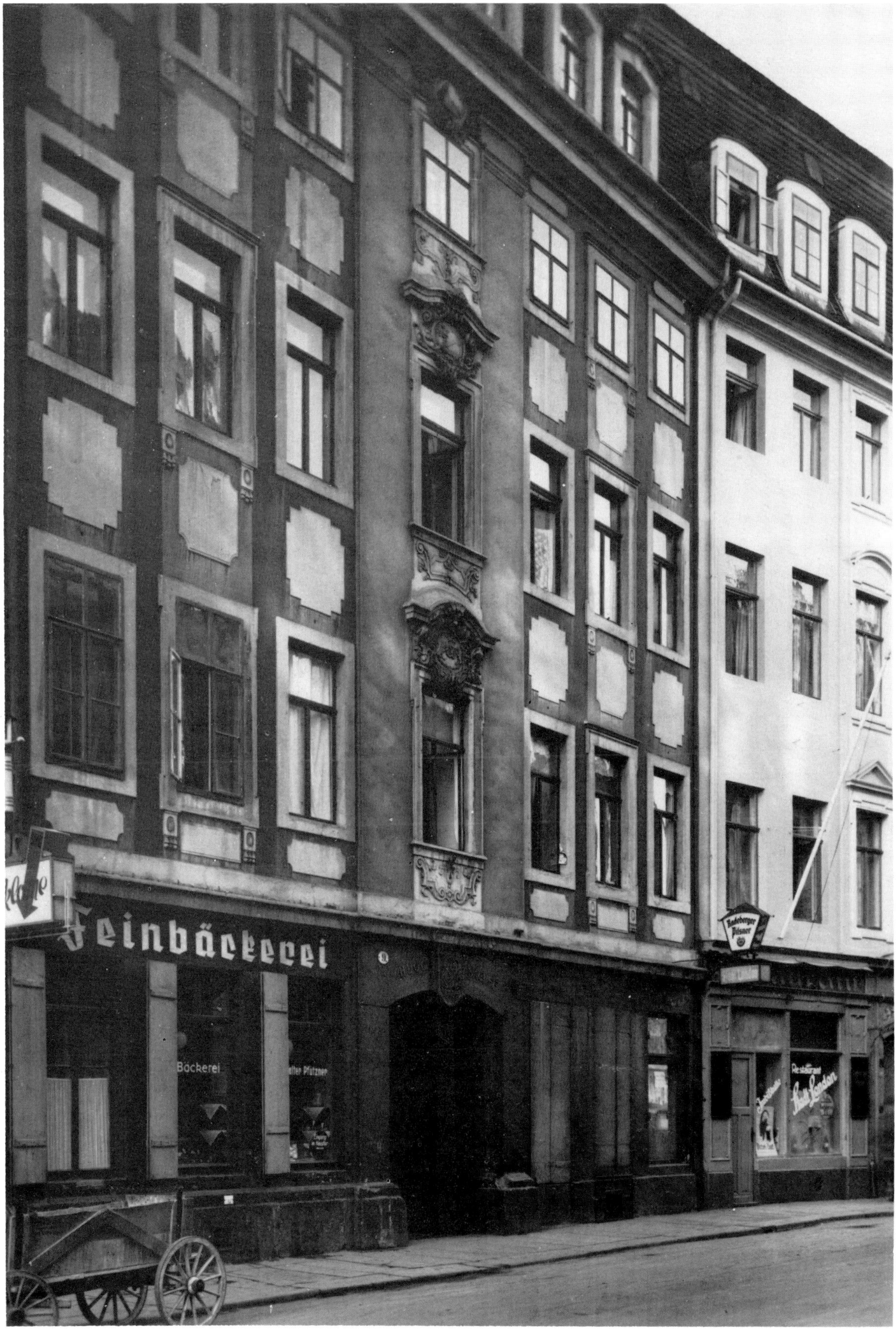
Feinbäckerei
Bäckerei
Radeberger Pilsner

230/231 Bei den Wohn-
häusern Große Meißner
Gasse Nr. 9 und dem
Amtshaus Kleine Brüder-
gasse Nr. 19 ist nur die
mittlere der sieben Fen-
sterachsen durch Verda-
chungen und Brüstungs-
schmuck hervorgehoben.
Sonst lassen die Fassaden
nur wenig von barocker
Dekorationsfreude spü-
ren.

232 Bei der Rampischen Gasse Nr. 23 und Nr. 25 ermöglichen Grundstücke von kaum sechs Meter Frontbreite nur dreiachsige Fassaden. Wiederum betonen geknickte und gebogene Verdachungen die mittlere Achse, begnügen sich die übrigen Achsen mit schlichten Putzfeldern auf den Brüstungen.

233 Der Eingang in die Rampische Gasse vom Zeughausplatz her gehörte zu den beliebtesten Motiven der Maler und Fotografen, weil hinter der leicht gebogenen Straßenfront und dem malerischen Auf und Ab der Gesimse die Kuppel der Frauenkirche auftaucht. Die Stirnseite des Hauses Rampische Gasse Nr. 33 ist wie eine dreiachsige Straßenfront dekoriert. 1945 zerstört

233

153

234/235 Bei den Fassaden
Rampische Gasse Nr. 3
und Nr. 31 sind die beiden
mittleren Achsen mit Fen-
sterverdachungen deko-
riert.

235

236/237 Um bei Fassaden von gerader Achszahl Asymmetrie zu vermeiden, sind auch bei der sechsachsigen Augustusstraße Nr. 2 (dem Charonschen Haus, dessen Zwerchhausgiebel dem der Schloßgasse Nr. 5 von George Haase gleicht) und der achtachsigen Kleinen Meißner Gasse Nr. 3 die beiden mittleren Achsen mit Verdachungen und Konsolen hervorgehoben. 1945 zerstört.

238 Einige Wohnhäuser, wie die Kleine Meißner Gasse Nr. 1 vom Steinmetzmeister Gottlieb Kretzschmer aus dem Jahre 1726, besitzen mit drei hervorgehobenen Fensterachsen eine über das Übliche herausgehende Mittelbetonung. Die in Dresden zum ersten Male beim Taschenbergpalais vorkommenden Schneppengiebelverdachungen und die nur wenig gerundeten Segmentbogenverdachungen verraten wiederum den Einfluß der höfischen Architekturformen auf das bürgerliche Bauwesen, während andere Dekorationsdetails abgewandelt sind. 1945 zerstört

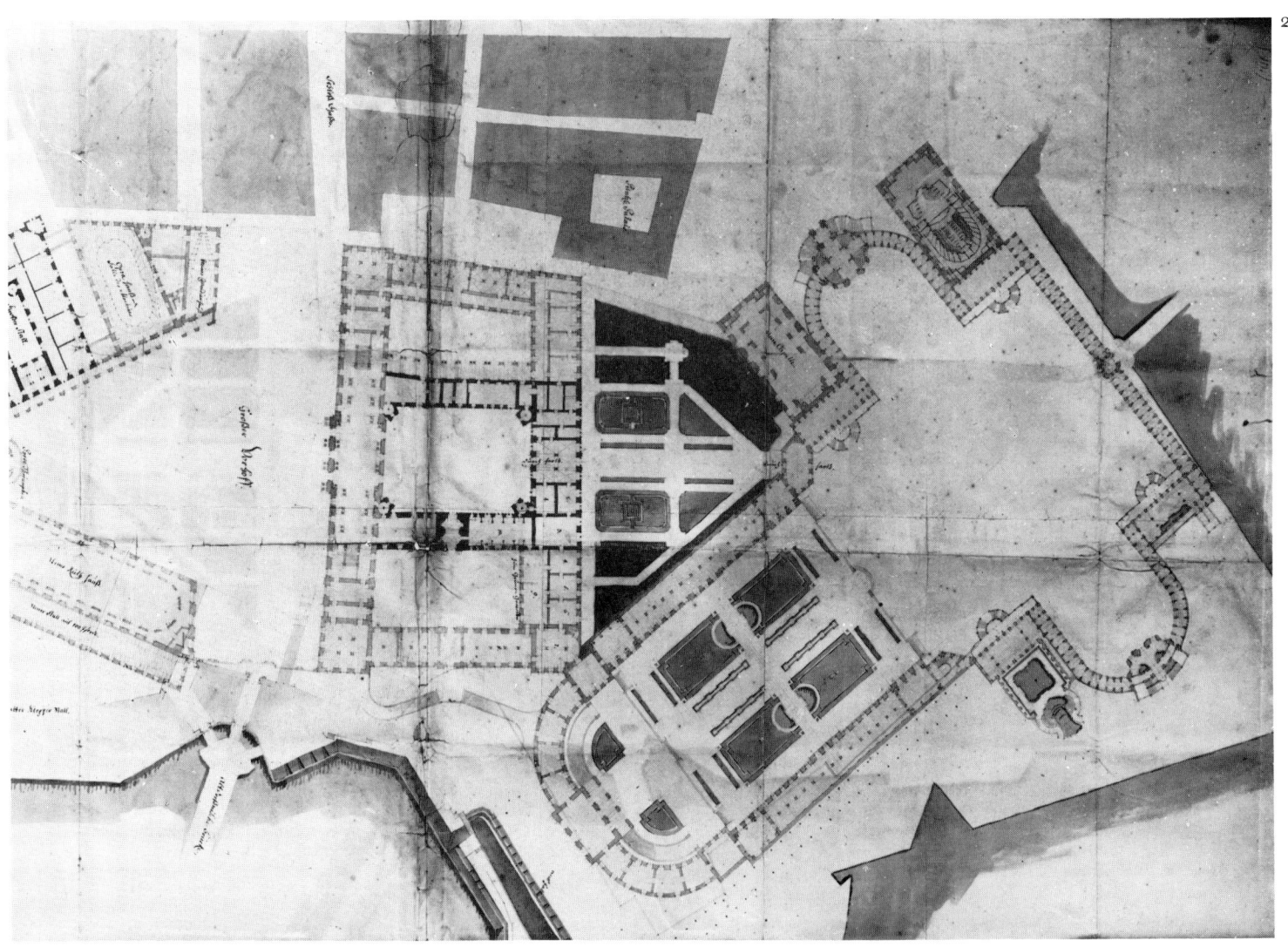

239 Mit diesem Erweiterungsentwurf von Schloß und Zwinger versucht Zacharias Longuelune, zwei Ideen Pöppelmanns miteinander zu kombinieren: einmal die Erweiterung des alten Residenzschlosses mit Seitenhöfen, die eine lange Prachtfassade ermöglichen, vor der durch Erweiterung des Stallhofes mit Opernhaus, kleinem Komödienhaus und Reithaus ein großer Vorhof gebildet ist; und zweitens die Ausweitung des Zwingerhofes mit Gartenanlagen in Richtung Elbe. Longuelune schließt diese jedoch im Gegensatz zu Pöppelmann vollständig mit gerundeten Flügeln ab. Während in der Mittel-Achse des alten Residenzschlosses äußerst geschickt Hof- und Platzbildungen entwickelt sind, erscheinen die Anschlüsse an die Zwingereckpavillons und an die nördliche Schloßerweiterung problematisch.·

241 Nach Knöffels Ent-
wurf soll die Ritterakademie mit zweigeschossigen
Seitentrakten und kräfti-
ger Dekoration auf der
Attika malerischer wirken,

als sie ab 1723 gebaut
wird.

240 Oberlandbaumeister
Johann Christoph Knöffel
(1686–1752).
Kupferstich von Antonio
Tischler nach einem

Gemälde von
D.van der Smissen

243 Der schwedische Architekt Eosander von Göthe baut 1724/25 Schloß Übigau an der Elbe so weit vom Ufer entfernt, daß wie beim Holländischen Palais noch Platz für eine Gartenanlage bleibt. Diese wird mit Pavillons, einem Wasserbassin und einer Treppe zur Elbe im Stil der französischen Gartenkunst angelegt. Kupferstich von Christian Friedrich Boëtius

242

242 Die Stirnseite der Ritterakademie am Niedergraben, mit deren rationaler Klarheit Knöffel sich endgültig von Pöppelmanns Stil abgewendet hat. Die vertikale Tendenz der Lisenen erscheint stärker als an Longuelunes Bauten. 1945 ausgebrannt und abgetragen

244 Die Fassaden des
Schlosses Übigau sind in
gleichmäßig straff anein-
andergereihte Bogenöff-
nungen aufgelöst. Eine
gekrönte und figurenge-
schmückte Wappenkartu-
sche akzentuiert die Gar-
tenfront. Der Dachaufbau
kommt erst Ende des
18. Jahrhunderts hinzu.

244

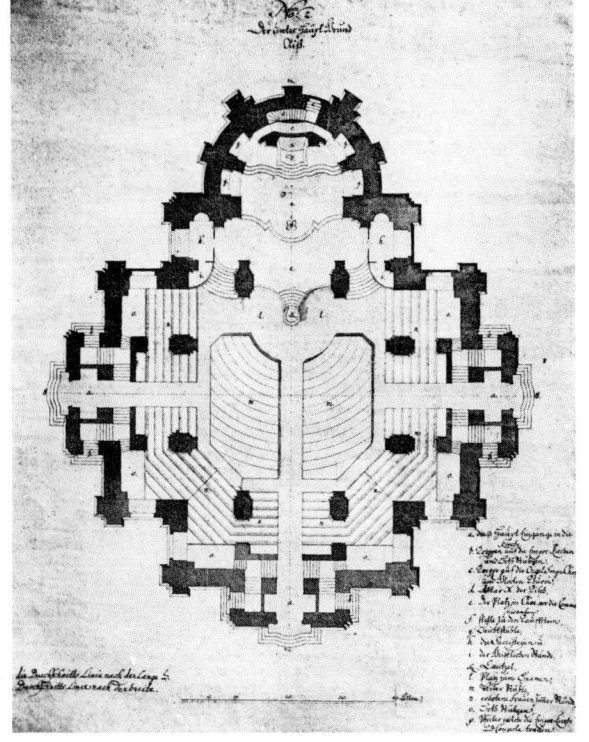

245/246 Der erste Ent-
wurf von George Bähr für
die Frauenkirche baut
sich streng geometrisch
auf dem griechischen
Kreuz mit kurzen Armen
auf. Die Treppenhäuser
treten auf drei Seiten risa-
litartig vor, auf der Altar-
seite wölbt sich der Chor
im Halbkreis heraus. Acht
auf die orthogonalen Ach-
sen bezogene Pfeiler tra-
gen die Kuppel mit der
hohen Laterne. Auf der
dem Chor gegenüberlie-
genden Seite erhebt sich
über dem Treppenhaus
ein Glockentürmchen.

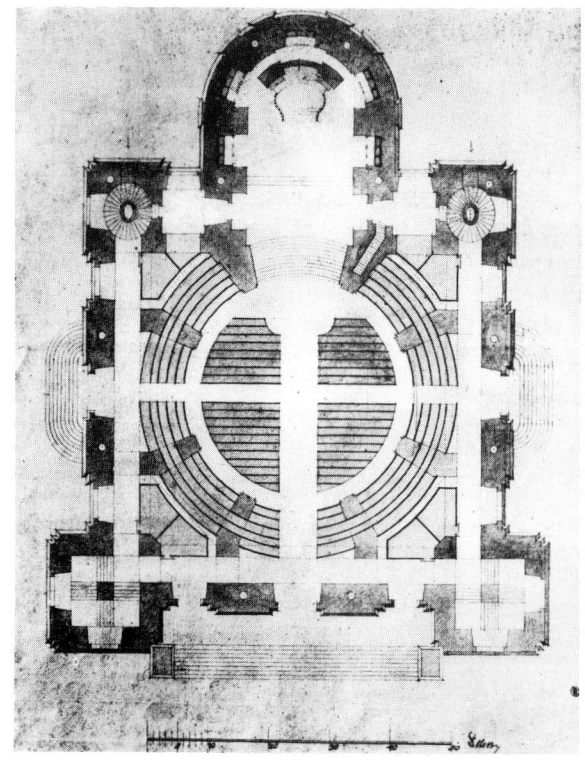

247/248 Knöffels Überarbeitung von Bährs Frauenkirchenentwurf zielt auf Vereinfachung. Im Grundriß sind das Quadrat der Ummauerung und die Kreisform der Pfeileraufstellung klarer herausgearbeitet und die Ost-West-Richtung durch weiteres Herausrunden des Chores und durch zwei vor die Fassade tretende Treppentürme betont. Im Aufriß ist der Unterbau optisch stärker von der Kuppel abgetrennt und diese aus dem runden Grundriß herausgewachsen. Knöffel übernimmt die hohen Rundbogenfenster Bährs und sogar die Pilastergliederung, vereinfacht jedoch auch sie erheblich.

248

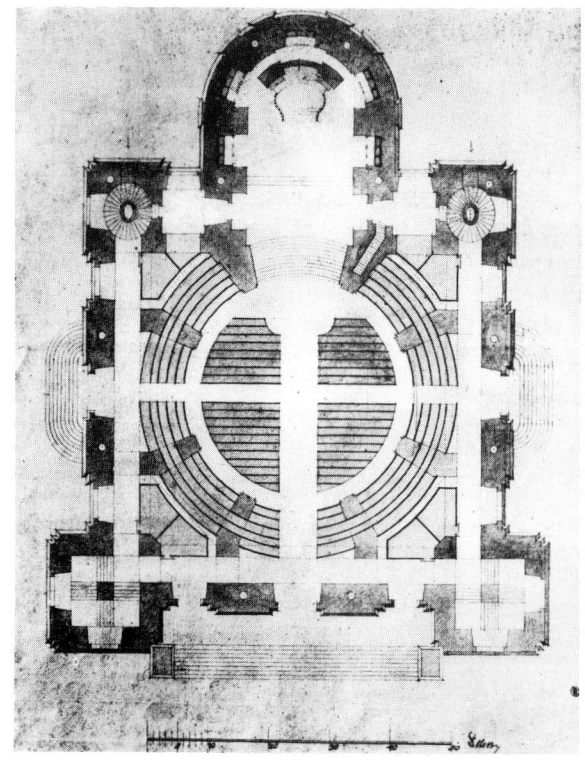
247

163

249

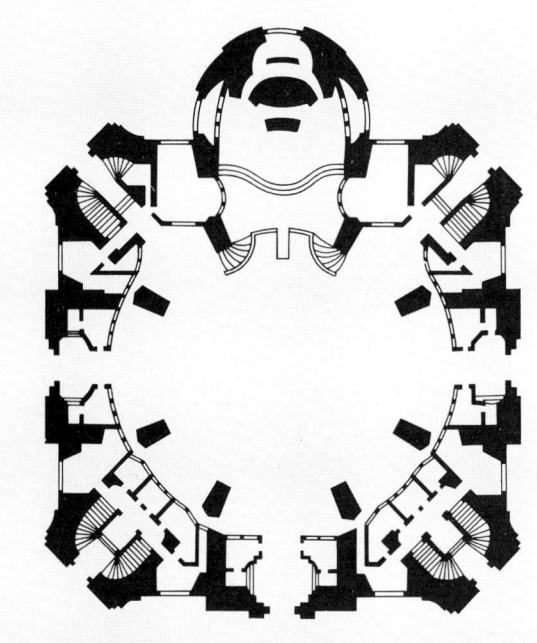

249 Für die Ausführung übernimmt Bähr Knöffels Pfeilerstellung und teilweise die vereinfachte Fassadenbehandlung. Zur besseren Zentralisierung schrägt er die vier Ecken ab, legt in jede eine Treppe und läßt über jeder Ecke ein Glockentürmchen hochwachsen.

250

251

252

250 Die Vergrößerung des Glockentürmchens auf dem ersten Entwurf Bährs für die Frauenkirche läßt die spätbarocke Gestaltung erkennen. Auf dem Untersatz einer geschweiften Haube tragen vier zu Voluten ausgebogene Pfeiler die Laterne, über deren schneppenvergiebeltem Gesims sich ähnlich wie beim Kronentor eine zwiebelförmige Haube aufbaut. Die enge Verwandtschaft zu den Detailformen des Zwingers ist offensichtlich, obwohl ein ganzes Jahrzehnt dazwischenliegt.

251 Die ausgeführten Türmchen über den Treppenhäusern lassen bei aller Straffung der Einzelformen noch viel von der ersten Idee für das Glockentürmchen spüren.

252 Die Portale zeigen eine strenge Formgebung, die auf jede verspielte Dekoration verzichtet. Nur die bekrönende Steinvase erscheint mit einem bildhauerischen Reichtum, der von der Zwingerplastik herrührt.

253 Bis zum 15. Februar 1945 krönt die Steinkuppel der Frauenkirche das Stadtbild von Dresden.

253

254 In drei Geschossen ziehen sich die Emporen dreiseitig um das Innere der Frauenkirche. Sie ermöglichen auf einer Grundfläche von kaum 40 m x 40 m Platz für 5000 Menschen.

254

255 Im Chor türmt sich
im grandiosen Aufbau die
Silbermann-Orgel über
dem vom Bildhauer Jo-
hann Christian Feige d.Ä.
gearbeiteten Altar auf
und schließt sich mit den
Emporen zur Einheit zu-
sammen.

257

256 Johann Christian
Feige d. Ä. formt auch die
Kanzel der Frauenkirche.
Der Reichtum an pla-
stisch-kraftvoller Dekoration aus Lambrequins, ge-
rahmten Wandfeldern,
eingerollten Profilen und
Blatt- und Blütengehän-

gen überrascht für die En-
stehungszeit nach 1733. In
der höfischen Innenraum-
gestaltung ist längst eine
viel kleinförmigere und
stärker der Fläche verhaf-
tete Dekoration Mode ge-
worden.

257 Die Form der beiden
Fürstenemporen im Frei-
berger Dom läßt nicht
ohne weiteres Pöppel-
manns Stil erkennen. Sie
wird von den gotischen
Schwibbögen bestimmt.
An diese schmiegt sich die
Rundung der Emporen-

decke über dem breiten
Mittelfenster an. Die mit
konkaven Schwüngen vor
die Pfeilerflucht ragende
Brüstung und die Dekora-
tion der Vorderfront mit
Blütenketten und seitli-
chen Stützvoluten verra-
ten die Entstehungszeit

von 1728, die über die
Brüstung gehängte
farbige Tuchdraperie mit
dem Sächsisch-Polnischen
Doppelwappen den
Inhaber der Empore.

258 Vor die Nordostfassade des Japanischen Palais wird nach dem Entwurf von Jean de Bodt ein Portikus gesetzt, dessen repräsentativer Ausdruck sich von den übrigen, weitaus flächiger gehaltenen Fassaden abhebt. Der Dreiecksgiebel enthält »ein Halbrelief mit der Darstellung der Huldigung der Porzellan herstellenden Länder vor einer Saxonia« (Löffler). Das kompakt wirkende Japanische Palais entspricht von allen ausgeführten Bauvorhaben Augusts des Starken am konsequentesten dessen Vorstellung vom Zentralbau. 1945 brennt es aus, kann jedoch äußerlich in gleicher Form wiederhergestellt werden.

259 Beim endgültigen Grundriß des Japanischen Palais sind die Ecken und Mittelbereiche mit Risaliten betont. Auf der Nordostseite tritt der Portikus mit seinen kräftigen Säulensockeln weit vor die Fassade.

Vom Holländischen zum Japanischen Palais – das Bauwesen zu Ende des dritten Jahrzehnts

Beim Umbau des Holländischen Palais zur endgültigen Größe, der am 9. April 1727 mit der Grundsteinlegung beginnt, hat Pöppelmann die Bauleitung inne. Unter dem maßgebenden Einfluß Longuelunes entsteht jetzt ein Vierflügelbau mit Innenhof, wie ihn Sturm für das Stadtpalais fordert. Die komprimierte Form entspricht auch dem Wunsch des Königs. Auf Pöppelmann dürften die geschweiften Dächer zurückgehen. Mit diesen und einigen dekorativen Zutaten, wie den Japanerhermen im Hof, soll wie in Pillnitz ein exotischer Charakter erreicht werden, da das Palais zur Aufnahme der Porzellansammlung bestimmt und in Japanisches Palais umbenannt worden ist. Die repräsentative Gestaltung der Eingangsfront mit Kolossalsäulen auf hohen Sockeln läßt sich der neue Generalintendant des Bauwesens, Jean de Bodt, nicht nehmen. Der aus Berlin berufene 58jährige Generalmajor, der am preußischen Hof erst Leiter des Bauwesens, dann Chef der Ar-

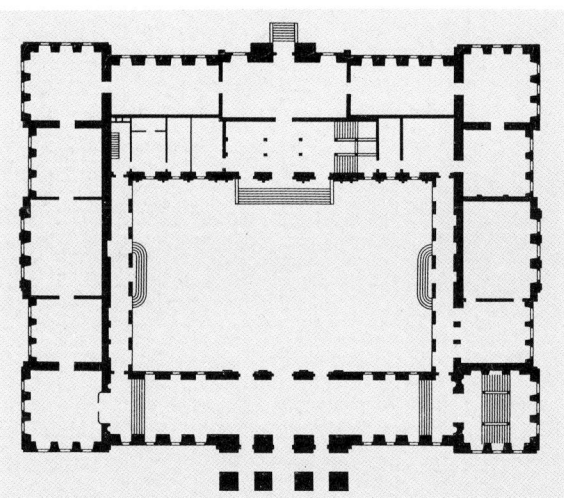

tillerie und Kommandant von Wesel war, hat 1728 die Nachfolge Wackerbarths angetreten, als dieser den Oberbefehl über das Militär übernahm. Mit ihm erfährt die akademisch-klassizistisch strenge Architekturrichtung in Dresden eine weitere Stärkung.

Um diese Zeit fertigt Zacharias Longuelune Entwürfe für ein Museum und ein Zeughaus als quadratische Zentralbauten an, die nicht zur Ausführung kommen. Die gestiegene Bedeutung Longuelunes findet ihren Ausdruck darin, daß nicht nur Knöffel im

Jahre 1728 zum Oberlandbaumeister ernannt wird, sondern auch er, obwohl sprachliche Schwierigkeiten seinen Einfluß in der Baupraxis in Grenzen halten. In Pöppelmanns Zuständigkeit fallen alle Dresdner Gebäude und die Aufsicht über die Landbauschreiber und damit die Verantwortung für die Bauten außerhalb der Residenz; in Longuelunes Zuständigkeit die Pillnitzer Lüstgebäude und Gärten; in Knöffels Zuständigkeit Großsedlitz. Die Zuständigkeiten schließen jedoch nicht die bisher praktizierte gemeinsame oder miteinander konkurrierende Arbeit aus.

Im Januar 1728 besuchen Friedrich Wilhelm I. von Preußen und sein Sohn Dresden zum Karneval. Im Zwinger erleben sie am 23. Januar ein Ringelstechen, bei dem August der Starke in goldener Kleidung, der Kurprinz in grau-goldener, der Herzog von Weißenfels in braun-goldener und der Herzog von Holstein in gelb-silberner Kleidung Quadrillen mitreiten. Die Gäste aus Preußen sind in der Wohnung des Grafen Wackerbarth untergebracht. Sie brennt am 28. Januar ab, was für große Aufregung sorgt. Im März reist

260

261

260 Die meisten der Japanerhermen im Hof des Japanischen Palais stammen von Matthäus Oberschall, der nach dem Tod von Christian Kirchner die Bildhauerarbeiten am Palais übernimmt.

261 Der Mittelrisalit des zur Elbe gelegenen Flügels im Hof des Japanischen Palais steht an der Stelle des alten Holländischen Palais. Die Dekoration über den Obergeschoßfenstern, die durchlaufende Zwischenbalustrade und vor allem die Japanerhermen verleihen den Hoffassaden eine weit mehr malerische Wirkung, als sie das Äußere hergibt. Hier macht sich Pöppelmanns Einfluß bemerkbar.

Carl Friedrich Pöppelmann in die preußische Residenz, bereitet einen Gegenbesuch vor, überbringt Geschenke und leitet im Schloß die Aufstellung eines versenkbaren Tisches.

Brände sind eine der Geißeln des 18. Jahrhunderts. Als Pöppelmann am 1. Juni 1728 die noch in Arbeit befindlichen oder bereits fertiggestellten Fürstenemporen im Freiberger Dom besichtigt, muß er auch die Ruine der am 1. Mai desselben Jahres abgebrannten Peterskirche begutachten. Entgegen der Meinung des Accisbaudirektors Naumann befürwortet er nicht den Wiederaufbau. Als ein Brand in der Ortschaft Frauenstein im Erzgebirge Rathaus und 62 Bürgerhäuser sowie einige Teile des Schlosses einäschert, erhält Pöppelmann am 19. Juli den Auftrag, sich um den Wiederaufbau der herrschaftlichen Gebäude zu kümmern. Zusammen mit dem Kondukteur Rousseau hält er sich sechs Tage in Frauenstein auf, fertigt Aufmaße an und wahrscheinlich auch Wiederaufbauvorschläge, ohne daß jedoch konkrete Baumaßnahmen folgen.

In Dresden-Friedrichstadt, wo M. D. Pöppelmann und sein Sohn Johann Adolph über Hausbesitz verfügen, ist inzwischen der Grundstein für die Matthäuskirche gelegt worden, von der die Chronik des Jahres 1736 anläßlich von Pöppelmanns Tod berichtet: »... weil der Hochseelige zu deren Erbauung nicht wenig contribuieret ...«[64] Zwar sind von den Söhnen geldliche Unterstützungen bekannt, aber dafür, daß Pöppelmann etwa den Entwurf geliefert hat, wie allgemein angenommen wird, gibt es keinen Anhalt. Das Grundrißschema des rechteckigen Kirchenschiffes mit umlaufender Empore entspricht zwar seiner Gepflogenheit, einen Kirchenraum in größtmöglichster Schlichtheit auszugestalten, aber an Details und der Turmspitze finden sich Übereinstimmungen mit Bauten von George Bähr. Es scheint, daß zur Vorbereitung des Kirchenbaus, den die Gemeinde überwiegend aus Spenden realisieren muß, mehrere Kräfte ehrenamtlich am Werk sind und dadurch Einflüsse aus verschiedenen Richtungen wirksam werden.

Wenn der Adel baut, wendet er sich jetzt nicht mehr an Pöppelmann, sondern an Knöffel, dessen Stil besser in die Zeitmode

263

262 August der Starke erlebt die Ausstattung des Japanischen Palais mit Porzellan nicht mehr. Während auf dem hier abgebildeten Ausschnitt eines Entwurfes die Wandgestaltung mit Pilastern noch Pöppelmanns Stil erkennen läßt, verrät die bandartige Aufteilung der Zwischenfelder Longuelunes Einfluß. Die vielen Porzellangefäße ergeben eine kleinteilige Dekorationsstruktur.

263 Der Entwurf für die Matthäuskirche in Dresden-Friedrichstadt enthält mehr Dekoration als ausgeführt und noch erhalten ist. Mit den Verdachungen über den hohen Fenstern, den Putzverzierungen, den Dachaufbauten und den Schneppengiebeln am Turm fallen die anmutigsten Einzelheiten weg. 1945 ausgebrannt, wird die Kirche als Gemeindesaal wieder aufgebaut mit einer Gedächt-

nisstätte für Matthäus Daniel Pöppelmann, der in der Gruft beigesetzt ist.

paßt. Namentlich Graf Wackerbarth, Knöffels Gönner, versorgt ihn mit großen Aufträgen. Im Jahre 1729 baut Knöffel für ihn am Lößnitzhang in Radebeul ein kleines Schlößchen, das als »Wackerbarths Ruhe« bekannt wird, mit einem oktogonalen Belvedere; dann ein Palais am Zeughausplatz Nr. 3, das nach dem späteren Besitzer Prinz Carl, Herzog zu Kurland, das Kurländer Palais genannt wird und als reifste architektonische Leistung Knöffels gilt. 1729 tritt Julius Heinrich Schwarze ins Amt ein und beginnt als Kondukteur eine Laufbahn, die ihn ein Vierteljahrhundert später als Nachfolger Knöffels an die Spitze führen wird. Eine Baumaßnahme dieses Jahres, die Dresdens Zerstörung überdauert, sei noch erwähnt: die doppelläufige Freitreppe, die Maximilian von Fürstenhoff an das Stallhofgebäude anfügt.

Pöppelmann bringt das Jahr 1729 den Tod seiner zweiten Ehefrau Anna Christina. Am 17. Juli wird sie in Johann-Georgenstadt beigesetzt. Im gleichen Jahr heiratet die 17jährige Tochter Luise Catharina den späteren Gene-

264 Oberhalb seines Schlößchens in Radebeul läßt sich Graf Wackerbarth von Knöffel am Lößnitzhang ein Belvedere mit offener Laterne bauen. Es übersteht die Zerstörung Dresdens und ist heute ein beliebtes Ausflugsziel.

265 Die Fassade des von Knöffel erbauten Kurländer Palais besticht durch ausgewogene Proportionen, durch die Harmonie beim Wechsel der Fensterformen und die maßvolle Konzentrierung der Dekoration auf den Mittelrisalit. Das Palais brennt 1945 aus, geht jedoch nicht endgültig verloren.

ralstabsmedicus Dr. Johann Wilhelm Sparmann. Im Haus verbleiben zwei minderjäh-
rige Enkelkinder, die beiden Mädchen der
früh verstorbenen Tochter Eleonore Dorothea. Eine von ihnen, Eleonore Christine, heiratet 1738 Knöffel.

Das Kupferstichwerk über den Zwinger

Im Jahre 1729 erscheint das Kupferstichwerk
über den Zwinger, als nach Fertigstellung des
Glockenspielpavillons der Zwingerbau vor-
läufig beendet ist und die Bebauung des Ge-
bietes bis zur Elbe hin ungeklärt bleibt. Die
24 Blätter umfassende Folge zählt neben Fischer von Erlachs »Entwurff Einer Historischen Architectur« (1721), neben Sturms
»Prodomus Architectura Goldmanniani«
(1696), Paul Deckers »Architectura civilis«
(1711) und Kleiners Ansichten (1724–1736) zu
den großen Kupferstichwerken des 18. Jahr-

hunderts. Im Zusammenhang mit dem Zwinger bringt es die beiden nicht realisierten
Kaskadenturmentwürfe. Loën hatte es schon
1724 angekündigt: »Alle Kenner der Baukunst war-
ten mit einem ungeduldigen Verlangen auf die von Herrn
Pöppelmann, Sr. K. M. in Pohlen Oberlandbaumeister
versprochene Abrisse dieses so wunderschönen Gebäudes,
wo beides die Natur als die Kunst scheinen alles zusam-
mengetragen zu haben, um ein vollkommenes Werk zu
machen ... Die Bogenwerke, die Gallerien, die Säle, die
Cabinetter sind nicht allein nach der herrlichsten und
sinnreichsten Bau-Kunst eingerichtet, sondern die dabey
angebrachten Auszierungen an Bildhauerkunst, Mahle-
reyen, Verguldungen, Brustbildern, Aufffätzen, Erhebungen und dergleichen nebst dem Reichthum des allerschön-
sten Marmors, der allenthalben in den Augen glänzet,
setzen alle Kenner in die äusserste Verwunderung. Die
Wasserkünste und Springwerke, die Cascaden samt den
Grotten und Bädern sind von gleichmässiger Kunst und
geben zu erkennen, daß Se. K. M. nichts vergessen haben,
diesen Platz zu einem der annehmlichsten Lustgärten der
Welt zu machen.«[65]
Im Vorwort geht Pöppelmann nicht nur
ausführlich auf Zweckbestimmung und Aus-

266 Die Nordostseite des
Zwingerhofes wird provi-
sorisch mit einer Längsarkade geschlossen, bis
Semper sie mit der Ge-
mäldegalerie weit monu-
mentaler bebaut und dem
Zwinger viel vom Charak-
ter des Festspielplatzes
nimmt.

266

267

267 Das Titelblatt von
Pöppelmanns Kupfer-
stichwerk über den Zwin-
ger gibt einen Blick auf
Wallpavillon, Bogenar-
kade, Mathematisch-Phy-
sikalischen Salon und
Französischen Pavillon
wieder. Im Hof sind Staf-
fagefiguren dargestellt,
darunter der König, dem
Pöppelmann und Karcher
Erklärungen abgeben.
Über den Wolken erschei-
nen Genien mit Pöppel-
manns letztem Erweite-
rungsplan des Zwingers

268 Der Aussichtspavil-
lon des Zeithainer Lagers
steht auf einer Erdan-
schüttung, die aus einem
ringsum laufenden Gra-
ben gewonnen ist, in dem
die Pferde schattig untergebracht werden können.
Genauso kühl sind Kü-
chen und Vorratsräume
im Erdreich angelegt und
nur mit schmalen Fenster-
schlitzen belichtet und be-
lüftet. Die leichte zweigeschossige Holzskelettkon-
struktion von 50 m x 35 m
ermöglicht einen weiten

Rundblick. Die Königs-
loge kragt, von Konsolen
getragen, halbrund aus
und wird von einem Bal-
dachin überdeckt, über
dem zwei Figurengruppen
die Krone hochhalten.
Farbige Sonnenschutz-
markisen, Tuchdraperien
und Fahnen geben dem
innen völlig mit Leinwand
ausgeschlagenen Bauwerk
ein festliches Aussehen.
Schon nach wenigen Jah-
ren wird es abgetragen.

stattung der Zwingerbauten ein, sondern
weist auch, wie Fischer von Erlach, auf die historischen Vorbilder hin: »Gleichwie nun die alten
Römer unter ihren andern Erstaunens werthen Bau-An-
stalten auch dermaßen große Staats-Pracht- und Lust-
Gebäude aufzurichten pflegten, daß dieselben einen weiten
Umkreiß machten, und wiederum viele andere besondere
Gebäude in sich beschlossen, welche aus Renne-Bahnen,
Fecht-Ring-Jagd und Kampff-Plätzen, Schau-Bühnen,
bedeckten und unbedeckten Spatzier-Gängen, Säulen Rei-
hen, Vorhöfen, öffentlichen Tantz-und Gesellschaffts-Sä-
len, Lust-Gerüsten, Pracht-Bogen, Staffelweiß aufgebauten Sitz-Plätzen zu Opern und Comoedien, Wasser-
Künsten, Gärten und dergleichen, sonderlich aber aus einer
länglicht runden Schauburg bestanden, darinen man zu
öffentlichen Siegs-Lust- und Pracht-Aufzügen, auch zu
Vollziehung aller Ritterlichen Leibes-Übungen zu Fuße,
zu Pferde oder zu Wagen die vollkommenste Bequemlichkeit hatte. Eben so ist auch dieses Gebäude des Königl.
so genannten Zwinger-Gartens dermaßen kunstreich angelegt, daß es alles dasjenige in sich begreifft, was in jetzt
erzehlten Römischen Erfindungen prächtiges oder nütz-
liches vorgekommen, daß man die heutige Bau-Arth genau dabey beachtet.

Denn, außer den verschiedenen großen Speiß-Spiel-
oder Tantz-Sälen, kleinern Zimmern, Bädern, Grotten,
Bogen-Stellungen, Lust- und Spatzier-Gängen, Baum-
und Säulen-Reihen, Graß- und Blumen-Beeten, Was-
fer-Fällen, Wasser-Strahlen, und andern Kunst-Was-
fern, Lust-Plätzen, Ruhe-Bäncken, Brust-Geländern
und dem anstoßenden prächtigen Oper- und Comoedien-
Hause; beschliesset das gantze Gebäu zusammen, wie aus
dem Haupt-Grund-Riß auf dem Kupfer-Titel zu ersehen,
einen so länglicht-runden Platz, daß in demselben nicht nur
die fast unzehlbare des Winters in den Gallerien ver-
wahrte Bäume zur Sommers-Zeit bequemlich in schönster
Ordnung ausgesetzt, sondern auch alle Arthen öffentlicher
Ritter-Spiele, Gepränge und andere Lustbarkeiten des
Hofes angestellet werden.«[66]

Um das Ergebnis seiner fruchtbarsten
Schaffensjahre abzurunden, fügt Pöppelmann den Zwingerabbildungen noch Stiche
vom Holländischen Palais, vom Palais Kreuz-
gasse/Ecke Weiße Gasse, vom Schloß Augustusburg und vom Königsteiner Riesenfaß
bei; eigenartigerweise keinen der schönen
Schloßerweiterungspläne. Sie wären für die
Reputation der Wettiner von Bedeutung gewesen, da immer mehr qualitätvolle Schlösser
im Entstehen sind: Bruchsal durch Welsch,
später Ritter zu Grünstein und schließlich

Neumann, Falkenlust bei Brühl durch Cuvilliés, die Favorite bei Rastatt durch Rohrer, Bad Wurzach und als größtes Schloß das in Mannheim. In Wien setzt Joseph Emanuel Fischer von Erlach mit Hofbibliothek und Reichskanzlei die stattliche Reihe der Monumentalbauten des Vaters fort.

Zeithainer Lager

Das Jahr 1730 steht erneut im Zeichen eines Festes, mit dem der 60jährige König diesmal jedoch nicht den Glanz des Hoflebens, sondern die Pracht und Schlagkraft der Armee vorführen will. Daß er als Zuschauer den König Friedrich Wilhelm I. von Preußen mit großem Gefolge einlädt, zeigt, daß er die Rivalität zum starken Nachbarn im Norden jetzt auch auf militärischem Gebiet aufnehmen will. Um das »Campement zu Radewitz« oder – wie der Volksmund es dann nennt – das »Zeithainer Lager« reibungslos durchzuführen, beanspruchen die Vorbereitungen den Staatsapparat und auch das Oberbauamt

zwei Jahre lang. Neben 30 000 Soldaten wollen Hunderte von Gästen einen Monat lang untergebracht und verpflegt sein. Allein dafür sind ein großer Vorratsschuppen an der Elbe, vier große Küchen mit Backöfen und Brennmaterialschuppen, ein großer Kohlenschuppen, ein Schlachthaus, zwei Brunnenverschläge und Keller erforderlich.

Pöppelmann hält sich trotz seines Alters von 68 Jahren schon in der kalten Jahreszeit des ersten Quartals 1730 fünfzig Tage lang »... zu völliger Ausbauung derer Pyramiden, wie auch zur Bauung des großen Pavillons, des Jagt Schirms, des Königl. Palais und anderer vieler Gebäuden«[67] in Zeithain auf und wird von Longuelune bei den Entwürfen, vom Kondukteur Rousseau in der Bauleitung unterstützt. In die Mitte des sich von der Elbe fünf Kilometer weit nach Nordosten erstreckenden Manövergebietes baut er den Aussichtspavillon, von dem aus die beiden Könige und der Hofstaat den Überblick über die Vorführungen und Übungen erhalten sollen. Infolge der prächtigen Ausstattung kostet er 4337 Taler. Fast den gleichen Betrag verschlingt der Bau des Palais für die beiden Könige, das aus einem lan-

268

gen eingeschossigen Trakt mit zweigeschossigen Endbauten besteht. In die Nähe kommt das Damenpalais, nach Tiefenau das Quartier des Kurprinzen und ein Komödienhaus, das kurz vor Beginn des Festes auf Befehl des Königs abgebrochen und an anderer Stelle größer wiederaufgebaut werden muß. In welchem Maße unvorhergesehene Änderungen und Sonderwünsche anspruchsvoller Festteilnehmer und Hofämter die baulichen Vorbereitungen erschweren, verrät ein Schreiben Pöppelmanns vom 16. April 1730: »Hoch Edler Hochgeehrter Herr Hoff Secretarius

Gleich itzo erhalte ihr geehrtes, undt ersehe daraus, das Sie von Seiner Hoch G.Excellentz dem Herren Ober Hoff Marschall Excell. befehl haben mich zu schreiben, das ich zu den Vorrath, von der Kellerey, eine Behältniße zu aptieren Solle zwischen Gröbeln und Moritz 50 Ellen lang 16 Ellen breit 2½ Elle in der Erde tief, mit schahlholtz belegen auch noch einen Schuppen von 60 Ellen lang, 20 Ellen breit, zu den Inventarien Stücken, So kan

Euer Hoch Edlen versichern, das hierzu weder Hülffe noch Rath weiß, weder zu Holtz noch zu Brethern, ich habe in vorigen Jahr in Presens Ihro Königl. Majt. gebethen in Zeite zu specificieren, was vonnöthen weer es ist aber nichts erfolget, vor den Schuppen an die Elbe habe ich Holtz undt Brether in Böhmen bestellet, so baldt sie kommen, wil den Anfang machen laßen, Ihro Königl. Majt. haben mir Allergn. Mündlich anbefohlen das die Kellerey in die umbliegenden, Herrschafftsörther sich einen Platz aus zu suchen, endlich nichts erbauet werden sol, hier habe in Radewerk Unter den Palais, einen Keller vor mit ohne jemandts erinnerung von 44 Ellen erbauet, Worinne ein ziemliches kan geleget werden, in Merschitz sollen große undt schöne Keller sein ich bin ein Mensch der nicht Hetzen gelernet undt mehr thun kan als möglich ist, ich habe so viel schon an Arbeith aber auch, als ich auch eigentl. wißen kan, ob ich auch noch werde stecken bleiben es ist kein Mensch der nicht secundieret, undt von Gelde schreibet Lucas auch nichts.

Vor den Hoffbeckern, undt Hoff Metzger sollen auch noch Schlacht undt backhaus erbauet 34 Ellen das Back-

269 Auch der große Jagdpavillon steht auf einer abgetreppten Erdanschüttung, hat jedoch – aus Holzständerwerk konstruiert und mit Leinwand behangen – einen zeltartigen Charakter.

269

haus 30 Ellen das Schlachthaus 40 Ellen der Vorräthe Schuppen dieses will gemacht undt nicht geblasen werden, Gott weiß wo ich die dazu benöthigte Materialien erlangen werde, Ziegel ... von 10 Meihlen albereits hohlen laßen, undt das 1000 Ziegel holte ehe das Proviant Ambt alles weck genommen, an allen Orten, so sind itzo auf 10, undt mehr Meihlen sollen, hohlen, undt nach vorhin können erlangten Preis von 6 Thl. itzo aber auch 13 undt 14 Thl. bezahlen, itzo habe Königl. Majt. mir noch All. G. anbefohlen laßen das ich 2 Ställe jede von 70 Ellen noch bauen laßen soll, ingleichen das Comoedien Haus wieder einreißen undt ½ Meihle weiter bringen, undt noch umb 34 Ellen lenger zu machen, ingleichen 2 Zimmer jedes von 22 Ellen, ohne die 4 Küche im Campement, und eine vor der Graffin orselst.

Welches hierdurch zu melden vor nöthig erachte, das ich nichts geringste mehr über nehmen kan.

Mein Hoch Edler ergebenster Diener MD Pöppelman OLB«[68]

Zur Begrenzung des Exerzierplatzes werden sechs Obelisken verwendet, die den Postmeilensäulen ähneln, die der zum Land- und Grenzkommissar ernannte Hofgeograph Adam Friedrich Zürner seit 1721 aufzustellen hat. Deren Form könnte auf Pöppelmann zurückgehen. Ein Gutachten von ihm über die Konstruktion von hölzernen Wegweisern ist erhalten.

Während des Festes wohnt Pöppelmann in dem Viertel der Zeltstadt, das den Kammerdienern und Hofbediensteten vorbehalten ist. Am 26. Juni beaufsichtigt er vor Tausenden von Zuschauern die Teilung des berühmten Riesenkuchens, zu dessen Zubereitung u. a. 600 Eier, drei Tonnen Milch und eine Tonne Butter verbraucht werden. Um den 7,90 m x 3,40 m großen und 0,30 m hohen Kuchen zerkleinern zu können, muß ein Zimmermann sich ein 1,70 Meter langes Messer mit dem Schaft auf die Schulter legen.

Auf der Weiterreise des preußischen Königs nach Süddeutschland ereignet sich ein Zwischenfall, dessen Tragik unvergessen bleibt: Unweit von Mannheim versucht der Kronprinz Friedrich, dem despotischen Vater zu entfliehen, wird aufgegriffen und muß am 6. November 1730 in der Festung Küstrin die Hinrichtung des Freundes und Fluchthelfers Hans Hermann von Katte mit ansehen.

Pöppelmann reist mit dem Sohn Carl Friedrich, der an der Vorbereitung des militä-

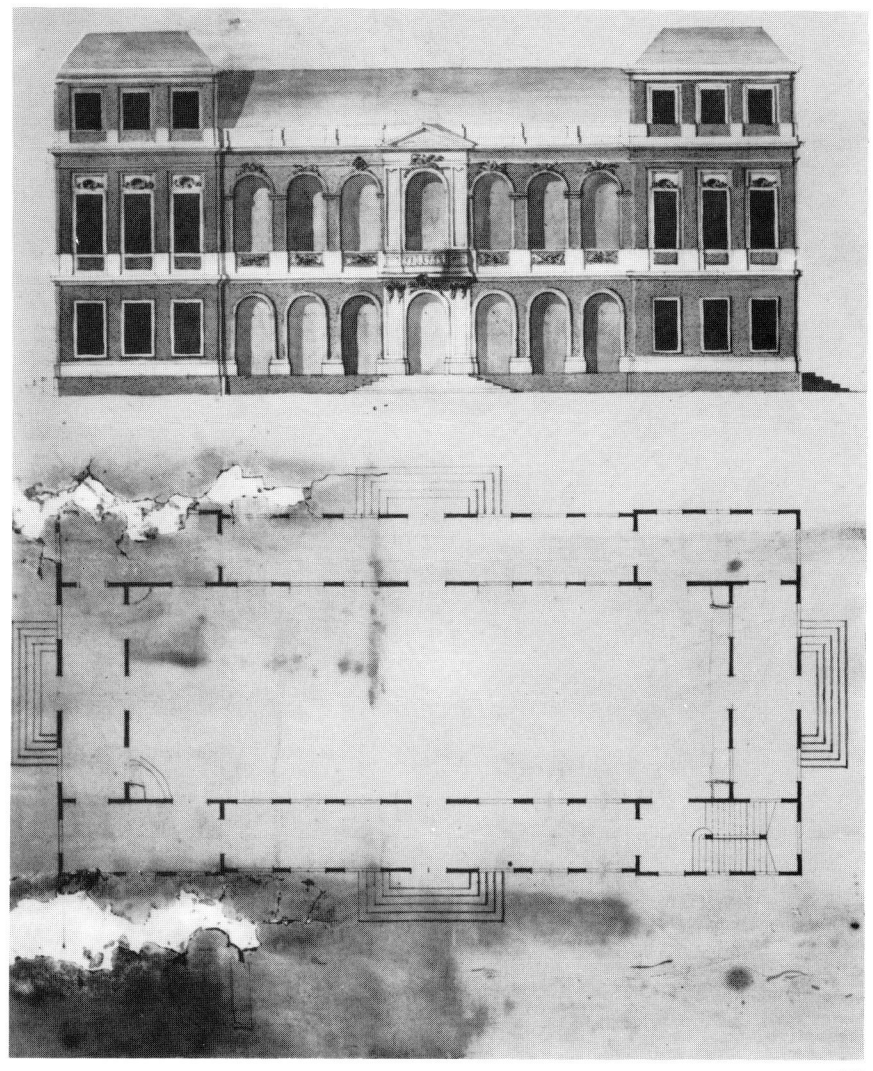

270

270 Im Inneren des Damenpalais, das mit den Abmessungen von 17 m x 34 m etwa halb so breit wie der Aussichtspavillon ist und ebenfalls aus Fachwerk besteht, umgeben Galerien einen Saal. In den um ein Geschoß erhöhten Ecken befinden sich Kabinette.

271

272

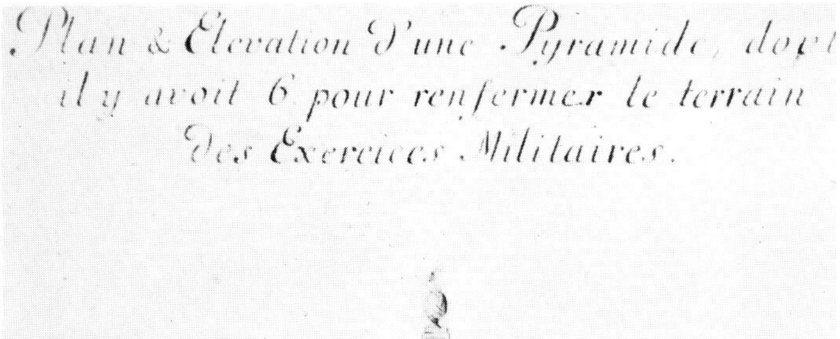

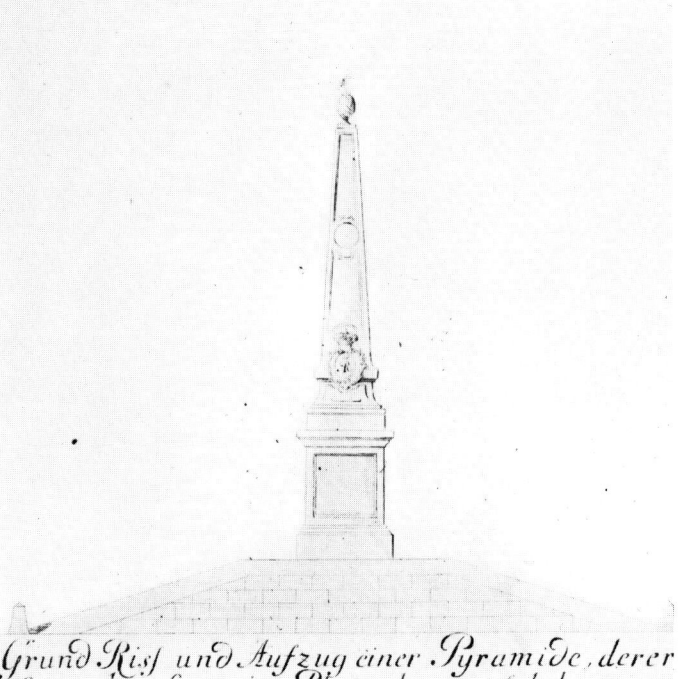

Plan & Elevation d'une Pyramide, dont
il y avoit 6 pour renfermer le terrain
des Exercices Militaires.
Grund Riſs und Aufzug einer Pyramide, derer
6. um den Exerzier Platz herum, ſolchen
einzutheilen geſtanden.
20 Ellen

273

1730

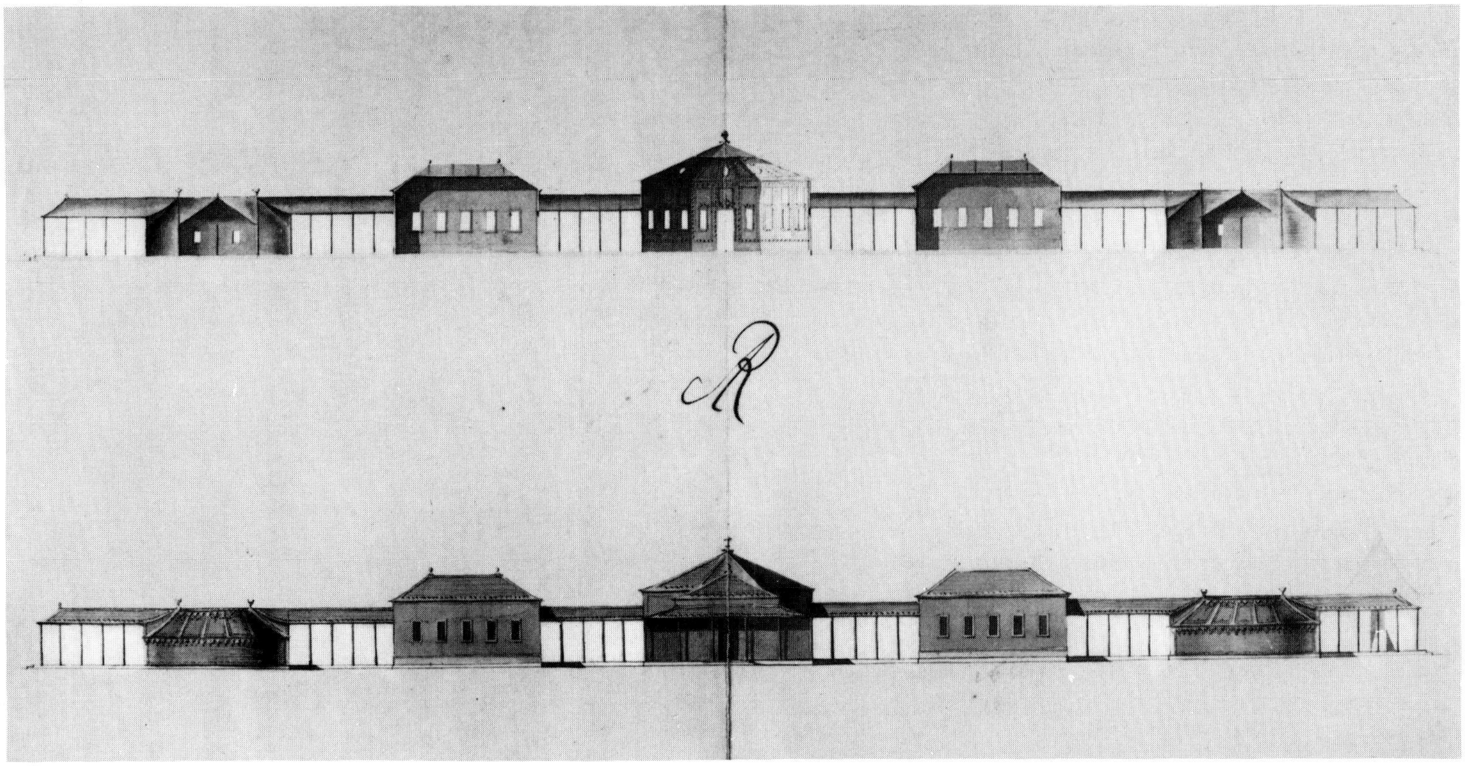

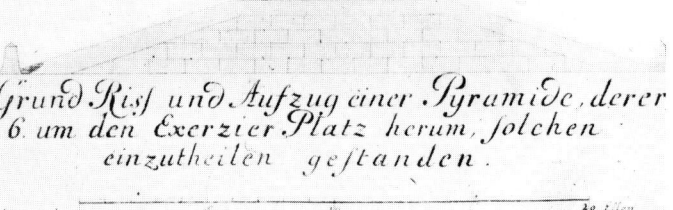

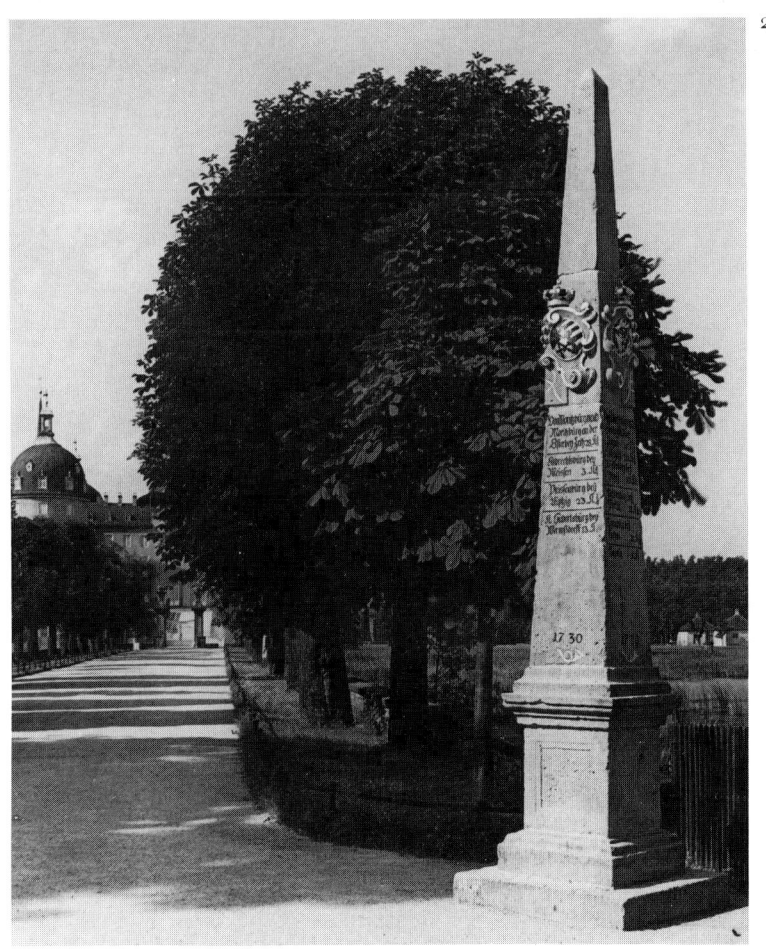

rischen Teils beteiligt war, nach Berggieß-hübel, um sich von den Strapazen zu erholen. Überraschend erhält er von Friedrich Wilhelm I. den Auftrag zum Entwurf des Turmes der Petrikirche in Berlin. Am 29. Mai 1730, also unmittelbar vor Beginn des Zeithainer Lagers, hatte ein Blitz den noch im Bau befindlichen Turm zerstört. Wackerbarth schreibt am 8. September 1730 an Pöppelmann nach Berggießhübel: »... Wasmaßen allerhöchstdieselben gerne sehen möchten, wenn Msr. Oberlandbaumeister auff 5 oder 6 Tage nach Berlin kommen wollte, um den Platz zu Erbauung der Neuen Peters Kirche auszusuchen und deren Riß zu examinieren.« Er schließt mit den wohlwollenden Worten: »Übrigens erfreue ich mich über diese Gelegenheit, Welche da anzeiget, wie weit die reputation Msr. Oberlandbaumeisters in der Bau Kunst erschallen und was vor avantageuse ideen Ihro Königl. Majt. in Preußen davon heget.«[69] Den Entwurf fertigt Pöppelmann sofort an. Friedrich Wilhelm I., der schon die Architekten Gerlach und Böhme herangezogen hatte, verwendet ihn jedoch nicht, beauftragt vielmehr den Architekten Grael mit dem Bau nach dessen eigenem Entwurf, läßt ihn dann durch Gerlach ablösen. Als der Turm halb fertig wieder zusammenbricht, zieht er noch den Architekten Titus Favre hinzu.

271 Der Entwurf für zeltartige Pavillons zur Unterbringung der Gäste und Hofbediensteten – oben als Schnittzeichnung, unten als Aufriß dargestellt – trägt das Signum des Königs als Genehmigungsvermerk. Außer den rechteckigen – den deutschen – Zelten werden auch runde Janitscharen-Zelte aufgestellt.

272 Der Exerzierplatz ist von sechs Obelisken begrenzt, deren Aussehen an das der Postmeilensäulen erinnert.

273 An der Zufahrt zum Schloß Moritzburg steht heute noch die im Jahre

1730 aufgestellte Postmeilensäule, die die Entfernungsangaben zu den Nachbarorten enthält und mit dem Kurwappen geschmückt ist.

274 Pöppelmanns Vorschlag für die Neugestaltung vom Turm der Petrikirche in Berlin berücksichtigt die nach den Entwürfen der Berliner Architekten Gerlach, Böhme und Grael bereits hochgeführte Bausubstanz und sieht hauptsächlich Veränderungen an Fensterverdachungen und der figürlichen Dekoration vor.

Neue Peters-Kirche in Berlin

274

Der Ratszimmermeister George Bähr zur Audienz bei August dem Starken

Inzwischen ist in Dresden der Bau der Frauenkirche aus finanziellen Gründen ins Stocken geraten, die Kuppel kann noch nicht begonnen werden. Es steht bereits fest, daß die auf 82 500 Taler kalkulierten Baukosten sich auf über das Doppelte erhöhen werden, nicht zuletzt infolge der von Bähr inzwischen abgeänderten Konstruktion in zwei übereinander gewölbte Steinkuppeln. Bähr wird am 17. August 1731 zur Audienz ins Schloß befohlen. Den König interessiert nicht die Kostensteigerung, sondern das Aussehen der Kirche. In Gegenwart von Carl Friedrich Pöppelmann betrachtet er die Pläne wohlwollend, schlägt Veränderungen vor und faßt sogar den Abbruch der erst vor wenigen Jahren vor der Kirche erbauten Hauptwache ins Auge. Bähr berichtet: »... So wäre er von erwehnten Königl. Cammer-Laquey, ... in Ihro Majt. Zimmer geführet worden, allwo Dieselbte sich auf Dero Wagen sitzend antreffen lassen. Nach gemachten allerunterthänigsten reverenz hätten Ihro Majt. ihn mit den Rissen zu sich an einen Tisch, daran Ihro Majt. auf dem Wagen gesessen gerufen, und zuvörderst nach dem Grund-Risse gefraget. Da er, Bär, nun solchen aufgebreitet, hätten Ihro Majt.

gesaget: warum er die Kirche so, wie aufm Risse, darauf Dieselben mit der Hand gezeiget, gesetzet, da keine rechte Entree darzu wäre? Ich bedaure es, und glaube, daß das Werk schon wird was kosten. Worauf Referent allerunterthänigst geantwortet: Es wäre so, wie Ihro Majt. allergnädigst erinnert, allein er habe nicht anders, als nach dem approbirten Risse bauen können; wobey Ihro Majt. er die auf solchem angemerkten Linien, welche den Platz zeigten, so zur Kirche genommen werden solle, gewiesen. Ihro Majt. hätten solche Linien und den approbirten Grundriß eine gute Weile genau angesehen, auch mit dem Circul, sonderlich aber die distanzien der Häußer, so um die Kirche herumstünden, gemessen, und hernach geantwortet: das ganze Werck könne nun freilich nicht geändert werden, jedoch sähen Sie gerne, und will haben, daß das Haupt-Portal gegen Mittag, und der Altar gegen Mitternacht zu stehen komme. Es wird dieses nicht so viel kosten; Der Herr Obristlieutenant Pöppelmann, so mit im Königl. Zimmer gewesen, habe gemeinet, man könnte das Stein-Werck alles wieder gebrauchen, Ihro Majt. hätten ihn, Referenten, angesehen und gefraget: Wie meinet er? Worauf er geantwortet: Er fände, daß Ihro Majt. großes Recht hätten, ... jedoch glaube er, wenn auch das Haupt-Portal, allergn. verlangter Maaßen auf die Mittags-Seite gebracht würde, der Altar dennoch auf der Morgen-Seite und wo er jetzo stünde, bleiben könnte, ... Ihro Majt. hätten ihn hierauf sehr gnädig und freundlich angesehen, woraus er, Referent soviel geschlossen, daß Dieselbte es bey seiner Antwortt allergn. bewenden zu lassen gemeinet wären. Nächst dem hätten Ihro

275 Der Kupferstich Engelbrechts von der Friedrichsburg auf der Festung Königstein gibt das Aussehen so wieder, wie es sich nach dem Umbau von 1731 mit geschweiftem Zeltdach darbietet, das an die Dachform der Pillnitzer Palais erinnert. Von den Obergeschoßfenstern kann der Blick weit über das Elbtal schweifen. Rechts ist im Hintergrund der Lilienstein zu erkennen.

275

Majt. ihn den Grund-Riß zurücke gegeben und den Pro-spect von der Kirche gefordert, welchen Sie selbst in die Hände genommen und lange Zeit mit großer Attention angesehen hätten ... Worbey Ihro Majt. den Prospect anderweit wieder genau und eine gute Weile angesehen und gesaget, es muß aber das Portal nicht von kleinen Säulen gemacht, sondern große darzu genommen werden, weiln das Werck von Größe und Ansehen wäre. Ihro Majt. hätten ihm, Referenten auch gefraget, warum man auf dem Prospecte 3 Thürme sähe? Alle habe geantwortet: Der Riß wäre diagonaliter gezeichnet, ... Ihro Majt. hätten ihn gefraget: Ob es so wäre? und er es aus obigen und anderen Rissen nochmahlen demonstriret, auch den Prospect von den andern der Kirche gezeiget, womit Ihro Majt. sehr gnädig und wohl zufrieden gewesen, auch noch-maln gesaget: Es wäre Schade, wenn das Werck so sollte verstecket bleiben, denn es wird denen Leuten schon was Rechts kosten.

Nach Zurückgebung des Prospects hätten Ihro Majt. den Grund-Riß wieder verlanget und auf solchem dem Hr. Obrist-Lieutn. Pöppelmannen die jetzige Hauptwacht ge-wiesen und gezeiget, wie man, wenn solche weg wäre, die Kirche im Prospect wohl sehen könnte, Wie denn auch Ihro Majt. besagten Herrn Obrist-Lieutn. Pöppelmann, befohlen nebst ihm, Referenten Bären, zum Hr. General-Feld-Marschall Grafen von Wackerbarth zu gehen und ihm zu sagen, wie Sie resolviret wären, daß die Haupt-wache weg solte. Er Referent, hätte darauf seinen allerun-terthänigsten Abschied mit 3 tiefen Reverenzen genom-men.«[70]

Bauten des Hofes zu Beginn des vierten Jahrzehnts – die Neue Königstadt

Im Jahre 1731 leitet Pöppelmann auf der Fe-stung Königstein den Umbau eines kleinen Lusthauses, das der Oberzeugmeister Paul Buchner 1589–1590 erbaut hatte. Er gibt ihm eine zweiläufige Außentreppe und Dekoratio-nen im Stil des Zwingers. Später weicht das Zeltdach einem Mansarddach, sonst aber zeigt sich das kleine, als Friedrichsburg be-kannte Bauwerk heute noch in alter Form.

In Warschau lassen den König, obwohl es um seine Gesundheit schlecht steht, die Pla-nungen für das Sächsische Palais nicht mehr los. Hinter einem Plan Carl Friedrich Pöppel-manns mag der Einfluß des Vaters stehen. An

Qualität mit cour d'honneur, vorgezogenen Flügeln und Seitenhöfen und in der Vertei-lung der Baumassen und Hofräume übertrifft er die vorangegangenen Projekte und hat auch Ähnlichkeit zum dritten Schloßentwurf für Dresden. Auch der »Grand Salon«, ein bereits bestehendes fragmentarisches und in die Planungen einbezogenes, torartiges Bau-werk, könnte auf den Vater zurückgehen.

Weitere nennenswerte Bauvorhaben in Po-len sind Kasernen in Warschau sowie ein Schloß und ebenfalls Kasernen an der Grenze in Kargowa unter Knöffels Leitung. 1731 veranstaltet der König eine Heerschau bei Czerniaków, die jedoch Aufwand und At-traktivität des Zeithainer Lagers nicht er-reicht.

276 Auf dem Foto vom gegenwärtigen Zustand der Friedrichsburg domi-niert die Treppenanlage, deren Läufe ähnlich wie vor den Zwingereckpavil-lons in weiten Rundungen hochführen.

277

278

279

280

281

277/281 Die Wohnhäuser frühere Königstraße Nr. 1,5,7,10 (heute Friedrich-Engels-Straße) überstehen die Zerstörung Dresdens 1945 und zeigen noch heute die Fassaden mit dem Aussehen, das sie um 1732 nach einem Musterentwurf erhalten. Die konsequente Beschränkung der dekorativen Ausstattung auf die Portalachse steht im Gegensatz zur bisherigen Gestaltung der bürgerlichen Wohnhausfassaden. Sie spiegelt einmal den gewandelten Zeitgeschmack wider, geht zum anderen aber auch auf die Forderung des Königs zurück, die reiche architektonische Ausstattung dem Japanischen Palais vorzubehalten.

In der sächsischen Residenz gilt das Interesse des Königs dem Ausbau Alten-Dresdens. Während das Japanische Palais der Fertigstellung entgegengeht, sorgt er für dessen städtebauliche Einbindung. Pöppelmann entwickelt mehrere Vorstellungen für die Ausgestaltung einer vom Palais zum Schwarzen Tor führenden Prachtstraße, der Königstraße, die heute als Friedrich-Engels-Straße existiert. Mit einem Patent vom 28. Januar 1732, das den ganzen Stadtteil in »Neue Königstadt« umbenennt, woraus verkürzt die heutige Bezeichnung »Neustadt« wird, gibt der König sie für den Anbau mit Bürgerhäusern frei, verordnet zugleich für die Höhe aller Häuser: »Eine Etage par terre au rez de Chaussee, eines über der Erden, und das dritte mit Mezzaninen, solchergestalt, daß das Holländische Palais selbige übergehe«[71] und beauftragt Pöppelmann, für die einheitliche Bebauung zu sorgen. Die noch bestehenden Fassaden Friedrich-Engels-Straße Nr. 1,3,5,7,10 und 12 sowie Rähnitzgasse Nr. 25 und 27 lassen darauf schließen, nach ein und demselben Plan gestaltet worden zu sein.

Außerdem greift der König wieder Klengels Wiederaufbauplan auf, der eine breite Prachtstraße von der Brücke zum Weißen Tor vorsieht. Quer in dieser geplanten Straße war jedoch 1688, drei Jahre nach dem Brand, die Dreikönigskirche wiederaufgebaut worden. Der König verlangt deren Verlegung nach dem alten Friedhof, der zwischen den beiden Prachtstraßen nahe am Schwarzen Tor liegt, was die Entrüstung der Gemeinde und Geistlichkeit zur Folge hat. Als Pöppelmann im November 1731 mit dem Bau einer Interimskirche neben dem endgültigen Bauplatz auf dem Friedhof beginnt, wendet der Superintendent Löscher ein: »...deswegen ich hiermit dienstlich und beweglich ja auf das nachdrücklichste bitte mit diesen Bau anzustehen, biß die gedachten Befehle ausgefertiget sind. Es ist die Meynung in geringsten nicht Ihrer Königl. Majestät intention zu hindern sondern nur zu verhüten, daß die Ordnung und Freyheit der Kirche nicht über den Hauffen fallen und böse Folgerung daraus entstehen...«[72] Doch trotz des Protestes, trotz des kalten Winterwetters werden die Arbeiten so zügig vorangetrieben, daß die Kirche Ende Januar 1732 bereits gerichtet und am 3. April nach einer Bauzeit von nur 18 Wochen übergeben werden kann. Zu dem schnellen Bautempo trägt die einfache Holzfachwerkkonstruktion bei. Ohnehin besitzt der Interimsbau nur eine Empore und die unbedingt erforderliche Ausstattung. Am 15. April findet der letzte Gottesdienst in der Dreikönigskirche statt. Am gleichen Tage wird die Einrichtung in die Interimskirche herübergeräumt, und fünf Tage später kann in dieser der Gottesdienst abgehalten werden.

Inzwischen hat Pöppelmann die Entwurfszeichnungen für den endgültigen Bau angefertigt und im Januar 1732 vom König genehmigen lassen. Der Entwurf findet nicht die Zustimmung des Superintendenten, weil der Altar im Westen angeordnet ist. Einen Gegenentwurf, der den Altar an der Ostseite und zur Kosteneinsparung weniger Fenster und Pfeiler vorsieht, lehnt der König ab. Erst als Pöppelmann seinen eigenen Entwurf in dem vom Superintendenten gewünschten Sinn überarbeitet, erteilen Wackerbarth in der Eigenschaft als Gouverneur und auch der

König die Genehmigung. Der Grundstein ist indessen längst vermauert. Als der König am 24. Oktober 1732 den »Pyramiden-, Japanisches Palais-, Casernen-, Kirchen- und Fortifikationsbau in der Neustadt« besichtigt, sind die Bauarbeiten so weit fortgeschritten, daß die jetzt von ihm verlangte Verlegung des Turmes auf die Ostseite an die neue Hauptstraße, wo er städtebaulich wirksamer gestanden hätte, so viele Änderungen nach sich ziehen würde, daß sie unterbleiben muß.

Seit 1727 hat Pöppelmann sich mit der Verbreiterung der Elbbrücke zu befassen, um die Verbindung zu Alten-Dresden bequemer zu gestalten. Die aus dem 12. Jahrhundert stammende Brücke gilt mit ursprünglich 18 Bögen als längste Brücke Deutschlands und verlor 1706 auf Anweisung des Königs die Zinnen und damit das fortifikatorische Aussehen. Jetzt werden auch die hölzerne Zugbrücke und das Brückentor abgebrochen. Pöppelmann erreicht die Verbreiterung dadurch,

282 Auf einem Lageplan vom Jahre 1734 »Die so genannte Neustatt zu reguliren«, den der König mit seiner Zustimmung versehen hat, ist die Hauptstraße (heute Straße der Befreiung) konisch zum Marktplatz hin verbreitert, die zu diesem strahlenförmig hinführenden Straßen sind von Klengels Aufbauplan übernommen. An der Elbbrücke sind das noch im Bau befindliche Blockhaus gekennzeichnet, am nördlichen Ende der Hauptstraße Kasernenkomplexe, östlich vom Jägerhof ein Zeughaus (dessen Grundriß auf Longuelune als Architekten hindeutet). Das Japanische Palais ist erweitert, Garten und Vorplatz sind mit langen Trakten eingefaßt. An der vom Palais wegführenden Königstraße (heute Friedrich-Engels-Straße) sieht man die seit etwa 1732 errichteten Wohnblöcke. Sonst wird kaum etwas nach diesem Plan gebaut.

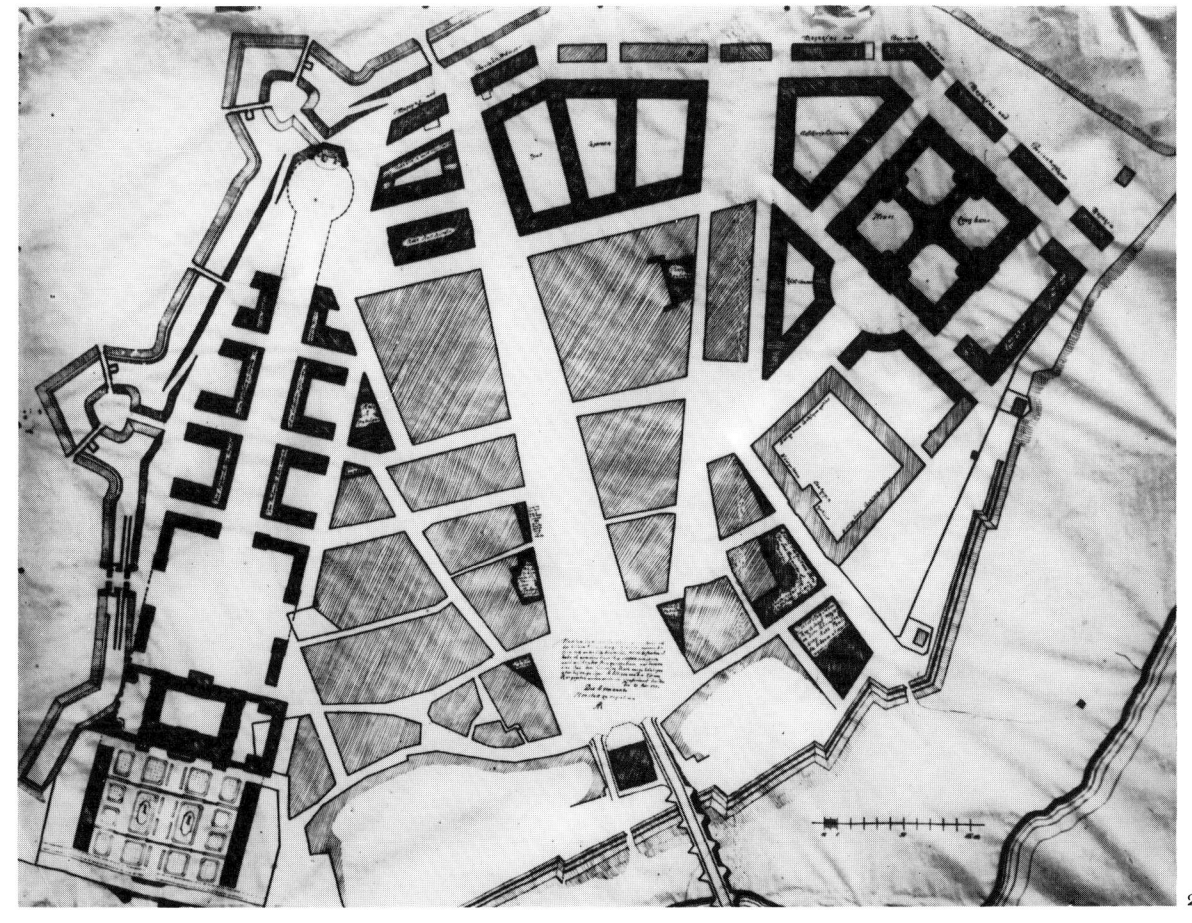
282

283 Der hier abgebildete Aufriß der nördlichen Längsfront vom Entwurf der Dreikönigskirche trägt den Vermerk: »Dieser Grundriß und Aufzug wird hiermit approbiret und kan nach selbigen der neue Kirchen-Bau in der Neustadt bey Dresden vollführet werden; Es ist aber bey der Anlage deßelben wohl zu observiren, damit die Kirche accurat den Plaz einnehme, welchen Ihro Königl. Majestät in dem von Ihnen zum Anbau der Neustadt herausgegebenen Plan allergnädigst destiniret. Sig. Dresden am 4.Juny 1732.« Der Turmschaft ist nur mit Graphit vorgezeichnet. Die Fensterdekoration mit Figuren der gleichen Art wie an den Schloßerweiterungsentwürfen ist schwach zu erkennen.

284 Der Grundriß des am 4. Juni 1732 genehmigten Entwurfes der Dreikönigskirche sieht als Folge der Einwände Bährs und Fehres weniger Fenster und Pfeiler als der erste Plan Pöppelmanns von 1731 vor. Die Pfeilerreihen teilen annähernd gleich breite Seitenschiffe ab. An den Längswänden sind zwischen den Pfeilervorlagen Einzellogen vorgesehen.

daß er seitlich zwei übereinanderliegende Schichten von Kragsteinen anordnet, die die Fußstege beiderseits der Fahrbahn tragen. Wie bei der Pont Neuf in Paris treten die Steine als dekoratives Element in Erscheinung. Um sie nicht durch eine massive Brüstung zu belasten, erhalten die Fußstege ein schmiedeeisernes Gitter mit Vasen und Laternen. Der unter dem Brückenscheitel stehende Brückenpfeiler wird durch einen Anbau aus der Reihe der übrigen hervorgehoben und soll – vielleicht angeregt vom Brückenschmuck der Prager Karlsbrücke – als Postament eines Reiterstandbildes vom König dienen. Statt dessen kommt ein von Longuelune entworfenes Kruzifix auf den Pfeiler, weil es leichter ist. Trotzdem versinkt es 1845 im Hochwasser. In den ersten Jahrzehnten des 20. Jahrhunderts baut der Architekt Wilhelm Kreis die Brücke mit größeren Spannweiten um, ohne das Motiv der Kragsteine und des kräftigeren Pfeilerkopfes zu beseitigen.

Auf der Südseite des Marktplatzes beginnt der Bau des Blockhauses nach Longuelunes Entwurf. Eigentlich war beiderseits des Brük-

kenkopfes je ein pavillonartiges Gebäude geplant. Das westliche sollte das Reiterstandbild des Königs, das östliche ein Standbild der Minerva tragen. Vorgesehen war auch, beide mit Obelisken zu bekrönen, was ebenfalls unterbleibt.

Schließlich soll zur festlichen Ausstattung der Neustadt ein Denkmal beitragen: Im Jahre 1732 beginnt der Kupferschmied Ludwig Wiedemann nach dem Entwurf des französischen Hofbildhauers Jean Joseph Vinache mit der Herstellung des Reiterstandbildes Augusts des Starken für den Marktplatz, des heute so geschätzten »Goldenen Reiters«. Viele Jahre sind vergangen, seit Dietze das Reiterstandbild für diesen Platz, dann Pöppelmann für das neue Schloß projektiert und der inzwischen verstorbene François Coudray sogar schon den Auftrag für das Denkmal erhalten, aber nicht ausgeführt hatte.

Der Beginn des vierten Jahrzehntes des 18. Jahrhunderts sieht den Tod von vier Künstlern, die unter August dem Starken die Bildhauerei zur Blüte gebracht hatten: 1731 den des Goldschmiedes Melchior Dinglinger,

283

1732 den der Bildhauer Christian Kirchner, Paul Heermann und Balthasar Permoser. Pöppelmann steht im Alter von 70 Jahren und muß sich in Teplitz einer Badekur unterziehen. Von dort reist er nach Prag, um Kaiser Karl VI., der sich dort aufhält, zu sehen. Das mißlingt jedoch, da einen Tag vor seiner Ankunft, wie er dem Grafen Wackerbarth am 11. Juni 1732 schreibt, als »...ihre Majt. zu Brandeis, einen 3 Meilen von hier gelegenen Ort mit der Jagd sich divertirt, dieselben unversehens den Oberst Stallmeister Fürst von Schwartzburg mit einem auff ein Wild gezielten Schuß dergestallt hart verwundet, daß derselbe heute Morgens umb 5 Uhr seinen Geist auffgeben müssen...«[73], der Kaiser niemanden vorlasse, oft in Ohnmacht falle und auch nicht an der Fronleichnamsprozession teilgenommen habe.

Zu den Tätigkeiten Pöppelmanns im Oberbauamt gehören Erweiterung und Umbau des Wohnhauses Große Meißner Straße Nr. 15, das der König 1733 erwirbt, um in ihm das Geheime Consilium, das Kammerkollegium, Rentkammer und andere Ämter unterzubringen, woher der Name »Kollegienhaus« herrührt. Hinter dem dreigeschossigen Hauptgebäude an der Straße umfassen schmale Flügel einen engen Hof, den ein gleich großes Hintergebäude abschließt, von dem wiederum Flügel zur Elbe abgehen. Pöppelmann ent-

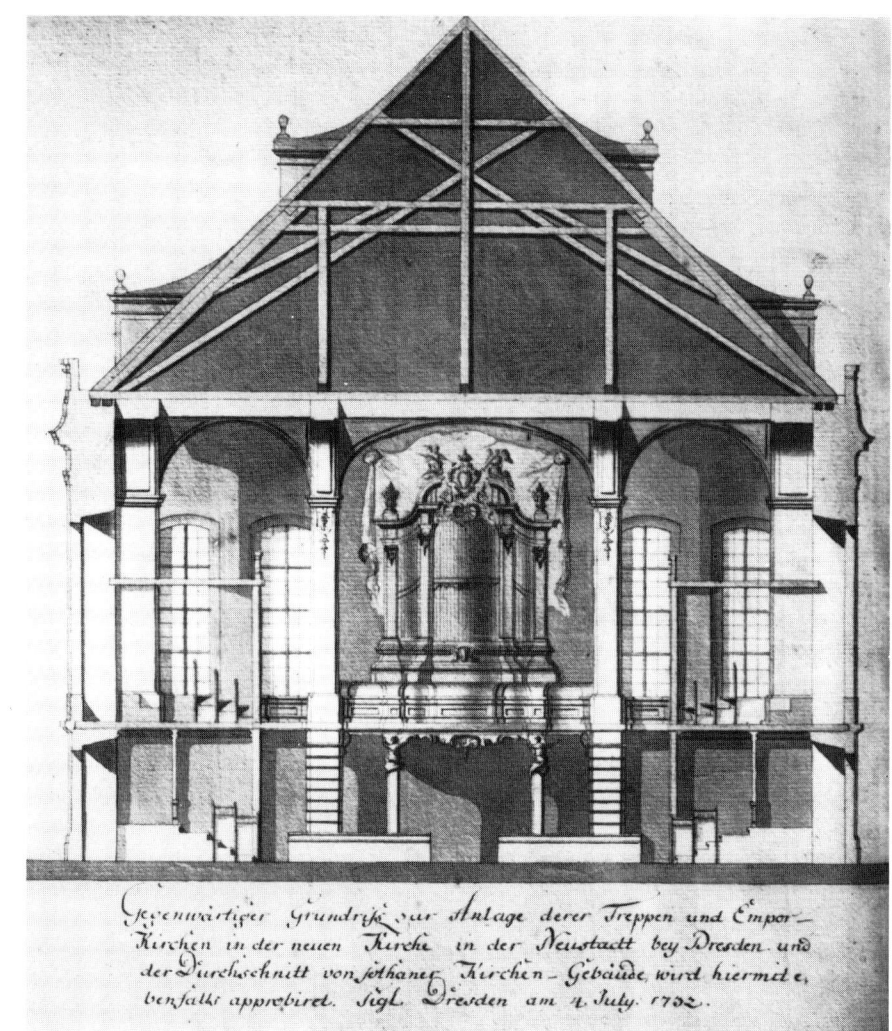

284

285

286

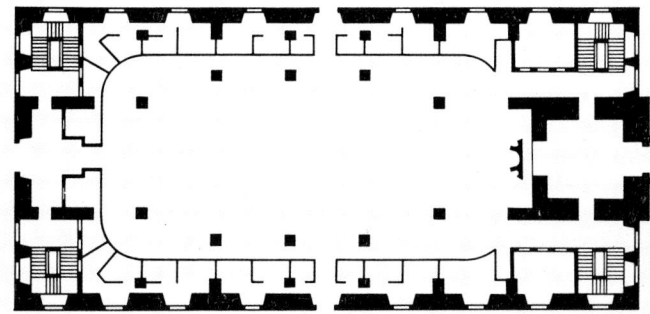

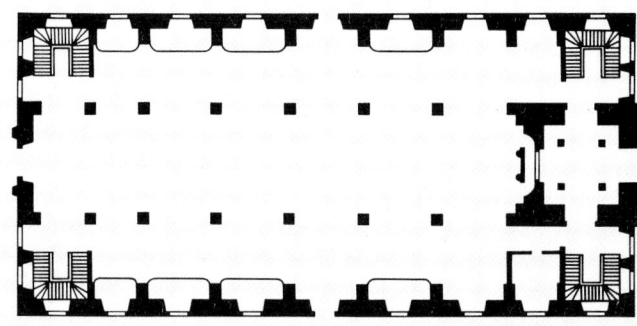

285 Die zu dem am 4. Juni 1732 genehmigten Entwurf gehörende Schnittzeichnung mit Blick zur Orgel läßt unter der auf Bögen zwischen den Pfeilern aufgelegten Flachdecke Emporen erkennen.

286 George Bähr kann an der Dreikönigskirche nur noch die Lage der drei mittleren Pfeilergruppen und in geringem Maße die Abmessungen der vier Treppen in den Ecken des Kirchenschiffes ändern. Die Grundkonzeption muß er belassen, da der Rohbau schon zu weit fortgeschritten ist.

287 Der Blick zum Altar der Dreikönigskirche macht die Weite des Inneren deutlich, die durch das Herausrücken der drei Pfeilerpaare erreicht ist. Die Kirche brennt 1945 aus, das Innere wird nicht mehr in der ursprünglichen Form wiederhergestellt.

288 Der Ausschnitt von Canalettos Ölgemälde vom Jahre 1754 zeigt vor der Frauenkirche die von der Sonne beleuchtete Elbbrücke in der Form, in der sie nach Pöppelmanns Entwurf verändert wird. Am Brückenscheitel ist deutlich der vergrößerte Pfeiler mit dem Kruzifix (das 1845 in die Elbe stürzt) zu erkennen; ebenso zwischen den Pfeilern die Reihe von Kragsteinen unter dem Brükkengeländer.

289

wirft noch im September 1733 ein den zweiten
Hof abschließendes Hintergebäude und führt
den Bau im nächsten Jahre durch. Das Kollegienhaus übersteht den zweiten Weltkrieg
und kann in den achtziger Jahren in einen
Hotelneubau einbezogen werden.

1733 findet die Einweihung der Frauenkirche statt, obwohl die Kuppel mit der Malerei
von Johann Baptist Grone erst zwei Jahre, die
Laterne sogar erst zehn Jahre später vollendet
sein wird.

Pöppelmanns berufliche Laufbahn ist noch
nicht ganz abgeschlossen. 1733 befaßt er sich
noch einmal mit einer sakralen Bauaufgabe.
Nachdem er schon beratend beim Wiederaufbau der 1719 durch einen Stadtbrand einge-
äscherten Kirche in Nossen mitgewirkt hatte,
entwirft er nun auf Bitten des dortigen Amt-
mannes die Herrschaftsempore, da die Kammer einen Entwurf des Amtes als zu aufwendig zurückgewiesen hatte. Der Nossener
Tischlermeister August Schneider will die
Empore nach Pöppelmanns Entwurf auch für
53 Taler ausführen, aber der Pastor Zandt
verhindert es, weil er der Meinung ist, sie
passe nicht zu den anderen Emporen. Mit Sakralbauten hat Pöppelmann weit weniger Erfolg als George Bähr, der den Bau seiner kleinen Kirchen mit der Dorfkirche von Schman-
newitz bei Oschatz fortsetzt.

290

289 Longuelune plant für
den Neustädter Brücken-
kopf zwei Gebäude, die
als Denkmalsockel dienen
sollen und einer klassizi-
stischen Auffassung näher
stehen als einer barocken.
In der doppelten Anord-
nung, die nur eine relativ
schmale Durchfahrt frei
läßt, klingt noch etwas
von einem Brückentor
nach.

290 Ein (nicht realisier-
ter) Entwurf Longuelunes
für die beiden Gebäude
am Neustädter Brücken-
kopf sieht einen Obelis-
ken auf abgetrepptem
Sockel vor. Von dieser ungewöhnlichen Form leitet
sich die Bezeichnung Py-
ramidengebäude ab, die
erst in Blockhaus geän-
dert wird, als die Brücken-
wache einzieht.

291 Nach der Zerstörung im Jahre 1945 wird das Blockhaus in den achtziger Jahren mit Walmdach ohne die 1892 hinzugefügte Aufstockung und Dekoration so wiederhergestellt, wie es nach Longuelunes Entwurf gebaut worden ist.

291

292 Longuelunes Entwurf für den Sockel des im Jahre 1736 enthüllten Reiterstandbildes von August dem Starken auf dem Neustädter Marktplatz bleibt dem Kubus verhaftet. Bei der Ausführung erhalten die seitlichen Stützvoluten mehr Plastizität, und an die Stelle des Reliefs kommt eine Schrifttafel.

292

293

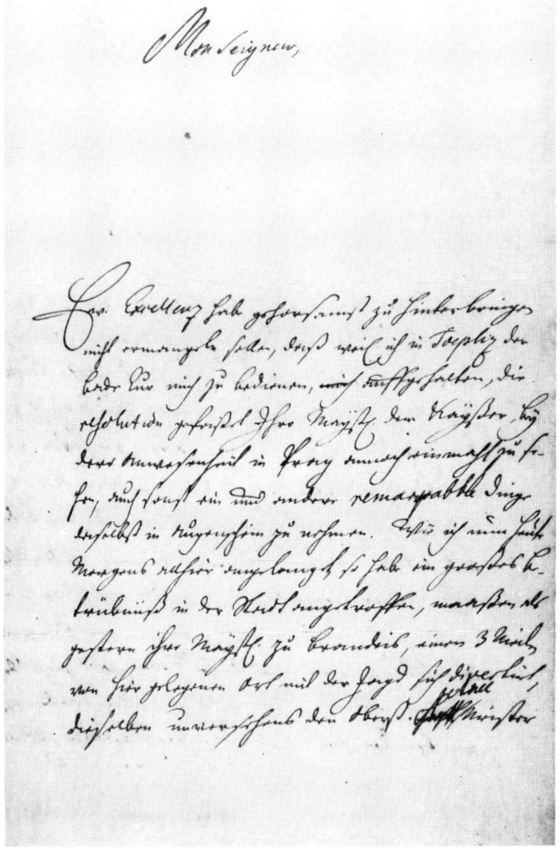

294

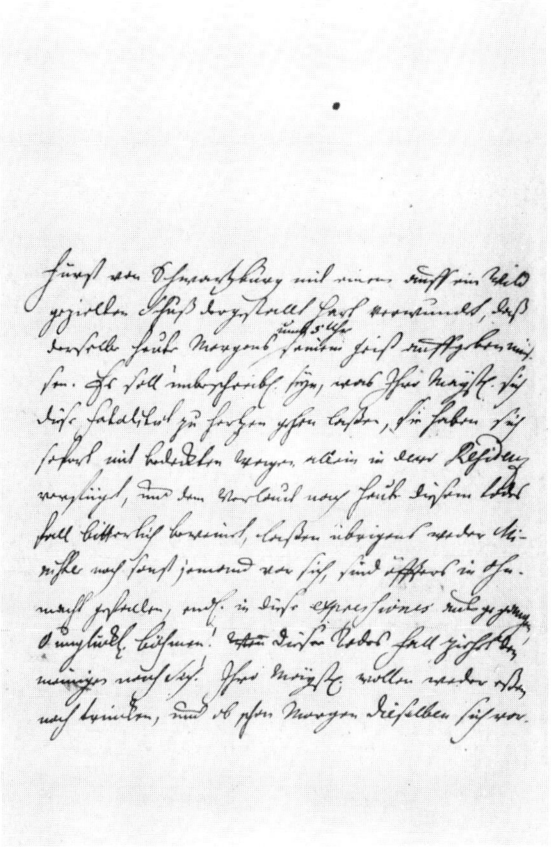

Mon Seigneur,

[handschriftlicher Brieftext in deutscher Kurrentschrift]

295

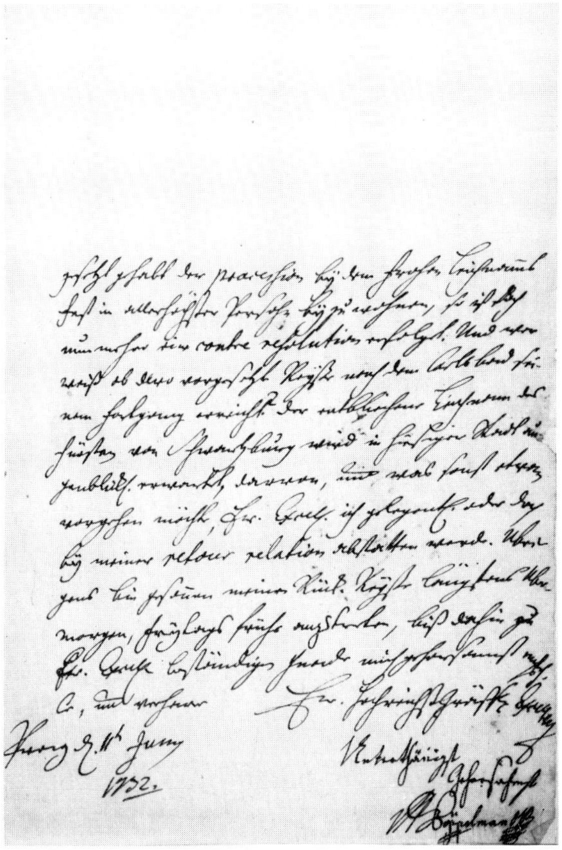

293/295 Im Brief vom
11. Juni 1732 aus Prag teilt
Pöppelmann dem Grafen
Wackerbarth den tödlich
verlaufenden Unfall auf
der Jagd des Kaisers mit.

[handschriftlicher Brieftext in deutscher Kurrentschrift]

Prag, d. 11t. Juny
1732.

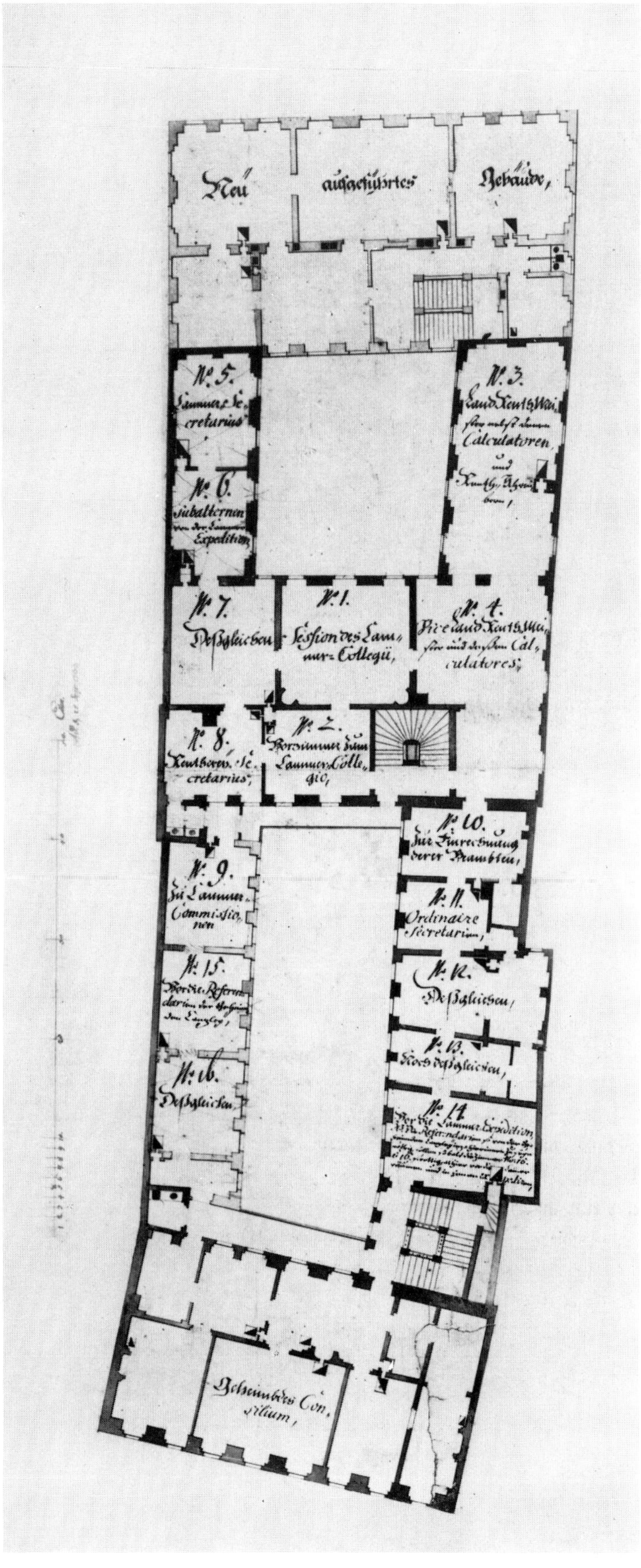

296 Hinter dem als Amts-
gebäude angekauften
Wohnhaus Große Meiß-
ner Gasse Nr. 15 (unten)
verlaufen schmale Flügel
in Richtung zur Elbe,
schließen einen vorderen
Hof und einen im Jahre
1733 von Pöppelmann mit
einem schlichten Erweite-
rungsbau (oben) geschlos-
senen zweiten Innenhof
ein.

297 Der Entwurf für die
Herrschaftsempore in der
Stadtkirche zu Nossen un-
terscheidet sich nur durch
das Sächsisch-Polnische
Wappen und die Krone
von den üblichen Herr-
schaftsemporen in kleinen
Kirchen des 18. Jahrhun-
derts. Aus Kostengründen
hat Pöppelmann auf wei-
tere Dekorationen ver-
zichtet.

298

Tod Augusts des Starken, Wackerbarths und M. D. Pöppelmanns

Das bemerkenswerteste Ereignis des Jahres 1733 ist der Tod des Königs am 1. Februar in Warschau. Die Nachfolge des Sohnes – als Kurfürst von Sachsen Friedrich August II., als König von Polen August III. (1696/1733–1763) – löst durch die Ausrufung von Stanislaus Leszynsky zum Gegenkönig den polnischen Erbfolgekrieg aus.

Im Jahre 1734 stirbt Graf Wackerbarth auf seiner Besitzung Zabeltitz, im gleichen Jahre legt Pöppelmann im Alter von 72 Jahren die Amtsleitung nieder, nachdem er noch in der Dresdner Oberhofmühle ein Gebäude geplant hat. Am 24. Oktober ergeht der Befehl: »Nachdem Wir Unseren Ober Land-Baumeister Pöppelmann, in Ansehung seines hohen Alters, von der ihm bisher obgelegenen moderation derer von denen Land-Bau-schreibern über die Landgebäude gefertigten Anschläge, gebetenermaßen, in Gnaden dispensiret, und dieselbe Unßeren Ober-Land-Baumeister Knöffel aufgetragen; . . .«[74]

Im nächsten Jahr zwingt ihn Krankheit ständig ins Bett; schon am 17. Januar 1736 erlöst ihn der Tod. Bei ihm weilen drei Töchter und eine Enkeltochter, sie geben zu Protokoll: ». . . welcher noch in den Seiten Zimmer deßen Fenster in Hoff gehen, im Bette lage . . . zwischen halb und drey Viertel auf 2 Uhr im Beyseyn des Herrn M. Mehnerts Pfarrers zu Friedrichstadt seelig verschieden sey.«[75]

Die Beisetzung findet am 20. Januar statt. Bei Fackelschein führt der Trauerzug von der Wohnung im Fraumutterhaus in der Schloßgasse über die Friedrichstraße bis zur Matthäuskirche, in deren Gruft Pöppelmann die letzte Ruhe findet. Am 8. Juni 1736 besichtigen der Hausmarschall von Erdmannsdorff, Knöffel und der Oberkämmerer Müller die Dienstwohnung, begutachten die in einer Kammer aufbewahrten Modelle und sondern

299 Friedrich August II.,
als König von Polen
August III.

in der Zeichenstube die dienstlichen Einrichtungsgegenstände von den privaten ab. Um das Erbe kommt es zum Prozeß mit dem verwitweten Schwiegersohn Dr. Stenger, weil der Verstorbene ihn in einem zweiten Testament enterbt hatte.

Die drei Söhne bekleiden angesehene Stellungen: der 42jährige Johann Adolph als Hofmaler mit beachtlichem Vermögen, der etwas ältere Carl Friedrich als Architekt und Ingenieur-Oberstleutnant und zwar mit maßgebendem Einfluß in Polen neben Jauch, nachdem er bis zuletzt in der engsten Umgebung Augusts des Starken gelebt und sowohl die Vorbereitungen zu dessen Beisetzung als auch die für das Krönungsfest von Friedrich August III. geleitet hatte. Unter dem neuen König behält er alle seine Ämter, wird 1742 geadelt und 1747 zum Generalmajor befördert. Der jüngste Sohn Christian Wilhelm bekleidet nach juristischem Studium und Promotion in Leipzig eine leitende Position im sächsischen Postwesen; seit 1729 als Chef der Dresdner, seit 1734 als Chef der Bautzner Post. Die Tochter Rahel Dorothea lebt als Frau des Hof- und Justizrates Wilcke, die

Tochter Erdmuth Sophie als Frau des herzoglich Coburgischen und Meiningischen Hof- und Legationsrates Heubel. Die Tochter Luise ist mit dem Arzt Dr. Sparmann verheiratet, der später zum Generalstabsmedikus aufsteigt, sich jedoch von ihr scheiden läßt. Eine hinterlassene Tochter Friederike Sophie Hensel wird als Schauspielerin berühmt.

Katholische Hofkirche

Friedrich August III. hält sich im Gegensatz zum Vater auch nach Beendigung des polnischen Thronfolgekrieges meistens in Dresden auf. Die Bauvorhaben des Hofes nehmen trotzdem ab, da er mehr Interesse an der Kunstsammlung zeigt. Nur ein Bauvorhaben bringt er zur Realisierung, für das der Vater zeitlebens nicht allzuviel übrig hatte: die Katholische Hofkirche. August der Starke hatte sie lediglich von 1707–1709 durch Naumann in das Opern- und Komödienhaus einbauen lassen. Da der junge König, genauso wie seine fromme österreichische Gemahlin, Italien mehr liebt als Frankreich, beruft er im Jahre 1737 Gaetano Chiaveri aus Rom, mit dem schon seit Mitte des dritten Jahrzehntes Verbindungen bestehen und der 1733 das castrum doloris für August den Starken in Warschau errichtet hatte. Der 48jährige Architekt bringt mit dem Entwurf der Hofkirche noch einmal italienischen Barock an die Elbe. Namentlich der Turm und die wellenförmig bewegten Stirnseiten stehen auf derselben spätbarocken Stilstufe wie die Kirchen Rosario Gagliardis in Ragusa, Modica und Buscenti in Sizilien. Der städtebaulich schwierig zu bewältigende Bauplatz bedingt die von der üblichen Ost-West-Richtung abgedrehte, auf den Zwinger bezogene Lage. Chiaveri zieht italienische Bauleiter und Bauleute hinzu und läßt im Sommer 1739 den Grundstein legen, nachdem schon ein Jahr zuvor der Bildhauer Lorenzo Matielli eingetroffen ist, um den reichen figürlichen Schmuck anzufertigen.

Der Bau der Katholischen Hofkirche hat zwangsläufig die Klärung des Schicksals des alten Residenzschlosses und dessen Erweite-

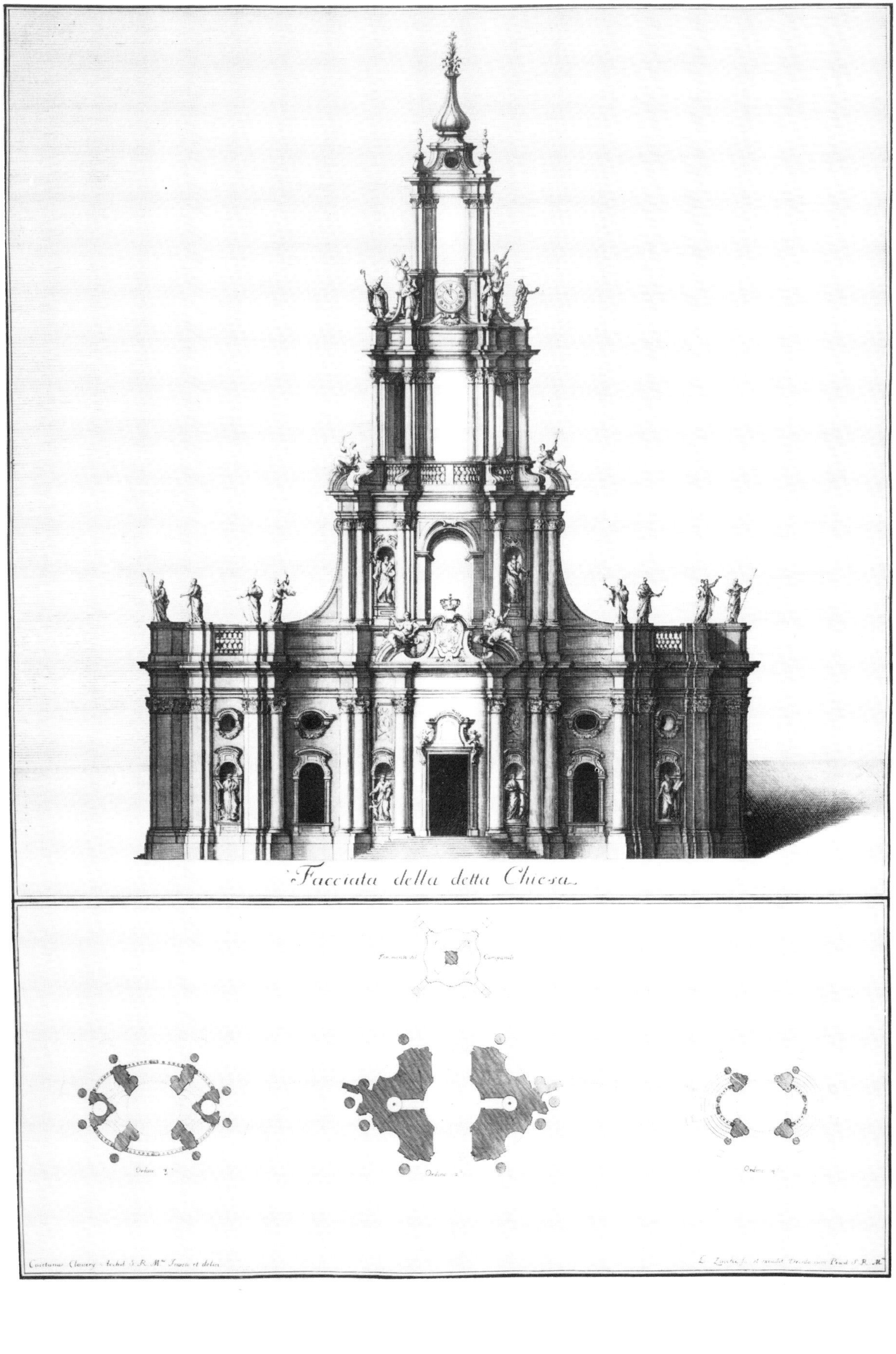

Facciata della detta Chiesa.

300 Chiaveris Entwurf
der Nordostseite der Ka-
tholischen Hofkirche. Elegant wächst der Turm auf
ovalem Grundriß vor dem
Mittelschiff hoch und löst
sich in drei Geschossen
immer graziler in eine luf-
tige Säulenarchitektur
auf. Die Form der Turm-
spitze hatte Chiaveri be-
reits 1722 für die Kirche in
Korostino, 60 Kilometer
südwestlich von Nowgo-
rod, entwickelt. Stich von
Lorenzo Zucchi

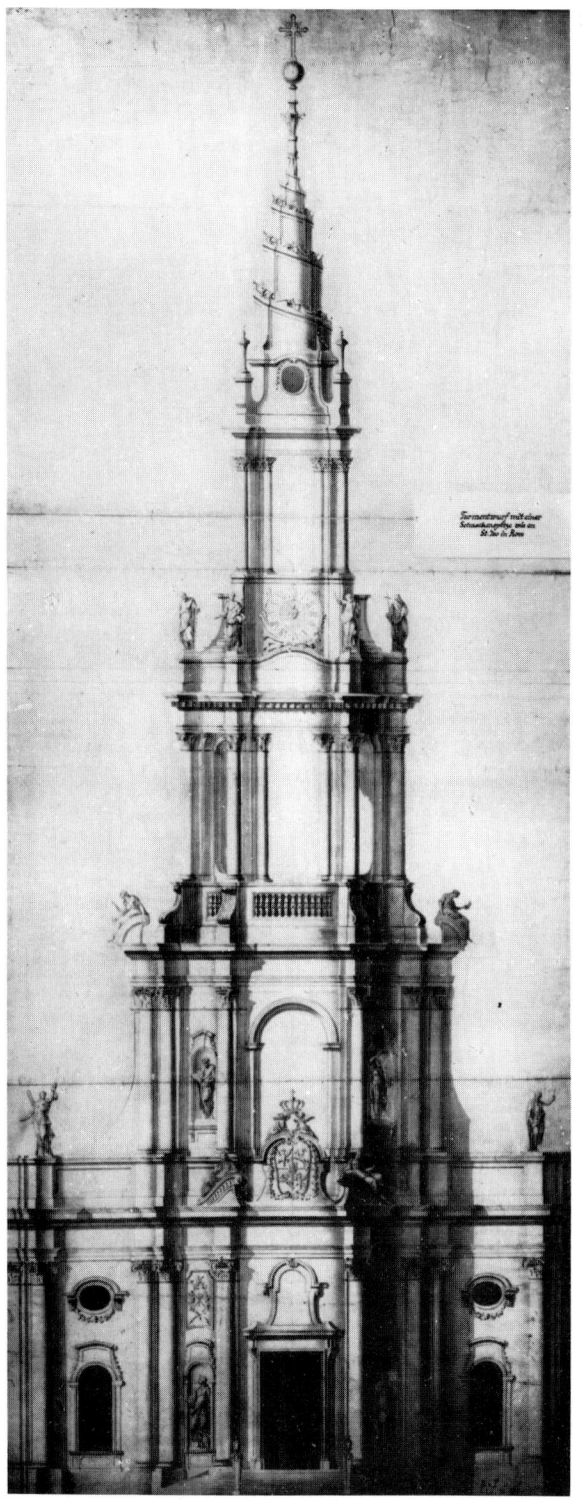

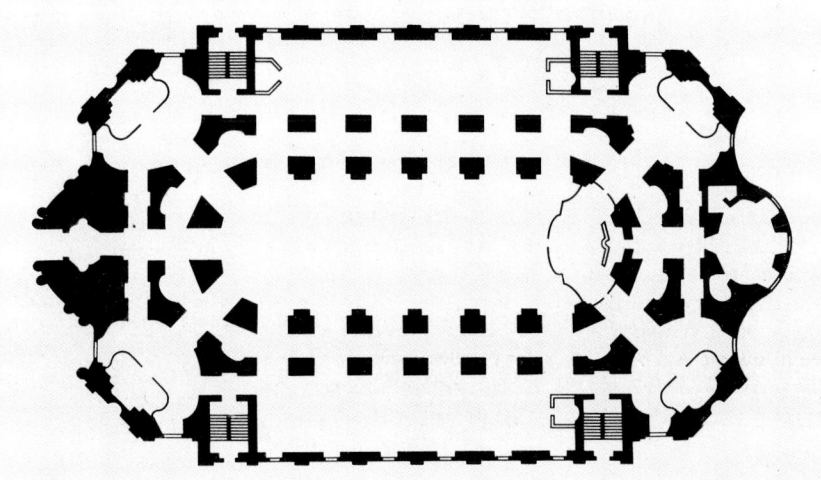

rung zur Voraussetzung. Chiaveri untersucht schon bald nach dem Eintreffen in Dresden die Erweiterung als vom Altbau unabhängigen, an den Zwinger anschließenden Komplex und zeichnet im Verlauf eines Jahrzehntes fünf Entwürfe. Er versucht, die in einem umfangreichen und vielseitigen Raumprogramm sich ausdrückenden mannigfaltigen Ansprüche des Hoflebens funktionell wie architektonisch und städtebaulich optimal zu erfüllen. Auch für das Warschauer Königsschloß fertigt er im Jahre 1740 Erweiterungsentwürfe an. Im Gegensatz zu den Dresdner Plänen erfolgen tatsächlich auf deren Grundlage Bauarbeiten, nachdem Longuelune Ergänzungen vorgenommen hat. Von Chiaveris Wirken in Dresden bleibt außer der Hofkirche noch der Bau des eigenen Wohnhauses im Jahre 1742 zu erwähnen. Es wird später im Zopfstil verändert und 1890 abgebrochen.

Die spätbarocke Architektur Gaetano Chiaveris kann keine Rückwirkung auf die stilistische Entwicklung in Dresden mehr erlangen. 1739 wird Julius Heinrich Schwarze zum Oberlandbaumeister ernannt, der den vorklassizistischen Rokokostil Johann Fried-

301 Der Grundriß der Hofkirche ist auf die Bedürfnisse des katholischen Gottesdienstes abgestimmt. Um das Mittelschiff rundet sich ein von Logen überdeckter Pro- zessionsumgang, den die beiden Seitenschiffe flankieren. In den vier Ecken der Kirche liegen vier Kapellen. Der Hauptzugang erfolgt durch den Turm, der Altar befindet sich auf der gegenüberliegenden Seite; aus städtebaulichen Gründen im Südwesten.

Veduta esteriore del fianco di della Chiesa

Carolinus Claveri Archit Ste Maies^{tis} Inv et Del

rich Knöffels fortsetzt. Sein erster größerer Auftrag ist der Bau eines Palais für die Tochter Augusts des Starken und der Gräfin Cosel Friederike Alexandrine Mosczynska vor dem Seetor.

1742 verliert Dresden wiederum zwei Architekten, die Entscheidendes zur Verschönerung der Residenz unter August dem Starken beigetragen haben: den Innenarchitekten Raymond Leplat, der sich in den letzten Jahren zum Kauf von Kunstwerken häufig im Ausland aufhielt, und Johann Christoph Naumann, der im Range eines Ingenieur-Obersten als Generalakzisebaudirektor wirkte und auch durch den Bau des Schlosses Hubertusburg und durch die Organisation des Bauwesens in Polen Verdienste erwarb. Nachfolger wird Carl Friedrich Pöppelmann.

302 Einen Entwurf versieht Chiaveri alternativ mit einer spiralenförmigen Spitze, die von Borrominis S. Ivo della Sapienzas Laternenspitze – in umgekehrter Windung – beeinflußt ist. Auch so eine ungewöhnliche Spitze – in derselben Windung des Vorbildes – baut 1750 Laurids de Thurah auf den Turmschaft der Vor Frelsers Kirche in Kopenhagen.

303 Zucchis Stich von der Nordwestseite der Katholischen Hofkirche zeigt deutlich die Trennung von Turm und Schiff. Das gewölbte Dach zwischen Mittel- und Seitenschiff tritt nur im Aufriß in Erscheinung. Vom Theaterplatz oder der Brücke aus nimmt der Betrachter es nicht wahr.

304

304 Blick auf die Nord-
westseite der Katholi-
schen Hofkirche, die den
Theaterplatz gegenüber
vom Opernhaus einfaßt

und zur Elbbrücke über-
leitet. Auf den Balustra-
den der im Stil des italienischen Spätbarocks mit
Pilastern gegliederten Fas-

saden ragen Mattiellis
Statuen von Heiligen sil-
houettenhaft gegen den
Himmel.

305 Am großartigsten
wirkt die Katholische
Hofkirche von der Brücke
und von der Treppe zur
Brühlschen Terrasse aus.

Turm und Schiff ver-
schmelzen optisch zur
vollendeten Harmonie.

305

306 Die von Lorenzo Matielli stammende Nischenfigur des Evangelisten Lucas an der Turmseite der Katholischen Hofkirche

307 Mit den Entwürfen für den Neubau des Residenzschlosses setzt Chiaveri so einfühlsam wie kein anderer Architekt vor oder nach ihm Pöppelmanns Bauweise des Zwingers fort. Sein zweiter Entwurf berücksichtigt die Erscheinung des massigen Neubaukomplexes neben der Katholischen Hofkirche vom anderen Elbufer aus. Wie auf deren Mittelschiff soll ein Figurenkranz gegen den Himmel stehen. Die großzügig im geraden Lauf zwischen geschweiften Ufermauern herabführende Freitreppe ist eine ähnliche Verbindung zur Elbe, wie sie Pöppelmann über die Gartenerweiterung des Zwingers auch erreichen wollte. Etwa an dieser Stelle baut im Jahre 1911 der Stadtbaurat Hans Erlwein die Gaststätte »Italienisches Dörfchen«.

308 Auf dem hier abgebildeten Grundriß des vierten Entwurfes von Chiaveri für die Schloß- und Zwingererweiterung staffeln sich die Schloßflügel, von den Zwingerpavillons ausgehend, um zwei Höfe in Richtung zum Elbufer und werden hier von einem Flügel verbunden, von dem aus man einen weiten Blick über den Strom genießen kann.

306

307

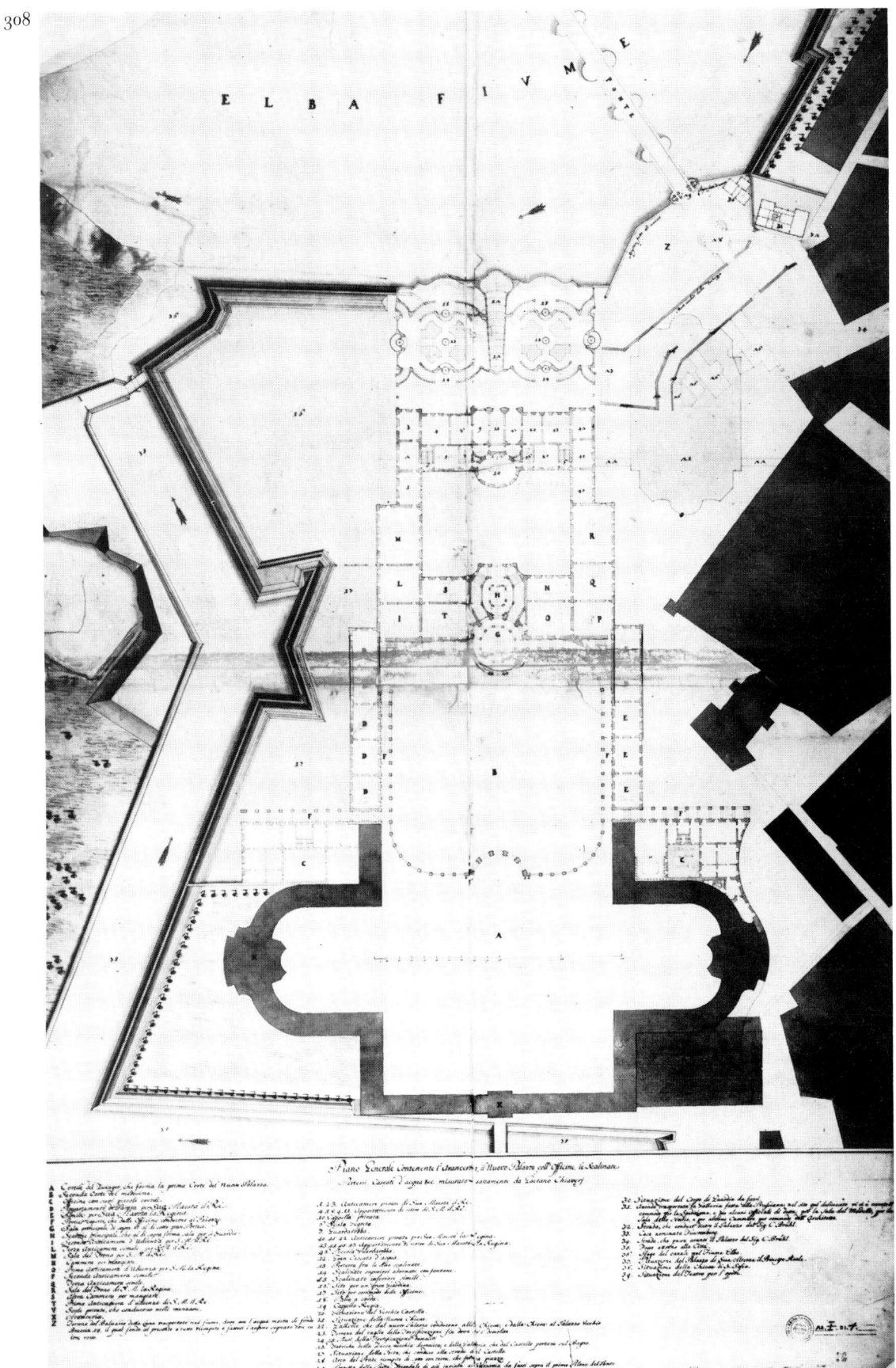

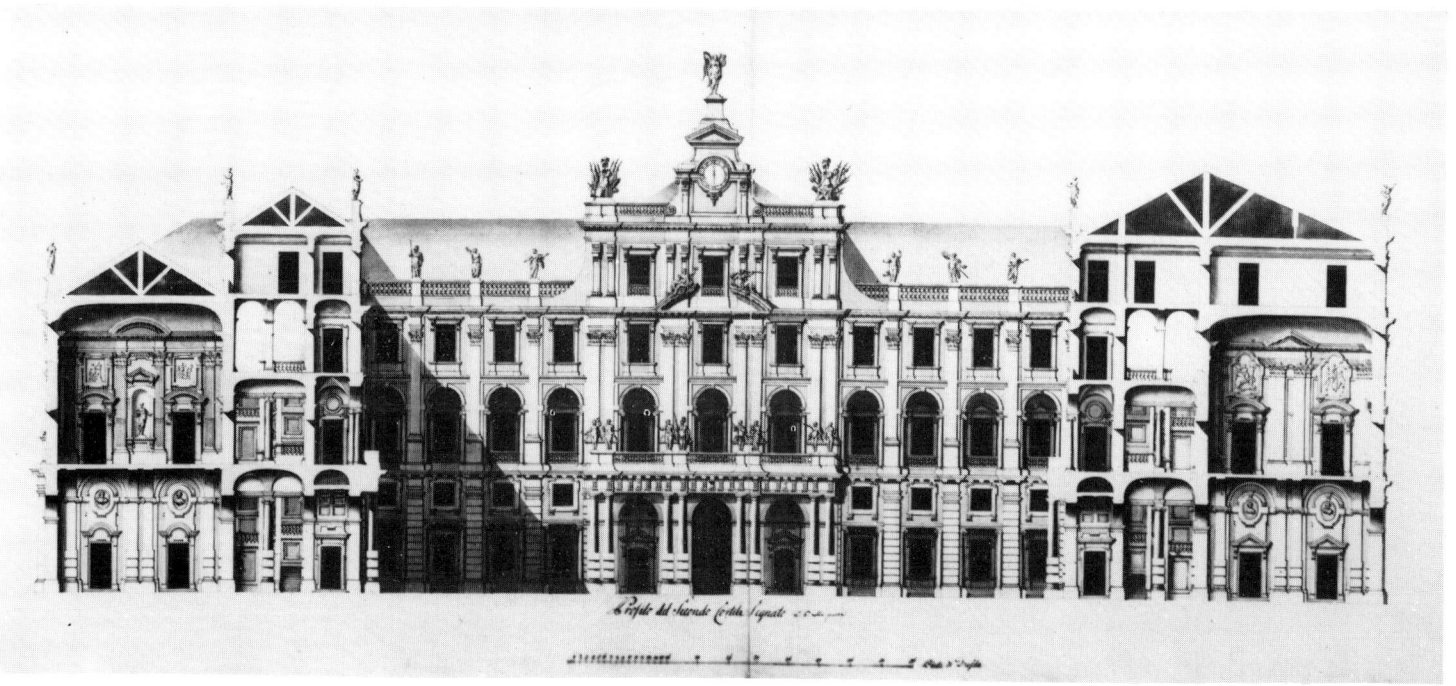

309 Chiaveri stattet die zum Zwinger gerichtete Seite des vierten Schloßentwurfes mit Kolossalpilastern, toskanischen Säulen, Fensterverdachungen, Balustraden und reichlichem Figurenschmuck aus. Er zielt jedoch nicht auf die kraftvoll-dynamische Akzentuierung, mit der Pöppelmann die lange Hauptschauseite gestalten wollte.

310 Der Einblick in den Schloßhof auf Chiaveris fünftem Schloßentwurf zeigt eine Fülle architektonischer Details: neben Kolossalpilastern und Säulen genutete Pilaster, gesprengte Verdachungen, Arkaden, Blendgiebel, Figuren- und Trophäenschmuck – ein völliger Kontrast zu den Entwürfen Longuelunes und Knöffels. Der Einblick in die Räume läßt eine Ausstattung in der Art des Römischen Barocks erkennen.

204

311

312

311 In einem fünften Entwurf zur Erweiterung des Residenzschlosses schlägt Chiaveri noch konsequenter als Pöppelmann die von Bernini geprägte Römische Palastarchitektur vor.

312 Das von Julius Heinrich Schwarze erbaute Mosczynskapalais vor dem Seetor, wo heute etwa der Hauptbahnhof steht, verrät mit der Gliederung der Fassade in drei Risalite, mit der starken Akzentuierung des Mittelrisalites durch Dekoration und dem Mansarddach noch barocke Grundzüge. Das Palais fällt im Jahre 1871 dem Straßenbau zum Opfer.

Johann Friedrich Knöffel, der Schöpfer der Dresdner Rokokoarchitektur

Das Oberbauamt, das völlig unter Knöffels Kontrolle steht, führt, abgesehen vom Umbau des Stallgebäudes, keine Arbeiten von nennenswerter Bedeutung durch; anders der Adel, vor allem Graf Heinrich von Brühl, der neue Gönner Knöffels. Unter August dem Starken vom Leibpagen bereits bis zum Kammerpräsidenten aufgestiegen, hat er sich unter dem neuen König Verdienste bei der Sicherung der polnischen Thronfolge erworben, erlangt dessen volles Vertrauen, bringt ihn sogar unter seinen Einfluß und wird zum mächtigsten Mann in Sachsen. 1746 ernennt ihn der König zum Premierminister. Er kann ein großes Vermögen erwerben, und das erlaubt ihm eine umfangreiche Bautätigkeit. Knöffel erweitert für ihn das Stadtpalais in der Augustusstraße, das Palais in der Friedrichstadt (das spätere Marcolinipalais) und das ehemals Flemmingsche Palais. Er baut Bibliothek, Gartensaal, Gemäldegalerie und später das Belvedere auf der Brühlschen Terrasse, außerhalb Dresdens das Schloß Grochwitz. Knöffel hat geradezu ein Monopol im Palaisbau erlangt. Für den Grafen Sulkowski erweitert er das ehemalige Flemmingsche Palais in der Pirnaischen Gasse, für den Grafen Hoym baut er das Palais in der Landhausstraße, sich selbst ein stattliches Wohnhaus an der Frauenkirche. An weiteren Bauten von Bedeutung seien das Saulsche Haus, die Schlösser Pförten und Nischwitz und der Umbau des Schlosses Hubertusburg aufgezählt. Selbst die Bauten des Rates entstehen nicht ohne seine maßgebende Mitwirkung: Nach seinem Entwurf baut Johann Georg Fehre von 1741–1745 das Rathaus am Altmarkt und von 1750–1751 das am Neustädter Marktplatz.

Knöffel hat seinen Stil gefestigt. Sein Œuvre bildet ein einheitliches Bild. Die einfache und zurückhaltende Formensprache läßt Schmuck nur sparsam zu, die sorgfältig proportionierten Fassaden erhalten durch eingetiefte Felder zwischen vertikalen und horizontalen Wandstreifen ein zartes Relief.

Nur übergiebelte Risalite bilden mitunter noch ein Relikt barocker Fassadengestaltung. Die Innendekoration folgt den Anregungen von Meissoniers Ornamentvorlagen mit Verwendung der Rocaille, die fast ohne tektonischen Zusammenhang aus Stuck auf der Wand aufliegt, keine tiefplastische Gestaltung mit Säulen oder Figuren mehr, sondern kleinformatige Wanddekoration im Unterschied zur rationalen Außengestaltung.

Der Umfang von Knöffels Œuvre übersteigt bei weitem den Pöppelmanns, seine Bauten prägen Dresdens Architektur der 30er und 40er Jahre des 18. Jahrhunderts. Es fehlen Werke von so epochaler Bedeutung wie der Zwinger und so einfallsreiche Entwürfe wie die für das Residenzschloß, obwohl Knöffel für dessen Erweiterung auch einen Entwurf anfertigt. Wie Chiaveri entwickelt er ihn von der offenen Zwingerseite aus mit Innenhof bis an das Elbufer und zeigt ein überraschendes Maß an formaler Angleichung an den Stil von Zwinger und Katholischer Hofkirche: Er instrumentiert die Fassaden mit Kolossalpilastern und Fensterverdachungen, verwendet sogar Atlanten am Portal und reichen Figuren- und Trophäenschmuck über den Risaliten. Freilich beansprucht ihn die Schloßplanung nicht im gleichen Maße wie Pöppelmann. Dafür wäre ein anderer Auftraggeber als Friedrich August III. erforderlich gewesen.

Am 3. Januar 1745 stirbt mit dem General de Bodt der letzte Generalintendant über die Zivil- und Militärgebäude. Die Stelle wird nicht wieder besetzt. Johann Georg Maximilian von Fürstenhoff, inzwischen zum Generalmajor avanciert, erhält die Leitung des militärischen Bauwesens, Knöffel die des zivilen.

Im bürgerlichen Bauwesen blüht nach wie vor die barocke Auffassung. Zwar vereinfacht sich der Dekor im Detail und neigt zu kleinlicheren Formen; Portal- und Fensterverdachungen bleiben jedoch der bestimmende Fassadenschmuck. Erst recht trifft die konservative Einstellung für die Bauten auf dem Lande zu, vor allem für die Ausstattung der Sakralbauten. Erwähnt seien die Kirchen des Zimmermeisters Andreas Hünigen in Kittlitz, Pulsnitz, Johnsbach, Röhrsdorf und nach dem Entwurf des Ratsbaumeisters Johann

Georg Schmidt die Schloßkapelle in Weesenstein.

Außenpolitisch stellen die Kriege um Schlesien gefährliche Entwicklungen in unmittelbarer Nähe dar, seit im Jahre 1740 der 28jährige Friedrich II. den preußischen und die 23jährige Maria Theresia den österreichischen Thron bestiegen haben. Nach Abschluß des ersten Schlesischen Krieges greift Preußen 1742 erneut Österreich und das mit diesem verbundene Sachsen an. Nach wechselvollem Schlachtenglück zieht Friedrich II. am 18. Dezember 1745 in Dresden ein und schließt eine Woche später hier den Frieden, der ihm den Besitz Schlesiens sichert.

Von einer nennenswerten Bautätigkeit des Hofes kann ohnehin keine Rede sein. Die Malerei verdankt den Interessen des Königs mehr Unterstützung. Im Jahre 1747 folgt der Venezianer Bernardo Belotto, genannt Canaletto, einer Einladung des Königs und verbringt als Hofmaler und Nachfolger von Alexander Thiele mehr als die Hälfte seines Lebens in Dresden und Warschau. Er malt Pöppelmanns Zwinger, Bährs Frauenkirche und Chiaveris Hofkirche, Knöffels Rokokopalais, Straßenbilder, Plätze und Festungswerke und vermittelt damit eine zuverlässige Reportage vom barocken Aussehen der Stadt.

Der Tod Longuelunes im Jahre 1748 setzt nicht, wie der Tod Pöppelmanns oder Permosers, einer ganzen Epoche auch äußerlich ein Ende. Knöffel und Schwarze tragen Longuelunes Auffassung viel kontinuierlicher weiter als es Knöffel mit Pöppelmanns Stil konnte und wollte. Akademisch geradezu errechenbare und theoretisch untermauerte Architektur eignet sich zur Fortsetzung bedeutend besser als der dynamische Hochbarock. Im Jahre 1748 verläßt Gaetano Chiaveri Dresden, noch bevor die Hofkirche fertiggestellt ist. Julius Heinrich Schwarze vollendet den Turm und erhöht ihn zu dessen Vorteil.

Die deutsche Barockarchitektur befindet sich in ihrer Spätphase. Balthasar Neumann hat Bruchsal und Würzburg fast vollendet, plant Schlösser in Stuttgart, Karlsruhe, Schönbornslust und Schwetzingen, die Sakralbauten in Vierzehnheiligen, Neresheim und das Würzburger Käppele. Johann Conrad Schlaun leitet in Westfalen, Friedrich

313 Heinrich Graf von Brühl (1700–1763), Premierminister Augusts III. und Generaldirektor der Kunstsammlungen. Stich von F. Schmidt

Joachim Stengel im Saarland, Egid Quirin Asam und François de Cuvilliés in Bayern zum Rokoko über. Während sich in Wolfen noch die Nüchternheit niederländischer Provenienz behauptet, formt Georg Wenzeslaus von Knobelsdorff das friderizianische Rokoko. In Österreich hat Josef Emanuel Fischer von Erlach den plastischen Hochbarock des Vaters mit französisch-niederländischen Stilelementen abgelöst.

1750 stirbt Carl Friedrich Pöppelmann im Alter von nur etwa 52 Jahren in Warschau. Zwei Jahre später stirbt Knöffel, 66 Jahre alt. Genausowenig wie nach dem Tod Longuelunes endet eine Epoche. Mit Julius Heinrich Schwarze, Samuel Locke, Christian Friedrich Exner, Friedrich August Krubsacius und Johann Friedrich Knöbel hat Knöffel genug Architekten ausgebildet, die das vorklassizistische Rokoko kontinuierlich fortsetzen. Den Einschnitt bringt erst der Siebenjährige Krieg.

314 In den Jahren 1743/44 erweitert Knöffel das von ihm 1737–1740 erbaute Palais des Grafen Brühl in der Augustusstraße gegenüber der Stallhofgalerie seitlich um je drei Achsen. Wenn er den ersten Bau mit vergiebeltem Mittelrisalit und von Konsolen getragenem Altan noch in Anlehnung an Palaisbauten der zwanziger, dreißiger Jahre gestaltet hat, so verzichtet er jetzt bis auf Trophäenschmuck über der Traufe auf jede Dekoration. Eine zweite Erweiterung um je vier Achsen führt er ab 1753 in gleicher Weise durch.

315 Den Festsaal im Palais Brühl auf der Augustusstraße prägt die der Stellung des Bauherren gemäße Noblesse. Die elegante Dekoration der Wände, Deckenkehlen, Spiegelrahmen und Türflügel besteht aus aufgelegter Rocaille. Im Jahre 1899 wird das Palais zum Bau des Landtagsgebäudes abgebrochen.

314

315

316

316 Nach 1736 erweitert Knöffel im Auftrag des Grafen Brühl das vermutlich von Johann Christoph Naumann gegen 1728 für den Herzog Friedrich Ludwig von Württemberg in der Friedrichstadt erbaute Palais mit Seitenflügeln. Er nimmt die barocke Großform zwar auf, gliedert die neuen Teile jedoch nach seiner Art mit Wandstreifen. Unter dem Grafen Marcolini bauen Schade und Kuntsch nach 1775 an der heutigen Friedrichstraße dreigeschossige Flügel davor, die noch existieren.

317

317 Alexander Thiele stellt um 1746 die Elbseite der Brühlschen Terrasse mit den von Knöffel für den Grafen Brühl errichteten Bauten dar: links die lange Front der Gemäldegalerie, die 1890 zum Neubau der Kunstakademie abgebrochen wird; in der Mitte den Gartensaal, in dem sich 1828 die Technische Bildungsanstalt etabliert. An seiner Stelle befindet sich heute das Denkmal des Bildhauers Rietschel, der hier sein Atelier hatte; rechts die Baulichkeiten des Brühlschen Palais. An deren Stelle baut Wallot 1905–1907 das Landtagsgebäude.

209

318 Von 1749–1751 baut Knöffel das Belvedere im Brühlschen Garten als Abschluß der Hauptachse in der Nordostecke der Bastion. Auf der hier abgebildeten Gartenseite führt eine Freitreppe zu einem Vorraum, hinter dem sich der Gartensaal befindet, unter dem ein niedriger, in die Fortifikation eingebauter Grottensaal liegt. Das entzückende kleine Bauwerk, das als Höhepunkt des Dresdner Rokokos gilt, variiert Pöppelmanns Pavillonbauweise mit einer strengeren, dabei jedoch liebenswürdigen Fassadengestaltung. 1759 wird es durch Friedrich II. von Preußen zerstört.

319 Für den Kammersekretär Schellingk entwirft Knöffel einen Gartenpavillon, ein Palais en miniature. Die Fassadenausschmückung bleibt bescheidener als beim Belvedere auf der Brühlschen Terrasse. Ihr fehlt die rationale Strenge anderer Knöffelscher Bauten.

319

320 In seinem eigenen
Garten richtet sich Knöf-
fel innerhalb einer hohen
Hecke ein aus Holzleisten
zusammengefügtes und
mit Kupferblech bedeck-
tes kleines »Cabinet« ein.

Cabinet in des Herren Oberlandt Baumeister Knöfels
Garthen

320

321

321 Auch Knöffel befaßt
sich im Jahre 1748 mit der
Erweiterungsplanung für
das Residenzschloß. Er
entwickelt sie nicht in der
vom Zwinger zur Elbe
ausgehenden Nordost-
achse, sondern rechtwink-
lig zu ihr mit einer dem
Zwinger parallel zugeord-
neten Gartenanlage. In
hergebrachter Art gliedert
er die Gartenfront in Mit-
tel- und Seitenrisalite und
instrumentiert sie – fast
etwas zu monoton – mit
umgreifenden Lisenen in
den beiden Untergeschos-
sen und mit Kolossalpila-
stern in den beiden Ober-
geschossen. Zur Akzen-
tuierung sieht er über den
Risaliten figürliche Dekoration vor.

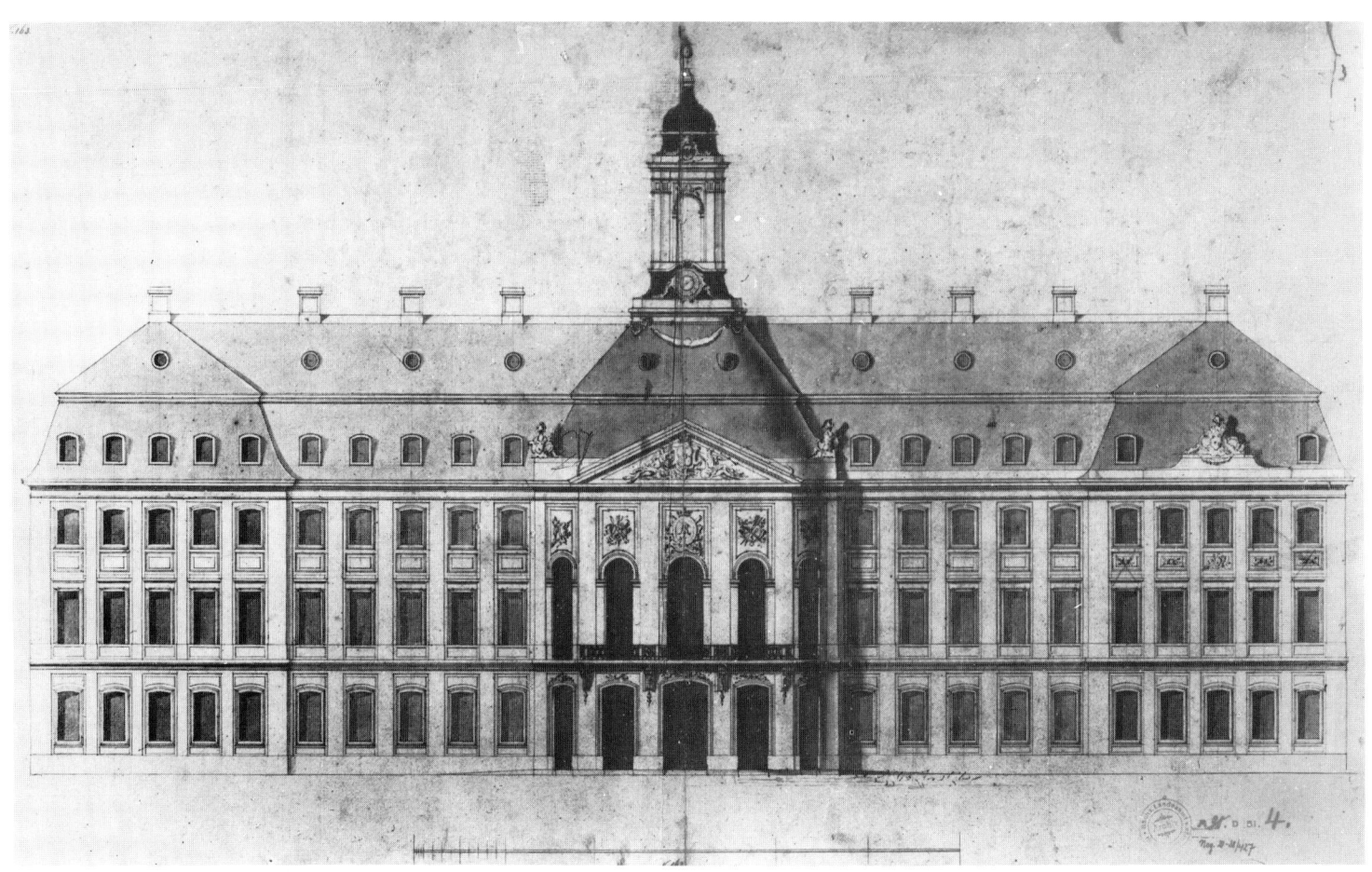

322 Von 1737–1751 errichtet Knöffel bei Wermsdorf im Kreise Oschatz das Jagdschloß Hubertusburg. Ausgehend von dem seit 1721 durch Johann Christoph Naumann erbauten Jagdschloß, dessen Mittelteil er abbrechen läßt, schafft er einen Vierflügelbau mit etwa quadratischem Innenhof. Ein Mittelrisalit, den ein hoher Dachreiter krönt, stößt mit ovalem Grundriß weit vor die Eingangsfront. Die Spitze des Dachreiters ähnelt derjenigen der gleichzeitig im Bau befindlichen Katholischen Hofkirche. Auf dem hier abgebildeten Entwurf hat sie noch einen weichen, dem Zopfstil ähnelnden Umriß. Sonst wird die Fassade dem Entwurf entsprechend mit durchgehenden Lisenen ausgeführt. Das Schloß, in dem am 15. Februar 1763 Preußen, Österreich und Sachsen den »Hubertusburger Frieden« unterzeichnen, der den Siebenjährigen Krieg beendet, existiert noch und wird als Heilanstalt genutzt.

323 Knöffel gibt dem Stallgebäude das heutige Aussehen, als er es von 1744–1746 zur Gemäldegalerie umbaut und anstelle der gekoppelten Renaissancefenster hohe Rundbogenfenster einsetzt. Die bereits im Jahre 1714 vermutlich durch Fürstenhoff nach dem Vorbild am Palais im Großen Garten vorgelegte mehrläufige Freitreppe gibt der sonst so straff und flächig gehaltenen Fassade etwas barocke Körperlichkeit. 1945 zerstört

324 Im Jahre 1747 erweitert Knöffel das um 1714 von Johann Rudolph Fäsch für den Grafen Flemming und 1736 vom Grafen Sulkowski übernommene Palais in der Pirnaischen Gasse mit je vier Achsen auf jeder Seite. Sie können den Gesamteindruck der schon durch die wechselnden Fensterabstände und gekoppelten Fenster über dem Portal unruhig wirkenden Fassade von Fäsch auch nicht zum Vorteil verändern.

323

324

325 Nach dem von Knöffel überarbeiteten Entwurf des Landbauschreibers Johann Christian Simon baut der Ratsmaurermeister J. G. Fehre das Rathaus am Altmarkt in straff gefaßter Lisenenarchitektur mit zwei Risaliten. Es wird 1945 zerstört. Etwa an seiner Stelle steht heute der Kulturpalast.

326 Nach dem Entwurf von Knöffel errichten die Ratsmaurermeister J. C. Berger und J. G. Fehre das Rathaus am Neustädter Markt mit langen, fast schmucklosen Straßenfronten, deren Mittelbereiche durch Segmentbogen bzw. Dreiecksgiebel betont werden. Ein hoher Dachreiter akzentuiert das Dach. 1945 zerstört

325

326

Abkürzungen, die in den Anmerkungen vorkommen

St. A. = Staatsarchiv Dresden
Stadt A. = Stadtarchiv Dresden

1 St. A.-Loc.5197, Nr.1
2 Josephson, R.: Tessin in Deutschland. In: Baltische Studien. Hrsg. v. d. Ges. f. Pommersche Gesch.- u. Altertumskunde. NF., Bd. XXX, 1. Halbbd. Stettin 1928, S.33
3 Pöllnitz, K. L.: Das galante Sachsen. Mit der Porträtskizze Augusts des Starken von J. H. v. Flemming. In neuer Übertragung v. O. Brandt. Hellerau o. J., S.9
4 St. A.-Loc. 32799, Nr. 1071; Bestallungen, Bl. 117 v. 2.12.1699
5 Pöllnitz a. a. O., S.9
6 Döring, S.20
7 Pöllnitz a. a. O., S.319
8 Döring, S.22
9 Loën, J.M. von: Der galanteste Hof der Welt
10 St. A.-Rescr.1709, Nr.52
11 St. A.-Loc.32799, Nr.106
12 St. A.-Loc.32799, Nr.88
13 St. A.-Loc.9708
14 St. A.-Loc. 2215 (Kriegsverlust, nach Döring, B. A.: Die neue Königstadt. Dresden 1929, Anm.24, S.157)
15 Pöllnitz a. a. O., S.253
16 Döring, S.20
17 Sponsel, J. L.: Der Zwinger, die Hoffeste und Schloßbaupläne zu Dresden. Dresden 1924, S. 90, Taf.8
18 St. A.-Rescr. 1709, Nr.50
19 St. A.-Loc.774, Bl.144 v.23.3.1722
20 St. A.-Rescr.1710, Nr.24
21 St. A.-Loc.749
22 St. A.-Cop.1710, Bl.18ᵇ
23 Burckhardt, J.: Der Cicerone ..., 2.T., 8.Aufl. Leipzig u. Berlin 1901, S.329
24 St. A.-I A,51 d
25 St. A.-Cop.1711, Bl.84
26 Marperger, P.J.: Historie und Leben der berühmtesten Europäischen Baumeister. Hamburg 1711
27 Richter, O.: Ein Bildniß Pöppelmanns. Dresdner Anzeiger 1894, Nr. 139 (Das Medaillon ist 1945 in Dresden verbrannt)
28 Stadt A.-Bürgerbuch der Stadt Dresden 1641–1714, Nr.574
29 St. A.-Loc.3017, Cap. VI, S.79
30 St. A.-Loc. 392, Bl. 13ᵇ (auszugsweise Übersetzung a. d. Franz.)
31 St. A.-Loc.2215, Bl.58
32 St. A.-Loc. 774, Den Zwingergartenbau betr. 1709, Bl.12 (zitiert nach Döring, S.52)
33 Asche, S.79
34 Sponsel
35 Pöllnitz a. a. O., S.290
36 St. A.-Loc.699, Nr.30
37 St. A.-Loc.392, Bl.41
38 Stadt A.-Kaufbuch 1716, Nr.448, Bd.44
39 Norberg-Schulz, Chr.: Architektur des Spätbarock und Rokoko, Stuttgart 1975, S. 15 (über Fischer v. Erlachs ersten Schönbrunn-Entwurf)
40 Geyer, S.75
41 Geyer, S.76
42 St. A.-Rescr.1718, Nr.32
43 St. A.-Loc.2095, Vol.IV, Nr.10ʰ, Bl.200
44 St. A.-Loc.5197, Nr.2
45 Pöllnitz a. a. O., S.325
46 Sponsel, S.232
47 Haenel, E./Kalkschmidt, E.: Das alte Dresden. München 1934
48 Stadtarchiv Zwickau-II. O. 10. d. Nr. 1. Den Nieder-Tor-Brücken-Bau betr.1719
49 Nostiz, H. von: Festliches Dresden, 2. Aufl. Frankfurt (Main) 1962, S.48
50 St. A.-Loc. 774, Erbauung der Opernhäuser betr. 1719, Bl.69 (zitiert nach Döring, S.76)
51 St. A.-Loc.1306
52 Sponsel, S.231 (zitiert nach Franz, S.19)
53 St. A.-OHMA, Cap.IV, 35
54 St. A.-Loc.2095, Bl.281
55 Crell, J. Chr. Iccander: Kurzgefaßtes sächsisches Kern-Chronicum, Bd. 1–3. Freyburg 1720–1735 (zitiert nach Franz, S.37)
56 Döring, S.105
57 St. A.-Rescr.1723, Nr.290
58 Sponsel, S.231 (zitiert nach Franz, S.19)
59 St. A.-Loc.1210, Acta die Correspondenz des Grafen von Wackerbarth mit dem Oberstlieutenant Pöpelmann vorzüglich militärische Gegenstände betr. ao. 1722, 1725–1733, Bl. 38 (Übersetzung a. d. Franz.)
60 Haake, P.: August der Starke. 1926, S. 186 (zitiert nach Döring, S.146)
61 St. A.-Loc 1210 a. a. O., Bl.35–36 (zitiert nach Franz, S.61)
62 St. A.-Loc. 1210 a. a. O., Bl. 33 – 34 (zitiert nach Franz, S. 61)
63 St. A.-Loc. 1210 a. a. O., Bl. 40 (Übersetzung a. d. Franz. nach Franz, S.94)
64 Kurtzgefaßter Kern Dreßdnischer Merckwürdigkeiten auff die ersten Neun- und zwanzig Jahre Des itzlauffenden XVIII ten Seculi ... Dresden 1732
65 Döring, S.88
66 Sponsel
67 St. A.-Rechnung über Ausgabe Geld Bey der Königl. und Churfürstl. Sächs. Renth-Cammer ... Trinitatis 1730, Bl.363
68 St. A.-OHMA, Vol.G a, Nr.30, Vol.II, Bl.143
69 St. A.-Loc.1210, Bl.114
70 St. A.-Loc. 4307, Bibl. des Kgl. Finanz-Archivs, Cap. XIII, Lit. D, No.141. Nachrichten über die Erbauung der Frauenkirche zu Dresden. Dresden 1834
71 St. A.-Loc.4447, Bl.49
72 Sulze, E.: Die Dreikönigskirche zu Neustadt-Dresden. Dresden 1889
73 St. A.-Loc.1210
74 St. A.-Rescr. 1734, Vol. IV, Exp. u. Rescr. Reg. 1734, Bl.981
75 St. A.-Loc.3015, Bl.2

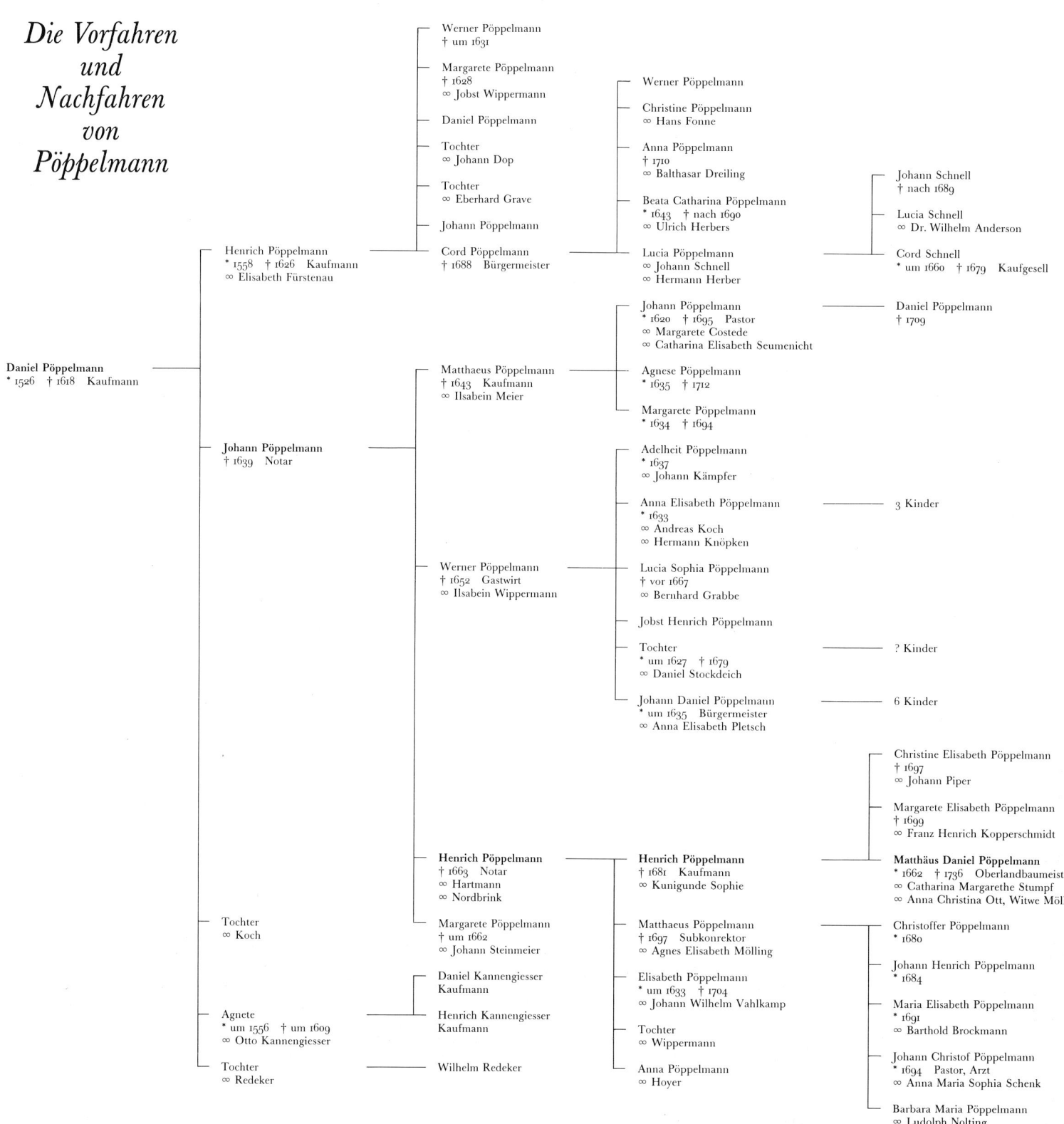

*Die Vorfahren
und
Nachfahren
von
Pöppelmann*

Daniel Pöppelmann
* 1526 † 1618 Kaufmann

Henrich Pöppelmann
* 1558 † 1626 Kaufmann
∞ Elisabeth Fürstenau

Werner Pöppelmann
† um 1631

Margarete Pöppelmann
† 1628
∞ Jobst Wippermann

Daniel Pöppelmann

Tochter
∞ Johann Dop

Tochter
∞ Eberhard Grave

Johann Pöppelmann

Cord Pöppelmann
† 1688 Bürgermeister

Werner Pöppelmann

Christine Pöppelmann
∞ Hans Fonne

Anna Pöppelmann
† 1710
∞ Balthasar Dreiling

Beata Catharina Pöppelmann
* 1643 † nach 1690
∞ Ulrich Herbers

Lucia Pöppelmann
∞ Johann Schnell
∞ Hermann Herber

Johann Schnell
† nach 1689

Lucia Schnell
∞ Dr. Wilhelm Anderson

Cord Schnell
* um 1660 † 1679 Kaufgesell

Johann Pöppelmann
† 1639 Notar

Matthaeus Pöppelmann
† 1643 Kaufmann
∞ Ilsabein Meier

Johann Pöppelmann
* 1620 † 1695 Pastor
∞ Margarete Costede
∞ Catharina Elisabeth Seumenicht

Daniel Pöppelmann
† 1709

Agnese Pöppelmann
* 1635 † 1712

Margarete Pöppelmann
* 1634 † 1694

Werner Pöppelmann
† 1652 Gastwirt
∞ Ilsabein Wippermann

Adelheit Pöppelmann
* 1637
∞ Johann Kämpfer

Anna Elisabeth Pöppelmann
* 1633
∞ Andreas Koch
∞ Hermann Knöpken

3 Kinder

Lucia Sophia Pöppelmann
† vor 1667
∞ Bernhard Grabbe

Jobst Henrich Pöppelmann

Tochter
* um 1627 † 1679
∞ Daniel Stockdeich

? Kinder

Johann Daniel Pöppelmann
* um 1635 Bürgermeister
∞ Anna Elisabeth Pletsch

6 Kinder

Henrich Pöppelmann
† 1663 Notar
∞ Hartmann
∞ Nordbrink

Henrich Pöppelmann
† 1681 Kaufmann
∞ Kunigunde Sophie

Christine Elisabeth Pöppelmann
† 1697
∞ Johann Piper

Margarete Elisabeth Pöppelmann
† 1699
∞ Franz Henrich Kopperschmidt

Matthäus Daniel Pöppelmann
* 1662 † 1736 Oberlandbaumeiste
∞ Catharina Margarethe Stumpf
∞ Anna Christina Ott, Witwe Mölle

Margarete Pöppelmann
† um 1662
∞ Johann Steinmeier

Matthaeus Pöppelmann
† 1697 Subkonrektor
∞ Agnes Elisabeth Mölling

Christoffer Pöppelmann
* 1680

Johann Henrich Pöppelmann
* 1684

Elisabeth Pöppelmann
* um 1633 † 1704
∞ Johann Wilhelm Vahlkamp

Maria Elisabeth Pöppelmann
* 1691
∞ Barthold Brockmann

Tochter
∞ Wippermann

Johann Christof Pöppelmann
* 1694 Pastor, Arzt
∞ Anna Maria Sophia Schenk

Anna Pöppelmann
∞ Hoyer

Barbara Maria Pöppelmann
∞ Ludolph Nolting

Tochter
∞ Koch

Agnete
* um 1556 † um 1609
∞ Otto Kannengiesser

Daniel Kannengiesser
Kaufmann

Henrich Kannengiesser
Kaufmann

Tochter
∞ Redeker

Wilhelm Redeker

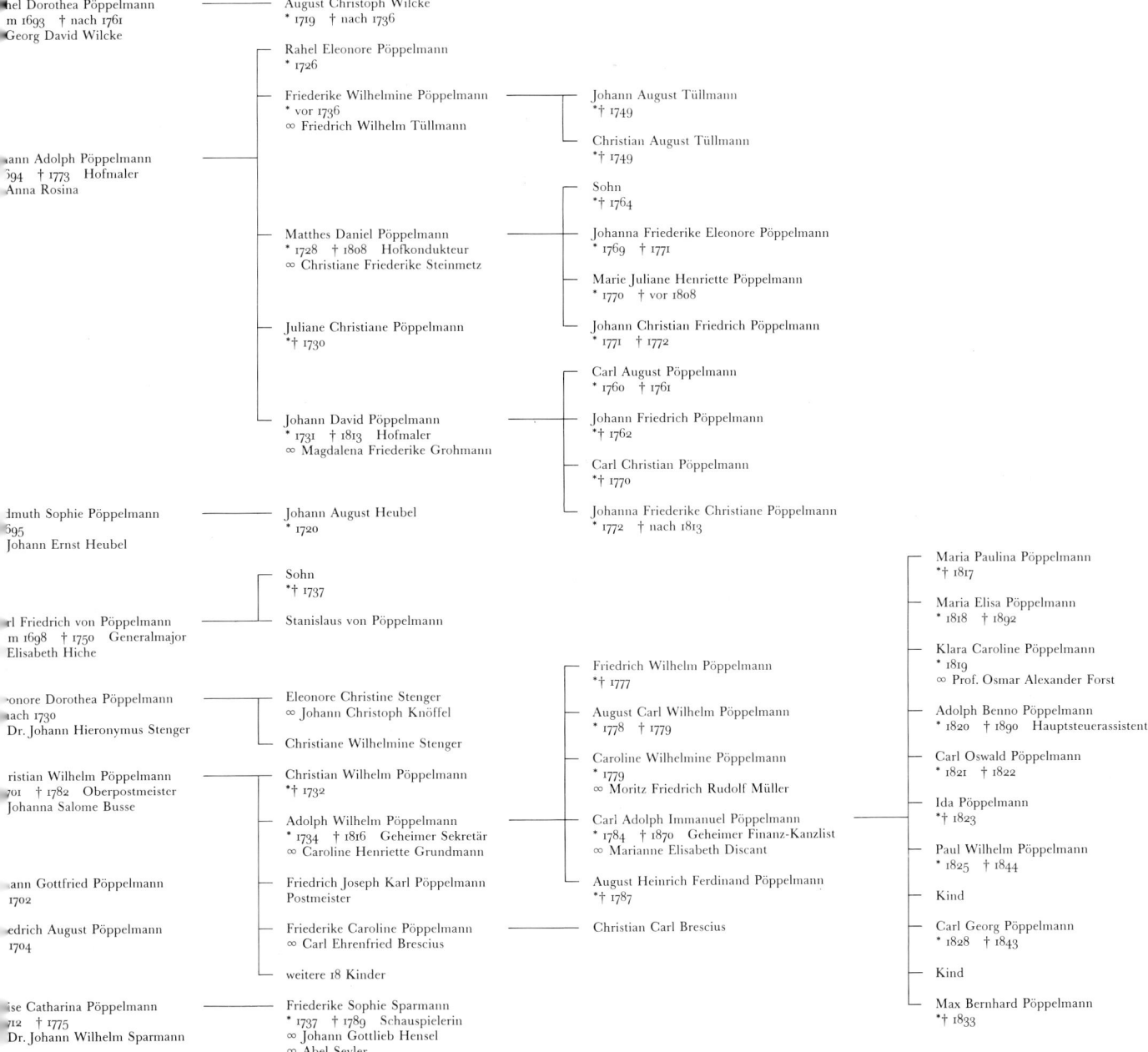

hel Dorothea Pöppelmann
m 1693   † nach 1761
Georg David Wilcke

August Christoph Wilcke
* 1719   † nach 1736

Rahel Eleonore Pöppelmann
* 1726

Friederike Wilhelmine Pöppelmann
* vor 1736
∞ Friedrich Wilhelm Tüllmann

Johann August Tüllmann
*† 1749

Christian August Tüllmann
*† 1749

ann Adolph Pöppelmann
594   † 1773   Hofmaler
Anna Rosina

Matthes Daniel Pöppelmann
* 1728   † 1808   Hofkondukteur
∞ Christiane Friederike Steinmetz

Sohn
*† 1764

Johanna Friederike Eleonore Pöppelmann
* 1769   † 1771

Marie Juliane Henriette Pöppelmann
* 1770   † vor 1808

Juliane Christiane Pöppelmann
*† 1730

Johann Christian Friedrich Pöppelmann
* 1771   † 1772

Johann David Pöppelmann
* 1731   † 1813   Hofmaler
∞ Magdalena Friederike Grohmann

Carl August Pöppelmann
* 1760   † 1761

Johann Friedrich Pöppelmann
*† 1762

Carl Christian Pöppelmann
*† 1770

lmuth Sophie Pöppelmann
695
Johann Ernst Heubel

Johann August Heubel
* 1720

Johanna Friederike Christiane Pöppelmann
* 1772   † nach 1813

Sohn
*† 1737

rl Friedrich von Pöppelmann
m 1698   † 1750   Generalmajor
Elisabeth Hiche

Stanislaus von Pöppelmann

Friedrich Wilhelm Pöppelmann
*† 1777

onore Dorothea Pöppelmann
nach 1730
Dr. Johann Hieronymus Stenger

Eleonore Christine Stenger
∞ Johann Christoph Knöffel

Christiane Wilhelmine Stenger

August Carl Wilhelm Pöppelmann
* 1778   † 1779

Caroline Wilhelmine Pöppelmann
* 1779
∞ Moritz Friedrich Rudolf Müller

ristian Wilhelm Pöppelmann
701   † 1782   Oberpostmeister
Johanna Salome Busse

Christian Wilhelm Pöppelmann
*† 1732

Adolph Wilhelm Pöppelmann
* 1734   † 1816   Geheimer Sekretär
∞ Caroline Henriette Grundmann

Carl Adolph Immanuel Pöppelmann
* 1784   † 1870   Geheimer Finanz-Kanzlist
∞ Marianne Elisabeth Discant

ann Gottfried Pöppelmann
1702

Friedrich Joseph Karl Pöppelmann
Postmeister

August Heinrich Ferdinand Pöppelmann
*† 1787

edrich August Pöppelmann
1704

Friederike Caroline Pöppelmann
∞ Carl Ehrenfried Brescius

Christian Carl Brescius

weitere 18 Kinder

ise Catharina Pöppelmann
712   † 1775
Dr. Johann Wilhelm Sparmann

Friederike Sophie Sparmann
* 1737   † 1789   Schauspielerin
∞ Johann Gottlieb Hensel
∞ Abel Seyler

Maria Paulina Pöppelmann
*† 1817

Maria Elisa Pöppelmann
* 1818   † 1892

Klara Caroline Pöppelmann
* 1819
∞ Prof. Osmar Alexander Forst

Adolph Benno Pöppelmann
* 1820   † 1890   Hauptsteuerassistent

Carl Oswald Pöppelmann
* 1821   † 1822

Ida Pöppelmann
*† 1823

Paul Wilhelm Pöppelmann
* 1825   † 1844

Kind

Carl Georg Pöppelmann
* 1828   † 1843

Kind

Max Bernhard Pöppelmann
*† 1833

Baumeister in Dresden zur Zeit Pöppelmanns	
Wolf Caspar von Klengel 1630–1691	Johann Christoph Naumann ~ 1664–1742
Johann Georg Starcke ~ 1640–1695	Andreas Adam –1746
Michael Plancke 1657–1703	Jean de Bodt 1670–1748
Marcus Conrad Dietze 1656–1704	Zacharias Longuelune 1669–1748
Johann Gregor Fuchs 1650–1715	Johann Rudolph Fäsch 1680–1749
Johan Fehr(e) –1720	David Schatz 1667–1750
George Haase 1665–1725	Carl Friedrich von Pöppelmann ~ 1698–1750
Johann Friedrich Karcher 1650–1726	Johann Christoph Knöffel 1686–1752
Johann Friedrich Nilsson Eosander von Göthe 1669–1729	Johann Georg Maximilian von Fürstenhoff ~ 1686–1753
Matthäus Daniel Pöppelmann 1662–1736	Johann Gottfried Fehre 1685–1753
George Bähr 1666–1738	Johann Christoph Beyer ~ 1760
Christoph Beyer 1653–1741	Gaetano Chiaveri 1689–1770
Raymond Leplat 1664–1742	

Baumeister in Deutschland zur Zeit Pöppelmanns	
Georg Dientzenhofer 1643–1689	Philipp Joseph Jenisch 1671–1736
Michael Thumb 1640–1690	Johann Michael Prunner 1669–1739
Johann Arnold Nering 1659–1695	Cosmas Damian Asam 1686–1739
Martin Grünberg 1655–1706	Johann Friedrich Jacob Grael 1707–1740
Johann Leonhard Dientzenhofer 1660–1707	Joseph Munggenast 1680–1741
Johann Friedrich Nette 1672–1714	Martin Franz 1669–1742
Andreas Schlüter 1659–1714	Johann Emanuel Fischer 1693–1742
Johann Heinrich Beer 1647–1717	Johann Lukas von Hildebrandt 1668–1745
Joseph Greissing 1664–1721	Maximilian von Welsch 1671–1745
Bernhard Christoph Dientzenhofer 1655–1722	Josef Effner 1687–1745
Caspar Moosbrugger 1656–1723	Philipp Gerlach 1679–1748
Johann Bernhard Fischer von Erlach 1656–1723	Egid Quirin Asam 1692–1750
Johann Santin Aichel 1667–1723	Kilian Ignaz Dientzenhofer 1689–1751
Enrico Zuccalli ~ 1642–1724	Leopold Retti 1704–1751
Martin Heinrich Böhme 1642–1725	Balthasar Neumann 1686–1752
Jakob Prandtauer 1658–1726	Georg Wenzeslaus von Knobelsdorff 1699–1752
Louis Remy de la Fosse 1659–1726	Georg Anton Gumpp 1682–1753
Franz Beer 1660–1726	Gottfried Heinrich Krohne 1703–1756
Johann Dientzenhofer 1663–1726	Johann Leonhard Prey ~ 1700–1757
Christian Thumb ~ 1670–1726	Johann Joseph Couven 1701–1763
Johann Martin Gumpp 1643–1729	Peter Thumb 1681–1766
Robert de Cotte 1656–1735	Dominikus Zimmermann 1685–1766
Hermann Korb 1656–1735	Johann Michael Fischer 1692–1766
Matthäus Daniel Pöppelmann 1662–1736	François Cuvilliés 1695–1768

Schloßkapelle Moritzburg, bis 1672 (W. C. v. Klengel)	1662
	1663
Opern- und Komödienhaus, bis 1667 (W. C. v. Klengel)	1664
	1665
	1666
	1667
Ballhaus, bis 1669 (W. C. v. Klengel), Türkisches Palais, bis 1672 (J. G. Starcke)	1668
Hauptstraße Nr. 22 (J. G. Fuchs)	1669
	1670
	1671
	1672
Schießhaus, bis 1674 (J. G. Starcke)	1673
Erhöhung des Schloßturmes, bis 1678 (W. C. v. Klengel)	1674
	1675
Großer Garten (M. Göttler, J. F. Karcher)	1676
Reithaus, bis 1678 (W. C. v. Klengel), Hôtel de France (J. G. Starcke)	1677
Palais im Großen Garten, bis 1683 (J. G. Starcke)	1678
	1679
	1680
	1681
Portal zwischen den Schloßhöfen (J. G. Starcke)	1682
	1683
Verstärkung der Befestigung von Alten-Dresden (W. C. v. Klengel)	1684
Bebauungsplan für das abgebrannte Alten-Dresden (W. C. v. Klengel)	1685
	1686
	1687
	1688
	1689
(etwa) Rampische Gasse Nr. 9 (J. G. Starcke)	1690
Umbau Opern- und Komödienhaus (J. G. Starcke), Umbau Komödienhaus (J. G. Starcke), Redoutenhaus (J. G. Starcke)	1691
Englische Treppe am Schloß, bis 1693 (J. G. Starcke), Grünes Tor am Schloß, bis 1693 (J. G. Starcke, M. C. Dietze)	1692
	1693

	Bauten Pöppelmanns	sonstige Bauten in Dresden
1694	Große Meißner Straße Nr. 16	Pavillons im Großen Garten (J. G. Starcke)
1695		
1696		Hauptstraße Nr. 22 (J. G. Fuchs), Kleines Schauspielhaus am Zwinger (C. Beyer)
1697		
1698		Thronsaal und Schlafzimmer im Schloß (R. Leplat)
1699		Vogelschießarkade (J. F. Karcher)
1700		(etwa) Pflucksches Haus Altmarkt/Ecke Badergasse (M. Plancke), (etwa) Scheffelgasse Nr. 6 Rennersches Brauhaus (J. Fehr[e])
1701		
1702		
1703	Gärtnerhaus Großer Garten	Vorentwurf für das Dresdner Schloß (M. C. Dietze), »Goldener Ring« Altmarkt Nr. 15 (J. Fehr[e])
1704		Erweiterungsentwurf Schloß Moritzburg (M. C. Dietze), Scheffelgasse Nr. 16 (J. Fehr[e]), Entwurf Kasernen Alten-Dresden (J. F. Karcher)
1705	(etwa) erster Vorentwurf für das Dresdner Schloß Taschenbergpalais, bis 1712 (mit J. F. Karcher)	Kirche Loschwitz (J. Fehr[e], G. Bähr), Straßenbeleuchtung (J. C. Naumann)
1706	Bauaufnahme Schloß Augustusburg, Ausbesserung Festung Königstein	
1707	Kleine Meißner Gasse Nr. 7, Reparaturen Schloßhof Wurzen, Ausbesserung Patientenburg vor dem Wilsdruffer Tor, Instandsetzung Schloß Wurzen, Aufstockkung Renthaus Leipzig	Katholische Hofkapelle im Opernhaus am Taschenberg (J. C. Naumann), Einrichtung eines Laboratoriums auf der Jungfernbastei für Böttger
1708	(etwa) zweiter Vorentwurf für das Dresdner Schloß	(etwa) »Schiffsmühle« Galeriestraße Nr. 14 (G. Haase), (etwa) Löwenapotheke Altmarkt (J. Fehr[e]), Umbau Theater bei der Redoute (J. F. Karcher), Entwurf Außenanlagen Moritzburg (J. F. Karcher)
1709	Grundrißentwurf Schloß Joachimstein, Wegbau zum Lilienstein, Jagdgebäude gegenüber von Pillnitz, Zwingerorangerie, Festplatz anläßlich des Besuches vom dänischen König, Amphitheater am Schloß (mit J. F. Karcher), Ausbesserung Hof-Fischgarten	
1710	Arkade am Wallpavillon, bis 1712, Haus im Saugarten, Pflanzungen Menagerie, Ostra	(etwa) Schloßgasse Nr. 5 (G. Haase?), (etwa) An der Dreikönigskirche Nr. 3 (J. C. Naumann?), (etwa) Regimentshaus am Jüdenhof
1711	Varianten zur Hauptschauseite des Dresdner Schlosses, (etwa) Erweiterungsentwurf Jägerhof, (etwa) An der Frauenkirche Nr. 16 (?), (etwa) Palais Brühl Schießgasse (?), Zschopaubrücke Waldheim, bis 1713, Nymphenbad Zwinger, bis 1716	Umbau An der Mauer Nr. 2 (G. Bähr), (etwa) Zur Glocke An der Frauenkirche Nr. 14, Palais Kötteritz-Werthern Kreuzgasse (D. Schatz), Töpfergasse Nr. 1 (J. Fehr[e])
1712	Mathematisch-Physikalischer Salon, bis 1714, Französischer Pavillon, bis 1714, Kronentor mit Längsgalerie, bis 1714, Hochwasserschutz Pretzsch	Hôtel de Saxe (G. Bähr, G. Haase), British Hôtel (G. Bähr, G. Haase)
1713	Gutachten Äckerleins Hof Leipzig	(etwa) Hauptstraße Nr. 17
1714	Gutachten Brauöfen	(etwa) Palais Flemming Pirnaische Gasse (J. R. Fäsch)

Bauten Pöppelmanns	sonstige Bauten in Dresden	
(etwa) Erweiterungsentwurf Taschenbergpalais, Brunnenhaus Festung Königstein, Große Klostergasse Nr. 2 (?), Erweiterung Türkisches Palais, Uferbau Düben, Umbauarbeiten Schloß Waldheim, Abbruch Schloßturm Radeberg	Holländisches Palais (J. R. Fäsch), (etwa) Dinglingerhaus Frauengasse Nr. 9, (etwa) »Goldener Engel« Wilsche Gasse, Wache Neumarkt, bis 1716 (J. R. Fäsch), (etwa) Rampische Gasse Nr. 3, 5, 7 (G. Haase?), An der Kreuzkirche Nr. 2 (G. Haase), Töpfergasse Nr. 1 (J. G. Fehre?), (etwa) Große Brüdergasse Nr. 9, 10 (J. G. Fehre), Wiederaufbau des Georgenbaues vom Schloß (M. v. Fürstenhoff), Palaisteich Großer Garten (J. F. Karcher)	1715
Wallpavillon, bis 1717, dritter Vorentwurf für das Dresdner Schloß, Aufstockung Kasernen Festung Königstein, Instandsetzung Schloß Senftenberg		1716
Erweiterung Holländisches Palais, bis 1719, Wiederherstellung Englische Treppe Schloß, Instandsetzung Schloß Torgau, Instandsetzung Landesschule, St. Afra Meißen	Innenausstattung Redoutensaal (A. Mauro)	1717
Ehrentempel im Birkholtzschen Garten, Zoologischer Pavillon, bis 1719, Deutscher Pavillon, bis 1719, Opernhaus am Zwinger, bis 1719, Redoutenhaus am Zwinger, bis 1719, Instandsetzung Schloß Sitzenroda bei Torgau, Hochwasser-Denkschrift, Standortbestimmung von Schiffsmühlen	Schauseiten des Weißen Tores in Alten-Dresden (M. v. Fürstenhoff, J. R. Fäsch)	1718
Hölzerne Tribünen im Zwinger, Altmarkt und Jägerhof, Ehrenpforten, Schießbahn, Ausbesserung Hof-Fischgarten, Wasserleitung Schloß Waldheim	Schloß Großsedlitz, bis 1720 (J. C. Knöffel), Palais Kreuzgasse/Ecke Weiße Gasse, bis 1721 (G. Bähr, M. D. Pöppelmann), Innenausstattung Opernhaus Zwinger (A. Mauro)	1719
Jagdgebäude und Hundezwinger im Jägerhof, Einfriedung des Großen Gartens, bis 1723, Mauer Großer Garten, bis 1723, Gutachten Heidecksburg	(etwa) Charonsches Haus Augustusstraße (G. Haase), (etwa) Heinrichstraße Nr. 2 (J. G. Fehre), (etwa) Hôtel Stadt Wien, Klostergasse, Obere Orangerie Großsedlitz (J. C. Knöffel)	1720
(etwa) Eberhardinenloge und Turm Kirche Pretzsch, Wasserpalais Pillnitz	Grünes Gewölbe im Schloß, bis 1724 (R. Leplat, M. D. Pöppelmann)	1721
(etwa) Palais am Stallhof, Hauptgebäude Gestüt Graditz, (etwa) Aufstockung Holländisches Palais, Weinfaß Festung Königstein, bis 1727, Peterstor Leipzig, Bergpalais Pillnitz, bis 1723, Hölzerne Längsgalerie gegenüber vom Kronentor	Umbau Stallgebäude, bis 1731 (M. v. Fürstenhoff), erster Entwurf für die Frauenkirche (G. Bähr)	1722
Weinbergkirche Pillnitz, bis 1727, Glockenspielpavillon, bis 1728, Erweiterung Schloß Moritzburg, bis 1733, Elbufergutachten	Große Meißner Gasse Nr. 15 (J. G. Gebhardt), Wackerbarthsches Palais »Ritterakademie« (J. C. Knöffel), Untere Orangerie Großsedlitz (Z. Longuelune), Venussaal Pillnitz (Z. Longuelune)	1723
Ufertreppe Pillnitz, Instandsetzung Schloß und Garten Pretzsch	Schloß Übigau, bis 1726 (Eosander v. Göthe)	1724
Ställe und Wirtschaftsgebäude Schäferei Ostra, bis 1729	Ringrennengebäude Pillnitz (Z. Longuelune), Entwurf eines Schlosses in Pillnitz (Z. Longuelune), Gegenentwurf zur Frauenkirche (J. C. Knöffel)	1725
Instandsetzung Schloß Eilenburg, Deichinstandsetzung Pretzsch	Baubeginn Frauenkirche, bis 1743 (G. Bähr), Entwurf eines Schlosses in Großsedlitz (Z. Longuelune), Erweiterungspläne für Schloß Übigau (Z. Longuelune)	1726
Fürstenemporen Dom Freiberg, Erweiterung des Holländischen Palais zum Japanischen Palais, bis 1738 (mit Z. Longuelune, J. de Bodt), Verbreiterung der Elbbrücke, bis 1731 (mit J. G. Fehre)	(etwa) Entwurf für ein Museum (Z. Longuelune)	1727

Bauten Pöppelmanns	sonstige Bauten in Dresden
1728 Matthäuskirche Friedrichstadt, bis 1732 (mit J. G. Gebhardt und G. Bähr?), Wiederaufbauvorschlag Schloß Frauenstein	Kurländer Palais, bis 1729 (J. C. Knöffel), (etwa) Palais Brühl-Marcolini in der Friedrichstadt (J. C. Naumann), (etwa) Große Meißner Gasse Nr. 2 (A. Adam), Innenausstattung Schloß Moritzburg (R. Leplat)
1729	Wackerbarths Ruhe in Radebeul (J. C. Knöffel), Freitreppe Stallhofgebäude (M. v. Fürstenhoff)
1730 Zeithainer Lager: Aussichtspavillon, Palais des Königs (?), Komödienhaus, Quartier des Kurprinzen, Wirtschaftsgebäude; Wirtschaftsgebäude Schloß Waldheim, Gutachten Weigweiser	Rähnitzgasse Nr. 19 (J. G. Fehre), (etwa) Erdmannsdorffsches Haus Augustusstraße (J. C. Knöffel?), (etwa) Hauptstraße Nr. 11, 15, 19, Zeithainer Lager: Damenpalais, Pavillons und Zelte (Z. Longuelune?)
1731 Friedrichsburg Festung Königstein, Interimskirche Alten-Dresden	Innenausstattung Stallhofgebäude (M. v. Fürstenhoff)
1732 Dreikönigskirche, bis 1739 (mit J. G. Fehre und G. Bähr)	Große Meißner Gasse Nr. 5, bis 1735 (G. Bähr, J. T. Lehmann), Kasernen Neustadt (J. de Bodt), Blockhaus (Z. Longuelune)
1733 Umbau und Erweiterung Kollegienhaus Große Meißner Gasse Nr. 15	
1734	Palais Brühl Augustusstraße, bis 1735 (J. C. Knöffel), Große Klostergasse Nr. 5 (G. Bähr, J. C. Knöffel)
1735	
1736	Umbau Palais Flemming Pirnaische Gasse (J. C. Knöffel), Erweiterung Palais Brühl-Marcolini in der Friedrichstadt (J. C. Knöffel)
1737	
1738	Katholische Hofkirche, bis 1755 (G. Chiaveri, J. H. Schwarze)
1739	Brühlscher Garten (J. C. Knöffel)
1740	Stadtwaldschlößchen Postplatz (A. Adam), Königstraße Nr. 5 (A. Adam), Palais Fürstenhoff, bis 1747 (M. v. Fürstenhoff), Erweiterung Brühlsches Palais (J. C. Knöffel), Erweiterung Pirnaisches Tor (M. v. Fürstenhoff)
1741	Rathaus Altmarkt (J. C. Simon, J. C. Knöffel, J. G. Fehre)
1742	Gartensaal Brühl (J. C. Knöffel), Palais Mosczynska (J. H. Schwarze), Palais Prinz Max (G. Chiaveri)
1743	Palais Hoym Landhausstraße (J. C. Knöffel), Erweiterung Zeughaus (M. v. Fürstenhoff)
1744	Palais Cosel Neumarkt (J. C. Knöffel), Umbau Stallgebäude, bis 1746 (J. C. Knöffel), Stadtwaldschlößchen Sophienstraße Nr. 1 (A. Adam)
1745	
1746	Gemäldegalerie Brühl (J. C. Knöffel)
1747	Hauptstraße Nr. 7 (J. H. Petersill), Bibliothek Brühl (J. C. Knöffel), Öffnung Seetor (M. v. Fürstenhoff)
1748	»Chaisenträgerhaus« Altmarkt, Bibliothek Brühl (J. C. Knöffel), Große Meißner Gasse Nr. 11 (S. Locke)
1749	Belvedere Brühl, bis 1751 (J. C. Knöffel), Mezzaningeschoß Pyramidengebäude (M. v. Fürstenhoff)

(etwa) »Kügelgenhaus« Hauptstraße Nr. 193, (etwa)   1750
Große Meißner Gasse Nr. 13 (S. Locke)

Neustädter Rathaus, bis 1754 (J. C. Knöffel, J. G. Fehre)   1751

Palais Boxberg Waisenhausstraße, Saulsches Haus See-   1752
gasse Nr. 18 (J. C. Knöffel)

*Literatur-
auswahl*

Asche, Sigfried: Balthasar Permoser, Leben und Werk. Berlin 1978

Döring, Bruno Alfred: Mathes Daniel Pöppelmann, der Meister des Dresdner Zwingers. Hrsg. v. Ermisch. Dresden 1930

Ermisch, Hubert Georg: Der Zwinger zu Dresden. Berlin 1952

Ermisch, Hubert Georg: Der Dresdner Zwinger. Dresden 1953

Fischer, Horst: Dresden-Neustadt, Große Meißner Straße Nr. 15. Wiss. Ztschrft. TU Dresden 19 (1970), H. 6, S. 1569

Fischer, Horst: Forschungen zu George Bähr und dem Sächsischen Barock, I. u. II. Teil, Diss. TU Dresden 1965

Fischer, Horst: Zur Hofanlage als Strukturelement der Stadt, Habil. TU Dresden 1970 sowie Wiss. Ztschrft. TU Dresden (1969) H. 5, (1970) H. 2

Franz, Gerhard: Zacharias Longuelune und die Baukunst des 18. Jahrhunderts in Dresden. Berlin 1953

Geyer, Bernhard: Das Stadtbild Alt-Dresdens, Baurecht und Baugestaltung. Abhdlg. d. Sächs. Ak. d. Wissenschft. z. Leipzig. Phil.-hist. Kl., Bd. 51, H. 2. Berlin 1964

Görtz, W.: Das Taschenbergpalais in Dresden. Eine baugeschichtl. Untersuchung – ein Beitrag zu seinem Wiederaufbau. Diss. TU Dresden 1969

Hartmann, Hans-Günther: Pillnitz; Schloß, Park und Dorf. Weimar 1981

Heckmann, Hermann: M. D. Pöppelmann als Zeichner. Dresden 1954

Heckmann, Hermann; Pape, Johannes: Matthes Daniel Pöppelmann. Herford und Bonn 1962 sowie Herforder Jb. 3. Herford 1962

Heckmann, Hermann: Matthäus Daniel Pöppelmann, Leben und Werk. München und Berlin 1972

Hempel, Eberhard: Gaetano Chiaveri, der Architekt der Katholischen Hofkirche zu Dresden. Dresden 1955

Hempel, Eberhard: Unbekannte Skizzen von Wolf Caspar von Klengel (1630/91), dem Begründer des sächsischen Barocks. Abhdlg. d. Sächs. Ak. d. Wissenschft. z. Leipzig. Phil.-hist. Kl., Bd. 49, H. 4. Berlin 1958

Hempel, Eberhard: Der Zwinger zu Dresden. Berlin 1961, Leipzig 1964

Hentschel, Walter: Das Brühlsche Belvedere. Wiss. Ztschrft. TU Dresden 6 (1956/57), H. 1, S. 11

Hentschel, Walter: Die alte Börse in Leipzig und ihr Architekt. Abhdlg. d. Sächs. Ak. d. Wissenschft. z. Leipzig. Phil.-hist. Kl., Bd. 57, H. 4. Berlin 1964

Hentschel, Walter: Die ältere Baugeschichte des Marcolini-Palais (heute Stadtkrankenhaus Dresden-Friedrichstadt). Wiss. Ztschrft. TU Dresden 14 (1965), H. 5, S. 1231

Hentschel, Walter: Die sächsische Baukunst des 18. Jahrhunderts in Polen. Berlin 1967

Hentschel, Walter: Die Zentralbauprojekte Augusts des Starken. Abhdlg. d. Sächs. Ak. d. Wissenschft. z. Leipzig. Phil.-hist. Kl., Bd. 60, H. 1. Berlin 1969

Hentschel, Walter; May, Walter: Johann Christoph Knöffel, der Architekt des sächsischen Rokokos. Abhdlg. d. Sächs. Ak. d. Wissenschft. z. Leipzig. Phil.-hist. Kl., Bd. 64, H. 1. Berlin 1973

Kavacs, G.: Die Baugeschichte des Blockhauses in Dresden-Neustadt. Sem.-Arbeit TU Dresden 1968 (Manuskript)

Löffler, Fritz: Das alte Dresden, Geschichte seiner Bauten, 6. Aufl. Leipzig und Frankfurt (Main) 1981

Lohmann, K.-H.: Zur Geschichte d. Dresdner Ritterakademie »Wackerbarthsches Palais«. Sem.-Arbeit TU Dresden 1951 (Manuskript)

Magirius, Heinrich: Zur Entstehungsgeschichte des Schlosses Pillnitz und seiner Fassadenbemalung. In: Denkmale in Sachsen. Schriften z. Denkmalpfl. i. d. DDR. Weimar 1979, S. 149 ff.

May, Walter: Unbekannte Entwürfe f. d. Brühlsche Palais in Dresden-Friedrichstadt. Wiss. Ztschrft. TU Dresden 16 (1967), H. 4

May, Walter: Ein früher Palaisentwurf von Friedrich August Krubsacius. Wiss. Ztschrft. TU Dresden 17 (1968), H. 1, S. 51

May, Walter: Schloß Martinskirchen und die Beziehungen zw. Knöffel und Krubsacius. Wiss. Ztschrft. TU Dresden 18 (1969), H. 1, S. 47

Mertens, Klaus: Der Park zu Großsedlitz. Eine Untersuchung der Planungen. Diss. TU Dresden 1962 (Maschinenschrift)

Scholze, Hans-Eberhard: Johann Christoph von Naumann 1664–1742. Ein Beitrag zur Baugeschichte Sachsens und Polens im 18. Jh. Diss. TU Dresden 1958 (Maschinenschrift)

Sponsel, Jean Louis: Der Zwinger, die Hoffeste und Schloßbaupläne zu Dresden. Dresden 1924.

Ortsverzeichnis

Abbildungs-
nachweis

Deutsche Fotothek (180);
Grimm, Dresden (2);
Ihlow, Potsdam (3);
Institut für Denkmalpflege, Arbeits-
    stelle Dresden (13);
Kammeyer, Dresden-Bühlau (1);
Rat der Stadt Dresden, Büro des
    Chefarchitekten (1);
Staatliche Kunstsammlungen Wei-
    mar, Schloßmuseum (1);
Staatsarchiv Dresden (9);
Tempo, Leipzig (3);
TU Dresden (1);
VEB Reprocolor Leipzig (1);
Verfasser (98);
Aus Döhring (2);
Aus Gurlitt, C.: Beschreibende Dar-
    stellung ... (1);
Aus Mennell, A.: Goldene Chronik
    der Wettiner, 1889 (1);
Aus Sponsel (9)

Schutzumschlagmotiv:

Nicht ausgeführter, im Kupferstichwerk über den Zwinger abgebildeter
Entwurf Pöppelmanns für das Kronentor

ISBN 3-345-00018-0

© VEB Verlag für Bauwesen -
Berlin · DDR, 1. Auflage 1986
VLN 152·905/2/86 · P 133/86
Printed in the German
Democratic Republic
Gesetzt aus: Baskerville-Antiqua
und Digiset-Fraktur
Lichtsatz:
Karl-Marx-Werk Pößneck V15/30
Druck- und buchbinderische
Verarbeitung:
Grafische Werke Zwickau
Lektor: Renate Marschallek
Hersteller: Heidemarie Tietz
Gestaltung: Jürgen-Rainer Sterl
DK 112.4 · LSV 8106
Bestellnummer: 562 295 4
04700